Winnie Bueno
Joanna Burigo
Rosana Pinheiro-Machado
Esther Solano
(organizadoras)

Tem saída?
Ensaios críticos
sobre o Brasil

Winnie Bueno
Joanna Burigo
Rosana Pinheiro-Machado
Esther Solano
(organizadoras)

Tem saída?
Ensaios críticos
sobre o Brasil

Porto Alegre

1ª edição

2017

editora ZOUK

#CDMJ

copyright © 2017 editora zouk

Projeto gráfico e Edição: Editora Zouk
Revisão: Tatiana Tanaka
Capa: Lanna Veiras Collares

Dados Internacionais de Catalogação na Publicação (CIP)
Odilio Hilario Moreira Junior CRB-8/9949

B928t   Bueno, Winnie

Tem saída? : ensaios críticos sobre o Brasil / Winnie Bueno...[et al]. - Porto Alegre, RS : Zouk, 2017.
248 p. ; 16cm x 23cm.

Inclui índice e bibliografia.
ISBN: 978-85-8049-058-9

1. Ciência política. 2. Sociologia. 3. Filosofia. I. Burigo, Joanna. II. Pinheiro-Machado, Rosana. III. Solano, Esther. IV. Título.

2017-760   CDD 320.01
                                 CDU 316.334.3

---

direitos reservados à
Editora Zouk
r. Cristóvão Colombo, 1343 sl. 203
90560-004 - Floresta - Porto Alegre - RS - Brasil
f. 51. 3024.7554

www.editorazouk.com.br

Sumário

Introdução: a prefiguração como saída democrática
Winnie Bueno, Joanna Burigo e Rosana Pinheiro-Machado
11

GLOBALIZAÇÃO, NEOLIBERALISMO E GOVERNABILIDADE

O fim da Nova República e o casamento infeliz
entre neoliberalismo e conservadorismo moral
Flávia Biroli
17

Projetos sem sujeito e sujeitos sem projeto
Tatiana Roque
27

Brasil, o projeto: há futuro para o Brasil
enquanto objeto da governamentalidade neoliberal?
Márcia Tiburi
39

Em busca da transição
Luciana Genro
47

Estratégia internacional do Brasil em uma ordem multipolar
Adriana Erthal Abdenur
55

IMPEACHMENT E RESISTÊNCIA

Impeachment e seus efeitos:
quando vencedores e vencidos são derrotados
Helcimara Telles
67

Uma saída radical para tempos dramáticos
Sâmia Bomfim
81

A emergência da vida para superar o anestesiamento social frente à retirada de direitos: o momento pós-golpe pelo olhar de uma feminista negra e favelada
Marielle Franco
89

Game of Thrones, política e resistências
Fhoutine Marie
97

DEMOCRACIA, NAÇÃO E INTERSECCIONALIDADE

Fazendo o Brasil e o brasileiro:
raça, nação e Estado no País da "democracia racial"
Tatiana Vargas Maia
109

Por que as mulheres negras não são vistas como um setor estratégico na construção de um novo cenário político-econômico para o Brasil?
Laura Sito
117

Gênero, raça e classe: entender nossas origens
para construir reais alternativas políticas aos projetos societários da direita
Luka Franca
123

Feminismo negro:
resistência anticapitalista e radicalização democrática
Juliana Borges
129

Estado "democrático e de direito" para quem? Identidades para uma construção de democracia para a população negra no Brasil
Suelen Aires Gonçalves
137

CORPO, VIDA E MORTE

Corporeidades críticas na (ins)urgência deste instante
Fernanda Martins
147

"Mayara morreu três vezes":
feminicídio e consenso autoritário na crise brasileira
Daniela Mussi
155

Crise política e as esquerdas
Linna Ramos
165

"Hoje somos festa, amanhã seremos luto":
políticas culturais e sobrevivência em tempos de crise
Adriana Facina
177

A crise, a violência no Rio de Janeiro e a grande mídia
Laura Astrolabio
185

A reconstrução do mínimo:
falsa ordem democrática e extermínio
Suzane Jardim
191

CRISE, IMAGINAÇÃO, SENTIDO E SAÍDAS

O longo caminho de volta
Catarina Brandão
203

Onde foi parar sua imaginação?
A crise da cultura, da arte e do teatro e as potenciais saídas
Jussilene Santana
211

Uma nova independência nacional
Entrevista de Manuela D'Ávila concedida a Joanna Burigo
221

Crise de sentido e saída à esquerda
Entrevista de Helena Vieira concedida a Rosana Pinheiro-Machado
225

Imaginar saídas
Rosana Pinheiro-Machado
235

Crise, democracia e a esquerda no século XXI:
um olhar da mulher indígena
Avelin Buniacá Kambiwá
241

Dedicamos esse livro à Suzane Jardim,
uma mulher que nos inspira a sempre procurar saídas e jamais desistir.
as organizadoras

ORGANIZADORAS:

Winnie Bueno é iyalorixá, ativista feminista negra latino americana, bacharel em Direito pela Universidade Federal de Pelotas, mestranda em Direito Público pela Universidade do Vale Rio dos Sinos. Também é coordenadora do projeto Emancipa Mulher, um projeto de educação feminista e anti-racista desenvolvido em Porto Alegre. Atua junto as mulheres e a população negra ministrando cursos e dando palestras sobre temas relativos as questões de raça, gênero, sexualidades, iniquidades sócio-raciais e racismo religioso. Tem desenvolvido estudos sobre o pensamento feminista negro, principalmente através das articulações teóricas de Patrícia Hill Collins. Também colabora para o site Justificando, através de uma coluna fixa. É também vlogger, produzindo conteúdo áudio-visual focado nas questões das mulheres negras no canal Preta Expressa.

Joanna Burigo é fundadora da Casa Da Mãe Joanna. A #CDMJ é um experimento feminista de comunicação e educação sobre gênero, e antes de fundar este projeto, Joanna atuou no mercado de publicidade e marketing no Brasil e no Reino Unido, onde também trabalhou como professora. Desde que completou seu mestrado em Gênero, Mídia e Cultura pela London School of Economics vem se dedicando a uma série de empreendimentos feministas sobre gênero e suas intersecções, como Guerreiras Project, Gender Hub e Mazi Mas. É professora e coordenadora da Emancipa Mulher, escola de emancipação feminista e luta antirracista, e escreve regularmente para *CartaCapital*.

Rosana Pinheiro-Machado é professora, colunista e pesquisadora. Atualmente está baseada na Universidade Federal de Santa Maria. Já lecionou na Universidade de Oxford e na Universidade de São Paulo, tendo feito seu pós-doutorado na Universidade de Harvard. Autora de tese premiada e diversos livros, incluindo *Counterfeit Itineraries in the Global South* (London e New York: Routledge 2017). Escreve para a *CartaCapital* e milita por uma Universidade mais humana e colaborativa.

Esther Solano possui Mestrado em Ciências Sociais - Universidad Complutense de Madrid (2009) e doutorado em Ciências Sociais - Universidad Complutense de Madrid (2011). Atualmente é professora adjunta da Universidade Federal de São Paulo no curso de Relações Internacionais e professora do Mestrado Interuniversitário Internacional de Estudos Contemporâneos de América Latina da Universidad Complutense de Madrid. Tem experiência na área de Sociologia, com os temas principais de movimentos sociais.

Introdução:
A prefiguração como saída democrática

A indagação sobre as saídas para as crises que o Brasil atravessa tem permeado nosso cotidiano nas reuniões de família, nas redes sociais, na sala de aula e nos eventos científicos e políticos. Não é raro que esses encontros e discussões acabem em processos destrutivos, agressivos ou violentos, pois são sintomas de uma sociedade polarizada e fragmentada – processo que veio a abalar algumas estruturas que estiveram acomodas por muito tempo no Brasil.

Pelo campo da direita, encarnada hoje nas forças que apoiam o governo Michel Temer (mas não apenas), somos convencidos de que o que ocorreu no Brasil foi unicamente um processo econômico de má-administração dos recursos (a corrupção) e de decisões macroestruturais equivocadas. A saída, nessa lógica, seria aprovar um pacote de austeridade e reformas de enxugamento do Estado – especialmente a PEC 55, que prevê o teto de gastos públicos, a reforma trabalhista e a reforma da previdência. Como deixou claro o Presidente Michel Temer durante um pronunciamento concedido em meio ao escândalo que colocou em risco a governabilidade de seu mandato, o que o Brasil precisava era apenas continuar no rumo certo, aprovando as reformas e retomando o crescimento econômico. Já no campo das esquerdas existe uma tendência a perceber a crise como fundamentalmente política, e o *impeachment* da Presidenta Dilma Rousseff seria o marco desse processo. (Nesta linha argumentativa, não é raro voltar aos protestos de junho de 2013 no afã de criar uma genealogia do golpe, identificando naquele momento a emergência de forças conservadoras.) A saída, portanto, seria restaurar a democracia e retomar um projeto de governo popular.

A primeira coisa a pontuar acerca de nossa provocação "Tem Saída?" é de que não existe uma saída para a crise, mas múltiplas saídas. O que ambas as posições polarizadas têm em comum é uma leitura populista da crise, enxergando-a por meio de uma lente sincrônica e unidirecional, que fornece saídas simplistas. As posições igualmente ignoram o fato de que uma crise com as proporções como a que estamos atravessando nunca é totalmente nova. Neste livro, partimos da premissa que estamos diante de uma crise multidimensional, tendo seus atravessamentos nas esferas econômicas, políticas e democráticas, sociais, étnica-raciais, culturais e interpessoais. E o que as autoras deixam bastante evidente é que o momento atual, portanto, pode ser definido como uma intensificação e visibilização de diversas formas de opressão, violência estrutural e ausência da ordem democrática que sempre estiveram presentes no cotidiano das camadas subalternizadas da população brasileira.

No campo progressista, em que este livro se situa, são tímidos os projetos emergentes que forneçam um projeto de nação radicalmente alternativo à ordem vigente. De modo geral, as esquerdas encontram-se perplexas com a ruptura democrática e a virada conservadora que ocorre não apenas no Brasil, mas também nos Estados Unidos, na França, na Alemanha e no Reino Unido – para citar apenas alguns exemplos. Nesse contexto, percebe-se a emergência de um movimento reflexivo de autocrítica e de avaliação de cenários, formando certo consenso de que haveria, ainda, uma outra crise no Brasil: a crise da própria esquerda – e a prova disso seria a dificuldade que lutas populares parecem enfrentar na criação de campos de resistência, tensão e debate capazes de frear o ritmo das reformas, e de produção de mobilizações de massa para além do alegórico "Fora Temer" em muros, shows e cinemas.

Não é à toa que o tema da crise das esquerdas tem sido recorrente nos debates nas universidades, nas conversas entre partidos e movimentos sociais, e também em um conjunto de publicações recentes[1]. Compreender a esquerda, seus rumos e os caminhos traçados pelo lulopetismo são ações fundamentais para que se reconstrua (ou simplesmente se construa) um campo progressista democrático no Brasil. Entretanto, quando debates que enfatizam a urgência da autocrítica são engendrados – e eles o são, majoritariamente por vozes masculinas e brancas – reproduz-se não apenas a gênese da crise da esquerda, mas também a gênese da crise mais ampla, nacional. Ambas são indissociáveis, se não a mesma crise, pois possuem uma natureza comum: a exclusão histórica dos grupos subalternizados, fruto da resistência contra a potencialização, de fato e de direito, de uma base diversa de atores políticos.

As saídas para as crises, das esquerdas e da própria crise enfrentada no País, passam necessariamente por uma radicalização do projeto democrático, o que implica a incorporação de diversas vozes ao debate público. Não basta repetir o clichê de que é preciso "mais escuta". Longe de afirmar que a escuta não é importante, o que queremos dizer é que, mais do que serem escutados, grupos

---
1 Por exemplo: *A crise das esquerdas*, editado por Aldo Fornazieri, editora Civilização Brasileira, 2017; *Caminhos da Esquerda*, de Ruy Fausto, Companhia das Letras, 2017.

historicamente subalternizados precisam estar à frente dos debates, das ações e das esferas de poder e processos decisórios.

Este livro, portanto, ganha forma a partir do entendimento de que as crises pelas quais estamos passando são antigas, enraizadas na sociedade brasileira, e remetem à mesma saída: a radicalização do projeto democrático desde a base. Acreditamos não ser possível discutir soluções para as crises sem um aspecto prefigurativo, ou seja, sem que o próprio livro não seja uma tentativa de representação mimética da sociedade que lutamos para construir. Se o desejo democrático nunca é alcançado e é sempre postergado e relegado a atores externos, este livro rompe com essa lógica no momento em que a tática prefigurativa adotada cruza a linha do desejo e refaz – no aqui e no agora – a sociedade que queremos. Desde a capa deste livro, trazemos para o coração do debate político os olhares e as vozes pulsantes e provocativas de mulheres que são deixadas em segundo plano: das mulheres negras, trans, pobres, indígenas, ativistas, políticas, intelectuais. Cientistas, anarquistas e partidárias. Do Rio Grande do Sul ao Pará. Essas mulheres não são apenas "ouvidas" aqui: elas são próprio motor da transformação social.

O livro está dividido em cinco partes. Na primeira, **Neoliberalismo e Governabilidade**, as autoras apresentam panoramas em meio a um cenário decididamente neoliberal, desde suas alianças com o conservadorismo às contradições e limites da política brasileira e seus sujeitos. Na segunda parte, *Impeachment* **e Resistência**, autoras fornecem tanto uma radiografia do *impeachment* da Presidenta Dilma Rousseff quanto compartilham as formas como pensam sobre resistências emergentes do cenário de crise, cortes e perda de direitos. A terceira e quarta partes explicitam os motivos pelos quais não podemos falar em crise como excepcionalidade, já que anormalidades democráticas profundas sempre existiram para os setores mais vulneráveis da população, afetando seus corpos, os marginalizando, ou matando-os. Na terceira parte **Democracia, Nação e Interseccionalidade**, fica evidente que o projeto de nação brasileiro é excludente desde sua fundação, se reproduz na sua autoimagem e prejudica as mulheres, de formas mais aprofundadas as mulheres negras, indígenas e as mais pobres. Assim, não há como falar em saída democrática sem ter como prioridade a melhoria da vida das mulheres. Na quarta parte do livro **Corpo, Vida e Morte**, as autoras explicitam algumas das muitas formas com que crises violam os corpos e tiram as vidas daqueles e daquelas que sobrevivem no sistema. Por fim, na quinta e última parte, **Imaginação, Sentido e Caminhos da Política**, abrem-se necessárias pontes, tanto entre passado, presente e futuro como entre projetos e perspectivas.

Diferentemente do *mainstream* político e acadêmico, branco e masculino, o que as intelectuais deste livro estão apontando é que precisamos de uma nova utopia, uma política de pensamento e conhecimento que seja capaz de olhar para o passado e reimaginar o futuro. É um passado de genocídio e exclusão, mas também de lutas e sobrevivências. De forma criativa e inovadora, é preciso juntar essa memória potente de resiliência, resistência e sobrevivência para redesenhar o futuro democrático que sonhamos. Entre o passado e o futuro, deixamos as leitoras e os leitores com este livro, que é uma tentativa presente de reunir as vozes e os olhares daquelas que cravam a sua própria autonomia.

Winnie Bueno, Joanna Burigo e
Rosana Pinheiro-Machado.

Globalização, Neoliberalismo e governabilidade

O FIM DA NOVA REPÚBLICA E O CASAMENTO INFELIZ ENTRE NEOLIBERALISMO E CONSERVADORISMO MORAL

Flávia Biroli[1]

O CICLO DEMOCRÁTICO (1988 A 2016)

O golpe de 2016 encerra um ciclo que se iniciou com a Constituição de 1988. Nele, a democracia foi restrita, recortada pela agenda neoliberal implementada nos anos 1990, mas teve em alguma medida um caráter social.[2]

A Constituição de 1988 é o resultado de disputas e pactos que só podem ser compreendidos se levarmos em conta, ao mesmo tempo, as ações de elites políticas bem posicionadas no regime de 1964, que foram capazes de manter o controle sobre recursos econômicos e políticos no processo de democratização, e as reivindicações que partiram de outros grupos e públicos, com agendas alternativas e conflitivas.

O predomínio de setores religiosos conservadores, de interesses empresariais, de proprietários de terra e de empresas de comunicação, em um ambiente internacional de ascensão da agenda neoliberal, barrou a possibilidade de que o processo democrático alargasse as condições para uma igualdade mais substantiva, para o controle popular sobre a economia (BIN, 2015) e para a igual cidadania das mulheres e da população negra (BIROLI; MIGUEL, 2016; CARNEIRO, 2011; GONZALES, 1984). Entre as análises da transição e seus críticos, as características restritivas do processo de transição foram elencadas. Desigualdades econômicas

---

1   Flávia Biroli é professora de Ciência Política na Universidade de Brasília, especialista em teoria política feminista e autora de diversos livros sobre democracia, gênero e mídia. Coordena a área temática "Gênero, democracia e políticas públicas", da Associação Brasileira de Ciência Política; integrou a diretoria da Associação Nacional de Pós-Graduação e Pesquisa em Ciências Sociais (Anpocs), de 2010 a 2012 e integra o Grupo de Pesquisa sobre Democracia e Desigualdades, na UnB. Faz parte do Grupo de Assessoras da Sociedade Civil da ONU Mulheres no Brasil, e foi co-editora da *Revista Brasileira de Ciência Política*, entre 2009 e 2016. Flávia é organizadora do livro *Encruzilhadas da Democracia*, também publicado pela Zouk.

2   Este capítulo corresponde à palestra que proferi na mesa de conjuntura política que abriu o I Encontro Diálogos Regionais Centro-Norte, da Associação Brasileira de Ciência Política, na Universidade de Brasília, em 12 de setembro de 2017.

significativas mesmo para o contexto latino-americano, associadas a um sistema partidário fraco, teriam produzido uma situação política na qual o Estado de direito é fraco, a capacidade moral e fiscal do Estado é fraca e a sociedade política tem baixa autonomia em relação ao poder econômico (LINZ; STEPAN, 1999, p. 204-6). Numa perspectiva mais exigente, é possível argumentar que parte dos estudos e das ações políticas, de maneira conjugada, colaborou para marginalizar questões sociais e econômicas e legitimar uma visão minimalista da democracia (VITULLO, 2001).

Apesar disso, entendo que os limites da democracia foram alargados pela ação de movimentos sociais que traziam pautas referenciadas na luta pelos direitos humanos, pela igualdade de gênero e racial, pelo direito à saúde e à moradia, pela universalização do acesso à educação, pelo direito à terra. Algumas dessas pautas pressionaram as novas normas em direção ao que viria a ser nossa versão do estado de bem-estar social, outras mobilizaram horizontes mais radicais e foram, assim, menos palatáveis para setores das elites políticas até certo ponto permeáveis à agenda dos direitos humanos e sociais. Meu ponto é, sobretudo, que mesmo tendo recursos menores para fazer valer suas reivindicações, os movimentos sociais e de caráter popular foram capazes de pressionar os limites do pacto que se estabelecia, mobilizando para tanto a legitimidade que tinha naquele momento a oposição acumulada ao regime ditatorial, o aprofundamento das desigualdades produzido pelo regime e a instabilidade econômica.

Das ambivalências e conflitos que marcaram esse contexto, estabeleceu-se nossa democracia com uma face social e participativa, porém restrita pela concentração de poder, pelas limitações formais e informais à cidadania das mulheres, da população negra na periferia das grandes cidades brasileiras e da população indígena. Cito esses casos porque posso rapidamente exemplificá-los: entre as mulheres, a restrição formal da cidadania permaneceu na legislação que criminaliza o aborto e a informal nas condições desiguais de participação política e de acesso ao trabalho e remuneração, sobretudo quando pensamos nas mulheres negras; para a população negra das grandes cidades brasileiras, a tortura permanece como prática institucionalizada e o genocídio dos jovens desafia até mesmo uma agenda liberal mínima de direitos individuais, que incluísse o dever do Estado de garantir a vida; as disputas pela terra conectam a concentração da propriedade, o exercício desigual de influência que faz dos latifundiários, repaginados sob a rubrica de "ruralistas", um dos grupos com maior poder político nos espaços de representação formal, de onde advêm recursos para regular a legislação, mas também para que assassinatos, trabalho em condições análogas às de escravidão e crimes ambientais sigam amplamente impunes.

A concentração simultânea de poder econômico e poder político permitiu que alguns grupos atuassem para restringir a renovação dos espaços formais de representação e, de modo mais amplo, a contestação política. A restrição à renovação pela via eleitoral tem especial importância. O acesso desigual a recursos para competir eleitoralmente é uma de suas faces. Mas outra igualmente importante é a capacidade dos atores que já dispõem desses recursos de regular a competição e de constranger caminhos alternativos para a disputa política. Esta é uma forma de se compreender o peso do financiamento das campanhas na estruturação do jogo político no Brasil, algo que a crise política atual permite ver claramente. É, também, uma forma de se abordar a reprodução do caráter masculino da política, tomando como ponto de partida o controle histórico dos recursos partidários pelos homens.

Entendo que a ação contrademocrática de grupos políticos que vêm preservando seu lugar ao sol ao longo das três décadas que nos separam da constituinte de 1987-88 é, de fato, um aspecto fundamental do quadro desvelado pela crise atual. A crise pode ser considerada uma das erupções de um processo de concentração de poder, que tem como uma de suas dimensões a composição cada vez mais conservadora do Congresso Nacional (DIAP, 2014).

Durante o ciclo que caracterizou a Nova República, esses grupos mantiveram o respeito pelas regras eleitorais, enquanto organizavam informalmente o jogo político de modo que restringia a competição e a representação de interesses. Destaco dois fatores na democracia restrita que assim se estabeleceu que teriam desdobramentos fundamentais no contexto atual:

(1) o peso do dinheiro nas eleições se manteve e cresceu, pela ampliação dos custos das campanhas, incidindo nas chances eleitorais (MANCUSO; SPECK, 2012; MANCUSO, 2015; SACCHET; SPECK, 2012; SAMUELS, 2001). O financiamento eleitoral permaneceu como um caminho para a interferência direta e desequilibrada de setores empresariais e, crescentemente, do capital financeiro na definição das leis que regulam o mercado, no funcionamento da economia e nos níveis de alocação de recursos para outros setores da população. Vale dizer que a alocação de recursos econômicos para esses setores tem sido determinada, com sucesso, pelos mesmos, no plano formal por meio de empréstimos, de taxas e de leis amigáveis; no plano informal, pelo acesso a informações privilegiadas para investimentos (BIN, 2015) e pela possibilidade de superfaturamento de contratos;

(2) a propriedade dos meios de comunicação permaneceu concentrada nas mãos de poucas empresas. É um dos recursos mais importantes para a reprodução de elites políticas locais e estaduais, para a atuação política nas disputas eleitorais, que pode se dar pelo apoio a candidaturas, mas também pela determinação da agenda e das fronteiras do debate eleitoral (BIROLI; MIGUEL, 2017). Destaca-se também sua responsabilidade na reprodução de uma lógica econômico-social concorrencial, que exclui outras lógicas de organização da vida. Registro, ainda como hipótese, que ela hoje se torna mais aguda ao associar a promoção do neoliberalismo à propagação do conservadorismo moral e de perspectivas reacionárias antiliberais, algo que tem sido visível no âmbito da sexualidade e das relações de gênero. Trata-se de uma conformação ambivalente nas páginas dos grandes jornais, que combinam a permeabilidade à agenda feminista com a visibilidade para grupos e indivíduos da chamada "nova-direita", como o Movimento Brasil Livre (MBL), situado no campo em que o casamento infeliz entre neoliberalismo econômico e conservadorismo moral, de que falarei adiante, vem se organizando.

A Nova República não foi, entretanto, apenas uma democracia restrita, como dito anteriormente. A Constituição de 1988 corresponde a um pacto social solidário, o que levou as lutas a novos patamares – com perdas e ganhos na efetivação de direitos nos anos que a seguiram. Penso na seguridade social, no direito constitucional à educação e no Sistema Único de Saúde, nas garantias para trabalhadoras e trabalhadores, em especial para trabalhadoras e trabalhadores do campo, para a população indígena, para mulheres, crianças e pessoas com deficiência, que foram reguladas por legislação posterior. Trata-se justamente do que está, hoje, sendo colocado em xeque, ao mesmo tempo, pela PEC do teto de gastos, pelo desmantelamento da legislação trabalhista e pelas propostas de reforma da Previdência, que atingem diretamente o sistema de seguridade social (BIROLI, 2017).

Para se compreender esses resultados e a conformação social do Estado em condições adversas, é preciso levar em conta a ação de movimentos sociais, ainda que ela tenha sido restrita pela implementação do neoliberalismo nos anos 1990 (ALVAREZ; DAGNINO; ESCOBAR, 1998). Embora a permeabilidade do jogo político à contestação do poder econômico concentrado e de seus efeitos políticos tenha sido sempre muito baixa (penso nas disputas pela terra e nos limites para a realização de uma reforma agrária, na concentração da propriedade de mídia, no longo caminho para a regulamentação dos direitos das trabalhadoras domésticas), em outros eixos os movimentos fizeram valer suas agendas disputando com relativa eficácia os termos em que o debate político se estabeleceu (penso nos movimentos feministas e na promoção da igualdade de gênero, nos movimentos LGBT e em conquistas como o direito à união civil e à adoção, nos movimentos negros e indígenas e nas ações afirmativas). Para isso, lançaram mão dos recursos disponíveis em um ambiente internacional em que a agenda dos direitos humanos, da igualdade racial, dos direitos sexuais e reprodutivos e dos direitos dos povos originais teve seu peso ampliado, ainda que delimitada pela implementação da agenda econômica neoliberal.

O CICLO DENTRO DO CICLO (2003-2016)

Defino como um "ciclo dentro do ciclo" democrático da Nova República o período entre 2003 e 2016, isto é, entre a chegada do Partido dos Trabalhadores ao Governo Federal, com a eleição de Luiz Inácio Lula da Silva para a presidência da República, e a deposição de Dilma Rousseff. Ainda que algumas das características que a ele atribuo tenham começado a se esgotar antes disso, mantenho 2016 como marco porque as particularidades do ciclo mais amplo se definem pelo contraste com o regime ditatorial de 1964, mas também à luz do fechamento promovido pelo golpe recente.

Nesse período, a implementação da agenda neoliberal foi acompanhada da ampliação de políticas e decisões econômicas com efeitos distributivos, permitindo que, de perspectivas distintas, se falasse em um liberalismo reformista com componentes social-desenvolvimentistas (SALLUM JR.; GOULART, 2016) e em um novo desenvolvimentismo (BRESSER-PEREIRA; THEUER, 2012). O cenário econômico favorável permitiria, ao menos até 2012, a ampliação da face social do Estado, sem confrontar o poder do empresariado e do setor rentista (SINGER, 2016).

Foi nesse período que participamos da leve desconcentração de renda detectada na América Latina, na China e na Índia por um curto período (Organização das Nações Unidas Para a Educação, a Ciência e a Cultura, 2016). Apesar disso, e mais uma vez lidando com um contexto de ambivalências, foram mantidos a dinâmica político-eleitoral que permite o protagonismo de empresários "investidores", o controle da mídia por algumas poucas empresas e as altas taxas de lucro dos bancos, com um fortalecimento adicional da representação dos grandes proprietários de terra e de segmentos religiosos conservadores (DIAP, 2014). Trata-se do que André Singer (2012) definiu como característico do lulismo, uma aliança policlassista em um momento em que foi possível uma situação de "ganha-ganha". Creio, no entanto, ser importante dar maior centralidade ao fortalecimento simultâneo de movimentos sociais com pautas emancipatórias, como o feminista, e de setores conservadores que fizeram parte das alianças que deram sustentação ao governo. Numa análise de economia política que seja capaz de dar conta dos conflitos que se estabeleceram, o esgotamento da aliança policlassista tem tanto peso quanto o acúmulo dos conflitos em um eixo que, pela falta de uma síntese melhor, nomeio como moral e patriarcal.

Em todo o ciclo democrático, a implementação do neoliberalismo não impediu que o Estado brasileiro financiasse empresas e bancos, na forma de empréstimos, de renegociação de dívidas, de investimento direto (por meio do BNDES, que é pivô de alguns dos episódios da crise atual, mas vem sendo um recurso político em diferentes momentos, desde 1952, quando nasceu como BNDE), de licitações que implicavam lucros mais do que camaradas para as grandes empresas. Os exemplos mais patentes, nesse caso, são as construtoras e empresas de radiodifusão. As primeiras têm sua lucratividade ligada sobretudo a obras públicas; as segundas dependem de concessões e têm sistematicamente se ampliado e se mantido com recursos de Estado, como no caso da Rede Globo desde o período da ditadura.

As alocações para poderosos se mantiveram pelas dinâmicas indicadas acima e pela manutenção de um sistema fiscal e tributário que favorece a concentração de renda. O que houve a partir de 2003, quando se instaurou o "ciclo dentro do ciclo", foi a ampliação da presença do Estado na forma de investimentos *públicos*. A partir de 2003, foi ampliado o montante de recursos em políticas de renda e assistência, essas últimas reunidas sob a Política Nacional de Assistência Social (PNAS), de 2004, nos marcos do Sistema Nacional de Assistência Social (Suas). A ampliação dos investimentos do Estado se fez também por meio de programas como "Minha Casa, Minha Vida", "Luz para Todos" e "Bolsa Família", para citar três que tiveram impacto na população mais pobre e que, sobretudo nos últimos dois casos, são referenciados pelas desigualdades regionais, com investimentos maiores no Norte e no Nordeste do País. Em um período de ventos favoráveis na economia internacional, o aumento real do salário mínimo e a redução dos índices de desemprego, combinados, levaram a população assalariada ao limiar da inclusão via consumo – ao limiar, não a uma inclusão que seria sustentada com o aprofundamento da crise a partir de 2014, o que torna esse quadro mais complexo e explica, parcialmente, o ambiente político atual e os dilemas que se apresentam para as próximas eleições.

É importante destacar, considerando-se o eixo "moral" e patriarcal, que se o ciclo aberto em 1988 trouxe um enquadramento mais liberal para os conflitos e estabeleceu uma institucionalidade participativa, foi a partir de 2003 que, dadas as bases sociais do PT, a atuação dos movimentos sociais e de suas representantes no âmbito estatal se ampliou e produziu maiores efeitos (ABERS; SERAFIM; TATAGIBA, 2014). Essa participação mobilizou concepções divergentes do papel do Estado e códigos políticos com raízes nas lutas pelos direitos humanos, feministas, antirracistas, pela terra, sindicais, que passaram a ter maior peso nas controvérsias públicas.

A permeabilidade do Estado aos setores populares e à agenda progressista foi limitada, se comparada ao efeito das alianças conservadoras assumidas pelo PT no mesmo período. Um dos pontos negativos desse trânsito entre movimentos e governo foi que ele restringiu o caráter contestador dos movimentos e o horizonte de transformações com o qual o campo progressista operou. Mas a atuação e a influência de representantes desses movimentos nas rotinas cotidianas dos ministérios e nos espaços formais de participação, como as conferências, foram um dos gatilhos para as reações conservadoras que se acumularam ao longo do tempo e que se apresentaram mais claramente após a reeleição de Rousseff, em 2014. Embora esse tenha sido um processo que se estabeleceu durante todo o período, o ponto de inflexão para o qual eu apontaria é a publicação do Plano Nacional de Direitos Humanos 3 (PNDH 3), em 2009, que recomendava a implementação da Comissão Nacional da Verdade e incorporava uma pauta substantiva de gênero, na qual os direitos sexuais e reprodutivos ganhavam destaque. As reações conservadoras apontam, ao mesmo tempo, para os efeitos da atuação política de movimentos progressistas, como os movimentos feministas e LGBT, que tenho acompanhado mais sistematicamente, e para a baixa aceitação de valores pluralistas e liberais por setores significativos das nossas elites (BIROLI, 2016).

A agenda de desregulação e privatização colocada em curso aceleradamente após a deposição de Rousseff, em 2016, mostrou que a construção de um ambiente político que permitisse mais facilmente a retirada dessas garantias pode ter sido a motivação para o apoio de setores nacionais e internacionais ao golpe e, é hoje, entendo, o que tem permitido a continuidade de Michel Temer na presidência da República. O ápice do golpe, dessa perspectiva, pode não ter sido a deposição de Rousseff, mas a aprovação da terceirização irrestrita (Lei 13.429/2017) e da redução das garantias para trabalhadoras e trabalhadores, após a determinação de limites para os gastos públicos pela aprovação de uma Proposta de Emenda

Constitucional que se inscreve com uma validade de duas décadas (PEC 55/2016). Ao mesmo tempo, com o golpe de 2016, rompeu-se o diálogo com os movimentos sociais e têm sido desmontadas a institucionalidade e as políticas referenciadas pela agenda dos direitos humanos, da igualdade de gênero, do combate ao racismo. Os fundamentos de gênero nesse processo de fechamento da democracia ultrapassam a misoginia que fez parte do golpe e as evidências presentes na nomeação inicial de um ministério de homens brancos, que, apesar das muitas reações, é composto por apenas duas mulheres no momento em que escrevo este texto. É possível trabalhar com a hipótese de que existe um paralelo entre o grau de permeabilidade do Estado aos interesses populares e o grau de incorporação das pautas feministas na história recente do Brasil.

Casamento infeliz e fechamento da democracia

O golpe se atualiza no casamento infeliz entre novos patamares de privatização da política (neoliberais e antidemocráticos) e os padrões atuais do conservadorismo moral (antiliberais e antidemocráticos). Esse casamento conecta o processo de fechamento da democracia no Brasil a um contexto político-econômico mais amplo, que eu não teria como discutir aqui, mas ao qual atribuo relevância.

Em poucas palavras e para finalizar, entendo que as explicações sobre o contexto atual mais amplo, internacional, e a forma que assume no Brasil, precisam levar em conta duas questões.

A primeira é que os padrões atuais do capitalismo, mais evidentes desde que a crise econômica internacional eclodiu em 2008, parecem envolver o *controle mais direto sobre os recursos políticos*, reduzindo as mediações político-democráticas, *e um recuo maior do que o dos anos 1990 na orientação social coletiva do Estado*. Esse recuo se faz pela contenção de recursos financeiros investidos em equipamentos e soluções públicas/coletivas, abrindo novos espaços para investimentos privados lucrativos, e pela retirada de garantias legais no âmbito do trabalho e da seguridade, aumentando os níveis de exploração e diminuindo a margem para que as pessoas vivam segundo lógicas alternativas à econômica competitiva.

O segundo é que o gênero compõe as dinâmicas básicas de poder regularmente, mas se tornou uma questão mais aguda na crise política atual do que vinha sendo, no caso brasileiro, desde o início da Nova República – e, no Norte global, desde meados do século XX. O reacionarismo moral conservador se estabelece nas investidas correntes contra a agenda mais ampla dos direitos humanos e da inclusão afirmativa de grupos subalternizados. Tem como linha de frente a contestação das transformações nos papéis sociais de mulheres e homens, na conjugalidade e na moral sexual. As investidas contra as políticas para a igualdade de gênero e a defesa da censura ao debate sobre gênero nas escolas têm ocorrido em diferentes países da Europa e do continente americano e são sua expressão mais evidente. Pode-se inferir pelos *slogans* e documentos comuns na cruzada contra a "ideologia de gênero" que há uma articulação transnacional, com algum grau de centralidade, do mesmo modo que se pode detectar uma agenda de privatização e desregulamentação do trabalho para além do contexto brasileiro. Com a privatização e mercantilização mais ampla de diferentes setores da vida, levada a cabo pelo projeto neoliberal, torna-se imperativo produzir famílias "funcionais", isto é, responsabilizar novamente as mulheres por tarefas de que o Estado se esquiva, sobretudo no âmbito do cuidado.

O casamento infeliz entre neoliberalismo e conservadorismo moral deve estar presente em graus diferenciados entre as candidaturas de direita nas eleições de 2018 (que, ressalvo, a gravidade deste momento impede de tomarmos como certas). Posições alternativas terão que lidar com uma conformação do debate na qual a agenda de fato disputada estará em grande medida submersa sob a temática da corrupção, apresentada como se fosse um fenômeno desligado dos processos de privatização do Estado e de restrição da soberania popular. No campo da esquerda, parece-me ser imperativo fazer frente ao mesmo tempo à privatização da política, das diferentes dimensões da vida cotidiana, e à restrição à pluralidade, manifesta na forma de censura e de uma intolerância aguda que busca constranger e criminalizar pessoas e esforços críticos.

Referências

ABERS, Rebecca Naeara; SERAFIM, Lizandra; TATAGIBA, Luciana. Repertórios de interação Estado-sociedade em um Estado heterogêneo: a experiência na Era Lula. *Dados - Revista de Ciências Sociais*, v. 57, n. 2, p. 325-57, 2014.

ALVAREZ, Sonia E.; DAGNINO, Evelina; ESCOBAR, Arturo (Eds.). *Cultures of politics, politics of culture: re-visioning Latin American social movements*. Boulder and Oxford: Westview Press, 1998.

BIN, Daniel. Macroeconomic policies and economic democracy in neoliberal Brazil. *Economia e Sociedade*, v. 24, n. 3 (55), p. 513-539, 2015.

BIROLI, Flávia. A PEC 247 contra as mulheres. *Blog do Demodê*, 2017. Disponível em: <https://grupo-demode.tumblr.com/post/157581196902/reforma-da-previd%-C3%AAncia-a-pec-287-contra-as>. Acesso em: jul. 2017.

_____. Political violence against women in Brazil: expressions and definitions. *Direito & Práxis*, v. 7, n. 15, p. 557-89, 2016.

_____; MIGUEL, Luis Felipe. *Notícias em disputa: mídia, democracia e formação de preferências no Brasil*. São Paulo: Contexto, 2017.

_____; _____. *Aborto e democracia*. São Paulo: Alameda, 2016.

BRESSER-PEREIRA, Luiz Carlos; THEUER, Daniela. Um estado novo-desenvolvimentista na América Latina?. *Economia e Sociedade*, v. 21, p. 811-829, 2012.

CARNEIRO, Sueli. *Racismo, sexismo e desigualdade no Brasil*. São Paulo: Selo Negro, 2011.

DIAP. *Radiografia do novo Congresso (2015-2019)*. Brasília: Departamento Intersindical de Assessoria Parlamentar, 2014.

GONZALES, Lélia. Racismo e sexismo na cultura brasileira. *Revista Ciências Sociais Hoje*, Anpocs, p. 223-244, 1984.

LINZ, Juan; STEPAN, Alfred. *A transição e consolidação da democracia: a experiência do sul da Europa e da América do Sul*. Rio de Janeiro: Paz e Terra, 1999.

MANCUSO, Wagner P. Investimento eleitoral no Brasil: balanço da literatura e agenda de pesquisa. *Revista de Sociologia e Política*, v. 23, n. 54, p. 155-183, 2015.

_____; SPECK, Bruno W. O que faz a diferença? Gastos de campanha, capital político, sexo e contexto municipal nas eleições para prefeito em 2012. *Cadernos Adenauer*, v. XIV, n. 2, p. 109-126, 2013.

ORGANIZAÇÃO DAS NAÇÕES UNIDAS PARA A EDUCAÇÃO, A CIÊNCIA E A CULTURA. *World Social Science Report. Challenging inequalities: pathways to a just world*. Paris: ISSC, IDS e Unesco, 2016.SACCHET, Teresa; SPECK, Bruno W. Financiamento eleitoral, representação política e gênero: uma análise das eleições de 2006. *Opinião Publica*, v. 18, n. 1, p. 177-197, 2012.

SALLUM JR., Brasilio; GOULART, Jefferson. Liberalização econômica, política e sociedade nos governos FHC e Lula. *Revista de Sociologia e Política*, n. 24, v. 60, p. 115-135, 2016.

SAMUELS, David J. Money, Elections, and Democracy in Brazil. *Latin American Politics and Society*, v. 43, n. 2, p. 27-48, 2001.

SINGER, André. A (falta de) base política para o ensaio desenvolvimentista. In: _____; LOUREIRO, Isabel (Orgs.). *As contradições do lulismo: a que ponto chegamos?*. São Paulo: Boitempo Editorial, 2016.

_____. *Os sentidos do lulismo: reforma gradual e pacto conservador*. São Paulo: Companhia das Letras, 2012.

VITULLO, Gabriel. Transitologia, consolidologia e democracia na AL: uma revisão crítica. *Revista Sociologia e Política*, n. 17, p. 53-60, 2001.

Projetos sem sujeito e sujeitos sem projeto

Tatiana Roque[1]

Duas tarefas são urgentes e inseparáveis: analisar criticamente os governos do PT e traçar os parâmetros de um projeto possível para a esquerda. A crítica necessária às políticas dos últimos anos não deve desviar nossa atenção da crise mais geral da esquerda, e vice-versa.

Ao passo que o projeto neoliberal é focado em criar condições sociais e subjetivas para instalar a concorrência em todos os âmbitos da vida, a esquerda apresenta uma compilação de medidas esparsas, ora associadas à socialdemocracia, ora ao socialismo – refletidas, no plano econômico, por uma combinação de ideias keynesianas e marxistas. Quando chega ao poder, como no Brasil, ainda precisa aliar essa bricolagem à certa dose de pragmatismo. Foi assim que percorremos políticas tão heterogêneas: desde o pacto de continuidade do Plano Real, com Palocci, até a Nova Matriz Econômica, com Mantega. O âmago do lulismo era a redução da pobreza e das desigualdades, mas os métodos divergiam. Não ter garantido a sustentabilidade das políticas que visavam atingir esse objetivo é um ponto-chave na avaliação da era Lula.

Qualquer projeto capaz de disputar a sociedade, nos dias de hoje, precisa passar por uma análise minuciosa dos detalhes que fizeram ou não alguma diferença durante os últimos governos. Criticar o PT, mantendo o combate às desigualdades como norte, não implica a defesa de um projeto mais à esquerda, mais radical ou sem "conciliação de classes". Esse caminho, ao qual tem aderido a maior parte da esquerda (surpreendentemente, o próprio PT), desvia atenção da oportunidade única que estamos vivendo, em que a crise força uma retomada a partir da própria insuficiência de projeto – ou da irrealidade dos projetos que estão na mesa. Não parece que a esquerda só precise de governantes corajosos para implementar seus belos programas: esses programas não existem. Por outro lado, observar a crise de projeto pela qual

---

[1] Tatiana Roque é professora do Instituto de Matemática e da Pós-Graduação em Filosofia da UFRJ. Foi presidente do sindicato dos professores da UFRJ (ADUFRJ). Trabalha sobre Filosofia Francesa Contemporânea, especificamente sobre a relação entre capitalismo e subjetividade. Também atua na área de História da Ciência, tendo publicado o livro *História da Matemática*: uma visão crítica, desfazendo mitos e lendas (Zahar, 2012), agraciado com um prêmio Jabuti.

a esquerda está passando mundialmente não exime o PT dos erros cometidos. Ao contrário, o PT, pela sua própria história como partido formado por movimentos sociais, poderia ter liderado a renovação da esquerda, especialmente por ter tido a experiência singular de governar um País campeão de desigualdades, tendo alcançado altos níveis de popularidade e confiança da população. Mas aconteceu justamente o contrário. As tentativas de apontar caminhos para avançar e tornar sustentáveis as mudanças, como as que se apresentaram em junho de 2013, foram impiedosamente bloqueadas.

Que a experiência de governo tenha sido um laboratório de políticas esparsas e muitas vezes contraditórias, é interessante; que essa experimentação não tenha incluído escuta, diálogo, reflexão e capacidade de autocrítica, é arrogância (para não dizer burrice). Uma grande oportunidade foi desperdiçada. Tento traçar as linhas desse aparente paradoxo, que lembra a imagem de Saturno comendo seus filhos: o mesmo governo que implementou políticas que se mostraram capazes de empoderar camadas antes excluídas da população interditou a autonomia desses novos sujeitos, quando finalmente se apresentaram na cena pública.

DE BAIXO PARA CIMA (ATÉ 2010)

Ainda em 2003 e 2004, duas propostas indicavam um recorte desafiador para o novo governo: Bolsa Família e cotas nas universidades. Por mais contraditório que possa parecer, a necessidade de manter o pacto selado com a Carta aos Brasileiros estreitava o campo de ação da política econômica. Esse constrangimento tornava estratégicas medidas antes consideradas meramente paliativas (na opinião de grande parte da esquerda). O Bolsa Família foi acusado de ser uma política focada, não universal, típica do neoliberalismo. O argumento contra as cotas era similar e a esquerda universitária denunciava o alinhamento do novo governo ao Banco Mundial.[2] As cotas eram parte da proposta de reforma universitária, em debate no Ministério da Educação, que visava à democratização

---

2 Sobre o Bolsa Família, manifestações contrárias veementes vieram de nomes como Maria da Conceição Tavares e Carlos Lessa. Sobre o anteprojeto de reforma universitária, Roberto Leher afirmava, em 2005, na *Revista Adusp*, que "as políticas dos organismos internacionais seguem guiando os cérebros do governo Lula da Silva. Com efeito, a modernização do MEC coincide no fundamental com as agendas do Banco Mundial, do BID e da Cepal para as instituições de educação superior públicas: racionalização do acesso não por medidas universais, mas por cotas; programas de estímulo à docência por meio de gratificações por produtividade; avaliação padronizada da "qualidade" (Exame Nacional de Desempenho)".

do ensino superior. O Prouni era o complemento que pretendia ampliar as vagas para pobres nas universidades privadas (o que foi também alvo de críticas).Para grande parte da esquerda, o modelo a ser seguido deveria privilegiar a ação estatal na formulação de políticas universais, cuja execução dependia do aumento dos gastos públicos. Só que isso estava vedado, naquele primeiro momento, pelo pacto político que abriu caminho para a primeira vitória de Lula. Na verdade, isso importava pouco para Lula, pois o mais importante – mais importante do que agradar a esquerda – era iniciar o combate às desigualdades, fosse como fosse: fome zero, primeiro; Bolsa Família, logo depois; reforma universitária, primeiro – com cotas; Prouni e Reuni um pouco mais tarde. Cada uma dessas medidas gerou uma batalha dentro da própria esquerda. A adesão da UFRJ ao Reuni, em 2007, deve ser lembrada como um momento paradigmático desse conflito.[3]

Governar significou, nos primeiros anos de Lula, romper com as expectativas de grande parte da esquerda, fundadas em políticas universais e no papel central do Estado. Na esteira desse rompimento, executaram-se duas das ações mais profícuas dos governos do PT: programas focados de transferência de renda e democratização do ensino universitário. Essas políticas funcionaram como dispositivos disparadores para a produção de novos sujeitos sociais e políticos. Só que nem o PT enxergou o quanto era decisivo olhar para esse âmbito de coisas, pois – mais semelhante a seus críticos do que gostaria – não considerava a produção de subjetividades como terreno da política.

O segundo governo Lula foi marcado pela dinamização da economia por meio de transferências de renda, expansão do consumo, acesso à habitação e formalização do emprego (aumentando os salários reais), além de investimentos públicos e crédito para as famílias mais pobres. Com setores da população, antes excluídos, integrados à economia formal, o aumento dos gastos governamentais pôde ser compensado por um aumento na arrecadação de impostos (entre 2004 e 2010). Esse argumento é sugerido por Serrano e Summa (2015) para mostrar que os gastos públicos estimularam o crescimento no período. O princípio é o seguinte: aumentar gastos de forma combinada com transferências sociais eleva a receita tributária, pois permite incluir no setor formal uma população antes excluída (aumentando a demanda). Além disso, é possível aumentar os impostos um pouco mais do que os gastos, o que mantém os efeitos positivos na demanda. Mas

---

3   No vídeo, vemos Aloísio Teixeira tendo de bancar o Reuni contra movimentos de esquerda que tentavam interditar a discussão. Disponível em: <https://www.youtube.com/watch?v=k0icuerxPGE&t=328s>. Acesso em: set. 2017.

isso só acontece porque a propensão a gastar dos mais ricos (que serão taxados) é menor do que a daqueles que recebem as transferências sociais.

É possível avançar na argumentação, como fazem Carvalho e Rugitsky (2015), mostrando que um motor essencial do crescimento até 2010 foi a mudança na distribuição de renda. Em uma economia altamente desigual, a diminuição da desigualdade de renda tem impacto na estrutura produtiva, na produtividade do trabalho e no comportamento dos preços e da inflação. Costuma-se dizer que, nos governos Lula, o crescimento foi impulsionado pelo consumo, mas não é bem assim. É preciso considerar o impulso exercido pela renda. É interessante que seja usado, nesse estudo, um indicador de distribuição pessoal de renda (distribuição da renda nacional entre os indivíduos que compõem a economia) – que mede a renda do ponto de vista dos indivíduos ou das famílias (e não das classes, ou dos proprietários dos fatores produtivos). Esse indicador pode levar em conta dinâmicas relacionadas à produção de subjetividade que explicam a especificidade de um crescimento estimulado pelos de baixo. Esse crescimento impacta os indicadores econômicos de modo distinto do crescimento guiado pelos proprietários dos meios de produção. Por isso, as políticas de redistribuição precisam ser avaliadas em seus pormenores. A diminuição da desigualdade aumentou a demanda agregada, via aumento do consumo e do grau de utilização da capacidade produtiva, o que permitiu mais investimento e a instalação de um círculo virtuoso que, em um ambiente econômico favorável, pôde estimular o crescimento sem provocar inflação.

Essas análises exprimem, no campo econômico, a hipótese filosófica de que a subjetividade deve ser considerada como um fator de produção.[4] Isso se torna ainda mais evidente numa economia em que o setor de serviços é preponderante. Para a população mais pobre, ter mais renda disponível, com uma situação mais formal e acesso ao crédito, leva ao aumento do consumo e ao crescimento. Já o incentivo à diminuição dos custos de empresários que já possuem altos lucros, em vez de incentivar o investimento produtivo, leva ao aumento dos lucros. Ou seja, para quem tem muito, dinheiro gera dinheiro para os mesmos de sempre; para quem tem pouco, dinheiro gera dinâmica social e econômica. É o modo como a subjetividade participa da dinâmica produtiva que explica as diferentes potências do dinheiro em cada uma dessas situações.

A relação mal resolvida que a esquerda tem com o dinheiro pode ter influído na opção por mudar, de modo tão radical, políticas que estavam dando

---

[4] Posição que Deleuze e Guattari expressam em diferentes pontos de *Anti-Édipo* e *Mil Platôs*.

certo.⁵ Antes de falar desse giro, que vai se dar com Dilma, lembro que as políticas de Lula 2 foram muito criticadas por serem guiadas pelo consumo. Há uma tese antiga, baseada na análise do milagre econômico, de que a expansão do consumo não ajuda a reduzir as desigualdades. Só que isso depende de que consumo se está falando – do consumo de quê. O artigo já citado de Carvalho e Rugitsky mostra que, entre 2005 e 2010, a redução das desigualdades e o crescimento reforçaram-se mutuamente. Inclusive, o crescimento não era exatamente liderado pelo consumo, e sim pela renda. A inclusão no mercado de consumo de parte significativa da população brasileira levou à expansão de setores específicos, como o de serviços. Laura Carvalho (2016) sintetiza:

> Ao reforçar a redução das desigualdades salariais pelo aumento mais acelerado da renda dos trabalhadores com menor grau de escolaridade, tais alterações no padrão de consumo e na estrutura produtiva colaboraram com o círculo virtuoso de dinamismo do mercado interno e do mercado de trabalho que vigorou até 2010, em uma versão às avessas do milagre econômico.⁶

O crescimento voltado para o setor de serviços tinha a vantagem adicional de estar em sintonia com as transformações do trabalho no mundo contemporâneo, que torna esse setor um dos mais importantes da economia. Nesse momento, as conquistas poderiam ter sido asseguradas por reformas que: reforçassem os serviços públicos, associassem direitos e ampliassem o acesso aos meios de produção para os trabalhadores do setor de serviços (muitas vezes informais ou ligados à tecnologia) e instituíssem maior justiça tributária. Mas a opção parecia ser estimular a indústria (sem sequer se perguntar que tipo de indústria) e tentar reproduzir a fórmula antidemocrática do milagre econômico.

DE CIMA PARA BAIXO (A PARTIR DE 2011)

O governo Dilma mudou radicalmente a política econômica. A nova estratégia era focar no mercado externo, aumentando a competitividade da indústria, o que implicava diminuir o investimento público, contrair o crédito ao consumidor,

---

5   Suzanne de Brunhoff já mostrava que a teoria da moeda apresentada por Marx em *O capital* deixa de lado uma intuição importante esboçada na *Contribuição à crítica da economia política*: a de que há uma potência política e social inerente à posse do dinheiro, que permite a cada um transportar em seu bolso um poder social. Ver *La Monnaie chez Marx*. Paris: Éditions Sociales, 1967.
6   Ver também o artigo de Fernando Rugitsky, Milagre, miragem, antimilagre. *Revista Fevereiro* 9, 2016.

desvalorizar o câmbio e fornecer incentivos (como desonerações) para que o setor privado liderasse o crescimento. Essa política partiu da avaliação de que o capital produtivo poderia fazer frente ao rentismo, como mostra André Singer, levando inclusive à crença de que Fiesp e CUT podiam se aliar contra um inimigo comum (SINGER, 2015). Mas, ao contrário do diagnóstico de continuidade feito por Singer, essa nova fase indica uma ruptura. Dito de modo bem simples: se, antes, a dinamização da economia era liderada pelos de baixo, aqui a aposta é que seja puxada pelos de cima. Antes, era o consumo dos pobres que abria terreno para novos negócios, empreendimentos e investimentos; nessa nova fase, esperava-se que os grandes empresários liderassem o crescimento. Tudo isso reforçado pela crença de que a meta principal era a industrialização e o crescimento das exportações, levando ao aumento da oferta de empregos. Esse equívoco é comum a diferentes projetos de esquerda: apostar na oferta de empregos como meio de distribuir a renda e garantir a cidadania. Mas que empregos? Tal projeto só seria possível com a precarização total dos empregos e a diminuição dos salários (inclusive de seu poder de compra, com a desvalorização do câmbio). Para rejeitar o modelo anterior, baseado em serviços – mais antenado com o século XXI –, apostou-se numa via antidemocrática similar à do milagre econômico.

A Nova Matriz Econômica, implementada no primeiro mandato de Dilma, partia do princípio de que era a taxa de juros que impedia o setor privado de liderar o crescimento. Só que, para baixar os juros, era preciso evitar a geração de uma demanda forte demais que levasse à inflação. O governo passava, então, a estimular o investimento não mais pelo aumento da demanda agregada, e sim pela redução dos custos das empresas (na verdade, as desonerações já tinham começado no segundo mandato de Lula, mas tornam-se mais volumosas no primeiro mandato de Dilma). Serrano e Summa avaliam em números, no artigo citado, que essa política foi um fracasso. Uma das razões é o fato de as empresas já possuírem margens de lucro bem acima do mínimo viável.[7] Portanto, o aumento da margem não tinha efeito nas decisões sobre investimento: empresas que já tinham lucros altos passaram a lucrar ainda mais e a dominar, não apenas a economia, mas o poder político.

---

7   O fracasso da política econômica a partir de 2011 é explicado frequentemente pela diminuição do preço das *commodities* no mercado externo. Para Serrano e Summa, essa explicação é fraca, dada a baixa participação das exportações em nossa economia. Carvalho e Rugitsky matizam essa conclusão, ainda que também não considerem que o preço das *commodities* explique por si mesmo os problemas subsequentes.

No segundo governo, Lula perdeu uma oportunidade de ouro para implementar reformas (como a política e a tributária) e melhorar os serviços públicos. Além de garantir a sustentabilidade das políticas dos anos iniciais, essas medidas poderiam ter efetuado uma transição para um modo de governar mais democrático, em que setores recém-empoderados da população não apenas continuassem a liderar a economia, mas pudessem entrar na cena política (tornando o governo mais independente de alianças que já vinham se configurando como espúrias). Mas Lula tinha outros projetos: em outubro de 2007, a Fifa ratificou o Brasil como País-sede da Copa do Mundo de 2014; dois anos depois, o Rio de Janeiro foi escolhido como sede das Olimpíadas de 2016. As atenções migravam para as obras. E para as oportunidades de negócios que se abririam. Tudo justificado com o mesmo discurso sobre crescimento e geração de empregos. A política econômica passou a ser marcada por fortes subsídios ao capital, pelo financiamento de grandes obras e pela tentativa (malsucedida) de constituição de polo inovador dinâmico, como observa Rocha (2017). Podem ser assim sintetizadas as medidas que suscitariam um antagonismo em junho de 2013:

> grandes eventos que usaram recursos públicos para gerar instalações espetaculares que, no entanto, só puderam ser utilizadas por uma minoria pagadora dos eventos; uma política industrial e de transportes baseada em estímulos à produção e ao consumo de veículos particulares que utilizam intensamente a parca estrutura viária e poluem o meio ambiente; e as grandes obras para geração de energia que representam a exclusão de populações locais e reduzem a diversidade.

Optou-se por uma política sem sujeitos, da qual a melhor imagem é a de nossos aeroportos modernos, reformados e hoje desertos; além de nossos estádios, caros e inóspitos para a maioria da população que costumava frequentá-los.

Intermezzo: subjetividade e economia política

O sujeito não é um dado. O deslocamento feito por Foucault parte da recusa de qualquer definição *a priori* e a-histórica do sujeito. O sujeito está sempre em vias de constituição, em meio a jogos de verdade que se inscrevem nas relações sociais e de poder. Historicamente determinada, a subjetividade é forjada por relações de forças, estratégias de dominação e de governo.

Inspirado em Ricardo, Marx introduz a subjetividade na economia política com sua nova compreensão do trabalho. Antes, a essência da riqueza estava em grandes objetividades, como a terra. Com o desenvolvimento do capitalismo, ocorre uma conversão radical, pois a essência da riqueza vai ser buscada do lado do sujeito: no trabalho. Marx desloca o trabalho de sua definição a partir do mundo das mercadorias (como fazia Smith) para algo que precisava ser objetivado (para que pudesse ser visto como mercadoria). Se o trabalho precisava ser objetivado é porque não era objetivo *a priori*. A economia política funciona, portanto, por dinâmicas de objetivação e de representação da subjetividade (como no fetichismo das mercadorias).

A explicação precisa ser rápida para caber aqui, mas só quero indicar por que vias é possível dizer que a subjetividade é um fator essencial da economia política. Enxergar a subjetividade como fator de produção pode ajudar a compreender como a redução das desigualdades pode ser um motor da economia. Cai a velha premissa economicista de aumentar o bolo para dividir – é dividir que leva o bolo a crescer. Na verdade, a metáfora do bolo é ruim (seria melhor uma grandeza imaterial). Mas ajuda a decifrar a aproximação do governo Dilma com o velho desenvolvimentismo nacionalista, que acabou por fortalecer setores atrasados da economia e da oligarquia política. Salta aos olhos o quão pouco se abordou, nesse debate, o anacronismo intrínseco de se estimular setores como o agronegócio, em um mundo marcado pela economia do conhecimento e pela preocupação ecológica; o quão pouco se considerou o tipo de trabalho que seria estimulado pela via do emprego industrial, em defasagem com as subjetividades e as reconfigurações do mundo do trabalho no século XXI. O economicismo, já denunciado por tantos críticos, pressupõe que tudo vai se resolver pela gestão da economia. Esquece-se que o determinante é distribuir recursos dos mais favorecidos aos mais pobres. Um modelo de desenvolvimento adaptado ao nosso País – e aos nossos tempos – precisa levar em conta, tanto quanto parâmetros quantitativos: desejos, projetos, preferências, sonhos e perspectivas. Tudo isso move a economia e sofre mudanças drásticas quando as pessoas saem da condição de sujeitos subordinados e adquirem algum poder social, ainda que por meio do dinheiro.

QUANDO NOVOS PERSONAGENS TENTARAM ENTRAR EM CENA

Junho de 2013 foi expressão de uma mutação subjetiva, que trazia em seu bojo a revolta dos sujeitos excluídos do projeto hegemônico naquele momento. Por isso diziam: "não vai ter Copa!". Ou seja, "não aceitaremos ficar de fora dos projetos de crescimento sem povo, nem dos conluios oligárquicos que reforçam".

Frente a um projeto sem sujeito, novos sujeitos tentavam entrar em cena. Difícil afirmar que tivessem projetos. Tinham demandas nítidas e uma aguda intuição de onde estavam os problemas (na mobilidade urbana e nos serviços públicos; no RJ, apontavam com precisão Cabral, Barata e Amarildo). Mas não havia, nem foram criadas, organizações suficientemente densas para desenvolver essas pautas com alguma continuidade.

Falando das lutas dos trabalhadores de SP nos anos 1970 e 1980, Eder Sader (2001) descrevia os novos personagens que entraram em cena. Na época, eles acabaram se organizando no partido-movimento que foi o PT. Em 2013, o PT tornava-se um partido como os outros e que sequer conseguiu entender quem eram os novos personagens. Seguiu-se o silenciamento desses novos sujeitos políticos, cujas reverberações sofremos até hoje.

As políticas dos primeiros governos Lula – em escala macro, mas também micro – tiveram efeito expressivo na produção de subjetividades, o que faz surgir novos atores sociais e políticos. São exemplos: organizações autônomas da juventude, grupos culturais, coletivos de mídia e movimentos negros e de mulheres. Universidades e institutos federais tiveram um papel intenso na politização desse grupos, pois emergiam daí as forças intelectuais constituintes de uma nova geração. Ao inserir grande parcela da população nas relações produtivas que integram a sociedade do conhecimento, a democratização da universidade teve efeitos positivos além dos esperados. Outras medidas específicas, como os pontos de cultura, também agiram nesse processo. A participação na produção de cultura e o ingresso no ensino superior, somados às transferências de renda, abriam a possibilidade para novas posições subjetivas. Isso tudo tornava as pessoas capazes de pedir mais e trazia à cena novas possibilidades de contestação.

A hipótese petista, que associa 2013 a um movimento de direita, parte de uma premissa míope (e economicista). Haddad pergunta, em texto recente na revista *Piauí*:

> [...] como explicar a explosão de descontentamento ocorrida em junho daquele ano, expressa na maior onda de protestos desde a redemocratização? O desemprego estava num patamar ainda baixo; a inflação, embora pressionada, encontrava-se em nível suportável e corria abaixo dos reajustes salariais; os serviços públicos continuavam em expansão, e os direitos previstos na Constituição seguiam se ampliando.

Pergunto: por que partir da premissa de que as pessoas só vão às ruas quando estão em má situação econômica? Se fosse assim, as ruas agora, em 2017, estariam lotadas. Pode ser justamente o contrário. A estabilidade econômica, somada à inclusão de jovens urbanos em esferas antes restritas à elite e ao acesso a bens culturais, tornava as pessoas mais potentes, logo, em medida de pedir mais. Junho de 2013 foi um movimento por *mais*. O dinheiro estava rolando solto, quer dizer, não era por falta de dinheiro que ainda estávamos patinando em termos de serviços públicos. A essa percepção, juntava-se a corrupção nas obras da Copa, gerando indignação contra a classe política (indignação que sequer tinha foco no PT, naquele momento). Os protestos marcavam o esgotamento de um tipo de adesão ao poder político e ao projeto de desenvolvimento em curso.

Isso nos leva a concluir que o equívoco dos governos do PT não está em não ter sido verdadeiramente de esquerda – ter cedido à "conciliação de classes" ou não ter implementado uma política econômica mais verdadeiramente desenvolvimentista ou socialista (como críticos à esquerda chegam a afirmar). Seu maior pecado foi não ter percebido que estava diante de uma oportunidade única em que era possível, ao tomar certa distância dos modelos tradicionais da esquerda, formular um projeto mais antenado aos nossos tempos e mais ancorado à singularidade do País.[8] O aparelho, em sua deriva burocrática, perdeu a dimensão de que política tem a ver com aumentar a capacidade e a autonomia das pessoas comuns. Não com transformá-las em militantes. Nem em trabalhadores explorados – como consequência do plano economicista que despreza a contrapartida negativa para as subjetividades.

A partir da experiência singular no governo de um País como o Brasil, o caminho poderia ter sido apostar na potência subjetiva da população – recalcada por séculos de exclusão e desigualdade, esbanjando a inventividade de quem sempre teve que se virar – e reinventar a esquerda. Parece um objetivo distante, mas era, de fato, a alternativa mais realista. Não era difícil, em diferentes esferas de governo, convocar os sujeitos sociais e políticos emergentes para formular políticas voltadas para campos determinados, mas isso caso se achasse que havia um vazio de projeto. Só para dar alguns exemplos: não se investiu em alternativas de comunicação capazes de compreender as dinâmicas das redes sociais e produzir

---

8 Um bom exemplo foram os rolezinhos. Rosana Pinheiro-Machado foi das poucas intelectuais a entender na hora a potência desses movimentos, ao passo que outros críticos continuavam a desmerecer o caráter consumista das manifestações. Ver, por exemplo, PINHEIRO-MACHADO, Rosana. Etnografia do "rolezinho". *CartaCapital*, 15 jan. 2014.

respostas para a população (quando há milhares de pessoas nos movimentos e nas universidades brasileiras que entendem do assunto); foram esvaziados os fóruns nacionais de discussão sobre políticas públicas em diferentes áreas; depois da experiência de sucesso dos pontos de cultura, escolheu-se Ana de Holanda para o Ministério da Cultura, revertendo um processo formativo e produtivo essencial da juventude periférica; políticas para a educação básica, como formação de professores ou produção de material didático, foram descontinuadas, sem articulação orgânica com as universidades e os Institutos Federais (que são os melhores polos para pensar mudanças estruturais na educação); não se apostou na mudança de nossa matriz energética, quando temos centros avançados de Ciência e Tecnologia na área. Podemos dar muitos outros exemplos, mas agora é tarde. As mutações subjetivas vêm sendo desviadas pelos dispositivos binários da política partidária e as posições polarizadas passaram a projetar o desejo de mudança em programas arcaicos. Resta-nos a acidez do diagnóstico.

A crise, iniciada em 2014, foi expressão de um descompasso entre o modelo de subjetividade e o paradigma produtivo então em vigor, o que abriu caminho para uma ofensiva neoliberal. Saídas possíveis precisam estar em fase com essas subjetividades emergentes.

Referências

CARVALHO, L.; RUGITSKY, F. Growth and distribution in Brazil the 21st century: revisiting the wage-led versus profit-led debate. *Working Papers*, Department of Economics, FEA-USP, São Paulo, 2015.

CARVALHO, L. Muito além da estagnação. *Folha de S.Paulo*, 23 jun. 2016.

ROCHA, C. F. Progresso Técnico e Cidadania. *Jornal dos economistas*, n. 335, jul. 2017.

SADER, Eder. *Quando novos personagens entraram em cena*: experiências, falas e lutas dos trabalhadores da Grande São Paulo, 1970-80. 4. ed. Rio de Janeiro: Paz e Terra, 2001.

SERRANO, F.; SUMMA, R. Aggregate demand and the slowdown of Brazilian economic growth from 2011-2014. *CEPR Working Paper*, 2015.

SINGER, A. Cutucando onças com varas curtas: o ensaio desenvolvimentista no primeiro mandato de Dilma Rousseff (2011-2014). *Novos Estudos-Cebrap*, n. 102, p. 43-71, 2015.

Brasil, o projeto:
há futuro para o Brasil enquanto objeto da governamentalidade neoliberal?

Marcia Tiburi[1]

Escrevo este texto com o objetivo de colocar questões que possam nos orientar na construção de um projeto de País. Espero que, ao dizer que "escrevo", isso não soe tanto como descrição do óbvio, o que pode ser inevitável para alguns, mas que eu possa chamar a atenção para o elemento de desejo que necessariamente deve orientar uma proposta como a que vou desenvolver modestamente nas poucas páginas que me cabem nesta publicação. Sinalizo para a escrita, sem me preocupar com a economia de tempo e espaço, a propósito do tema, o mais abstrato do que é um "projeto de País", escrito em um sábado à noite, quando parece que nada mais tem sentido em se falando de um lugar como o Brasil. Não economizar o tempo pode soar poético, mas espero que soe, sobretudo, político, no sentido daquilo que se contrapõe à lógica da utilidade econômica que tem prevalecido em todas as instâncias da vida. Ao pensar sobre o Brasil, apesar do espaço curto, gostaria de criar, no texto, um tempo infinito.

---

[1] Márcia Tiburi é graduada em Filosofia e Artes e mestre e doutora em Filosofia (UFRGS, 1999), tendo feito um pós-doutorado em Artes. Publicou diversos livros de filosofia, entre eles *As Mulheres e a Filosofia* (Ed. Unisinos, 2002), *Filosofia Cinza*: a melancolia e o corpo nas dobras da escrita (Escritos, 2004); *Metaformoses do Conceito*: ética e dialética negativa em Theodor Adorno (Ed. UFRGS, 2005, vencedor do Açoarianos de melhor ensaio), *Mulheres, Filosofia ou Coisas do Gênero* (EDUNISC, 2008), *Filosofia em Comum* (Ed. Record, 2008), *Filosofia Brincante* (Record, 2010, indicado ao Jabuti), *Olho de Vidro*: a televisão e o estado de exceção da imagem (Record 2011, indicado ao Jabuti), *Filosofia Pop* (Ed. Bregantini, 2011), *Sociedade Fissurada* (Record, 2013), *Filosofia Prática, ética, vida cotidiana, vida virtual* (Record, 2014). Publicou também romances: *Magnólia* (2005, indicado ao Jabuti), *A Mulher de Costas* (2006) e *O Manto* (2009) e *Era meu esse Rosto* (Record, 2012, indicado ao Jabuti e ao Portugal Telecom). É autora ainda dos livros *Diálogo/desenho* (2010), *Diálogo/dança* (2011), *Diálogo/Fotografia* (2011) e *Diálogo/Cinema* (2013) e *Diálogo/Educação* (2014), todos publicados pela editora SENAC-SP. Em 2015 publicou *Como conversar com um fascista*: Reflexões sobre o cotidiano autoritário brasileiro (Record, 2015, indicado ao APCA) que está em sua décima edição. *Uma fuga perfeita é sem volta* (2016), seu quinto romance, concorre ao Prêmio Rio de Literatura em 2017. Desde 2008, Marcia Tiburi coordena um Laboratório de Escrita Criativa, atualmente no Rio de Janeiro, na Escola Passagens. É também Professora da Universidade Federal do Estado do Rio de Janeiro e colunista da *Revista Cult*.

O leitor, se ainda não desistiu, deve estar pensando em "para quê?" escrever desse modo, "ora, mas que lenga-lenga". Talvez eu deva pedir desculpas por escrever assim, se a lógica do útil domina os textos científicos e devemos obedecer a seu princípio. Por outro lado, o ato de escrever também não está livre em si mesmo. Ele sempre pode parecer um gesto de prepotência, sobretudo no contexto em que grandes pesquisas, grandes ideias deveriam se apresentar e se desenvolver. No sentimento de urgência que atingiu a nação, qualquer ato mais demorado pode causar profunda angústia. Então, escrevo e me justifico, como quem, humildemente, pede desculpas pelo que faz apenas porque os textos sobre questões políticas, ou sociais, ou antropológicas, têm sempre um tom de verdade e eu gostaria de escapar desse lugar, nele me mantendo, no entanto, desde que escrever e ajudar a pensar se tornaram o seu lugar de vida.

Há questões que somente textos poéticos poderiam colocar, ainda que sejam questões políticas. Por isso, antes de seguir, eu gostaria de colocar um aspecto que me parece essencial. O Brasil é uma ferida e essa é a única verdade acerca da qual, e por meio da qual, faz sentido escrever, justamente quando o objeto da escrita não se curva à escrita, quando é refratário a ela, assim como é ao trabalho, sempre cansativo do conceito. Este texto, portanto, vem de uma ferida, e precisa ser enunciado dessa maneira. Ele não fala apenas dos desencantos inevitáveis com esse lugar chamado Brasil que deixa de ser promessa, para aqueles que puderam ter a incrível e rara oportunidade de sonhar, uma oportunidade que é dada poucas vezes na história. O Brasil se torna a cada dia uma tragédia, um lugar que assusta. Acompanhamos a sua morte praticamente calados. Criticamos aqui e ali o desmantelamento do Estado, a falência das instituições, a mentalidade empobrecida, a desregulamentação da economia, a privatização das empresas públicas, a exploração estrangeira sobre nossas riquezas, o abandono estratégico da educação, o fim dos direitos, entre eles os trabalhistas, e tantos outros, a Constituição a cada dia rasgada. E o fato aterrador é que um País está sendo dizimado com o seu povo, que viverá velando um cadáver daqui para a frente. Digamos que seja neste momento imprescindível pensar do ponto de vista da falta de esperança, porque, como dizia Kafka, há esperança, mas não para nós.

Penso no passado, esse significante vazio, como se tornou comum dizer. Penso no passado dos imigrantes que aqui chegaram abandonados e descartados por seus países europeus de origem, nas pessoas escravizadas trazidas sobretudo da África contra suas vontades, que aqui aportaram e nos fantasmas dos que não puderam aportar, mortos que foram pelo meio do caminho em grandes navios cheios da maldade que em tudo se assemelha àquela que construiu campos de concentração e de extermínio na Alemanha que, é bom lembrar, é também o berço do neoliberalismo. Penso nos mortos de infelicidade material que ficaram no meio do caminho, a fome, a dor, as doenças, as humilhações, penso nos mortos de tifo, varíola, tuberculose, penso nas pestes e nas tristezas das pessoas que serviram a uma razão que só as incluía como corpos úteis. Penso na miséria do presente herdada desde o passado sabendo que não se trata de um começo errado, mas de um destino a ser analisado. O destino nada mais é do que aquilo que nos aconteceu, a partir do que se trata de pensar como viver depois da catástrofe.

Talvez eu esteja me conectando demais com uma energia politicamente improdutiva ao pensar o meu País, assim, pelo seu lado mais triste e mais pobre, mas poderia eu falar de outra maneira se é isso o que penso e, como filósofa, a minha tarefa é a de falar o que penso com a intenção de que possa provocar alguém no caminho da verdade, aquele velho tema do nosso desejo desde as filosofias mais antigas? Poderia eu falar do Brasil tropical, quando nasci nos pampas subtropicais, quando sei que as matas e mangues desaparecem, que os desertos crescem, quando sei que a natureza brasileira e, nela, o povo foram reduzidos à capital, a *commodity*, que o Brasil é como o corpo de seu povo sendo assassinado nas periferias por forças policiais que transcendem a compreensão de quem sobrevive? Ora, sabemos, o Estado mínimo do neoliberalismo é o Estado reduzido a uma polícia forte capaz de proteger apenas aqueles que se servem, ao modo de uma rapinagem, ainda do Estado, enquanto o povo não poderá reivindicar nada, seja por bem, seja por mal.

O Brasil poderia ter sido um sonho, e talvez tenha sido um sonho para os interesses do capital internacional, um sonho dos outros que se torna uma tragédia para seus moradores, para quem tem a ilusão de uma nação, assim como o povo simples tem o desejo de uma casa própria, um lugar para se viver em paz. O Brasil já não é a casa de ninguém.

Diante desse cenário, pensar um Brasil possível para além das ilusões é uma necessidade concreta. Uma reflexão em chave ética que nos permita pensar um projeto de País. Efeito de revoltas contidas, disputas mal resolvidas, violências inauditas, o que chamamos de Brasil é uma ferida não cicatrizada: o genocídio dos povos ameríndos e africanos, o abandono dos imigrantes estão no nosso inconsciente colonizado e se mantêm nas teorias e práticas que levam à contínua matança de indígenas e de negros em nossa época no contexto de um colonialismo interno que continua apoiado pela luta de classes – machista e racista – que é a dos ricos contra os pobres entre nós.

Alguém poderá perguntar, que País não teria surgido da violência? Que Estado não teria o sangue humano violentamente derramado manchando o seu gérmen mais profundo? E teríamos que concordar com essa colocação sabendo que, apesar do ressentimento que surge inevitavelmente quando somos proibidos de sonhar, que o desafio que se coloca em nossos dias é o de pensar um País sem idealizações. E como viver sem idealizações? Sem elas, e sem as utopias que orientam nossas ações, quem ainda encararia o Brasil senão como a terra de ninguém da qual se pode abusar? Aqueles que, como eu, aprenderam a pensar do ponto de vista da República, em seu sentido filosófico, no sentido de um Estado ideal, de uma cidade com a mais perfeita configuração política, aqueles que pensam em um lugar no qual seria bom para todos viverem, nesse lugar onde o bem, o bom e o verdadeiro seriam realizados na pessoa de cada um, não podem contentar-se com o fato de que essa era uma ideia bonita, ainda que seja necessário pensar para além das idealizações. Hoje, quando vejo que uma ideia como essa de uma sociedade melhor para todos, em si mesma comovente e instigante, torna-se inútil do ponto de vista do neoliberalismo que se tornou a ideologia mascarada de nossa era, eu entristeço profundamente porque não vejo forças capazes de enfrentá-la na civilização que conhecemos. Essas forças viriam do espírito, o espírito que vem da cultura, que se forja nos atos da linguagem, da arte, nos rituais, na vida em geral e forja a política. Esse espírito é destruído programaticamente na governamentalidade neoliberal.

E, se de um lado, chego a pensar que a utopia serve para sustentar o insustentável, que a ideia de esperança pode não ser favorável, senão àqueles que contam com a aceitação dócil do poder pelos outros, de que um futuro melhor há de vir depois do poder autorrealizado em seus propósitos, por outro lado, mesmo quando penso haver algo de subversivo, de incômodo e de perigoso para quem pensa do ponto de vista da utopia, eu penso também na armadilha da utopia, a mesma armadilha que vemos sustentada na ideia de esperança. Há momentos em que a esperança deve ser deixada de lado, mas ela foi vendida ao povo também como ideologia da prosperidade que condensa toda a verdade da vida no crescimento econômico ao alcance da mão.

É certo que a sobrevivência do espírito está na subjetividade desobediente. Essa mesma que está na base da crítica. Vivendo a autonomia da análise, a experiência da reflexão, ela ajuda a romper com o padrão dado da mentalidade. A mentalidade, o modo de pensar no contexto do senso comum, é uma questão das mais graves. Ela está na base do que somos como pessoas, do Estado que podemos construir, da nação na qual somos integrados, da sociedade que somos capazes de imaginar. A velha questão política da vontade não pode ser descartada quando pensamos o que tem sido feito da subjetividade brasileira no contexto do golpe. O acordo com a injustiça, por ação ou omissão, define a prática de violências simbólicas que justificam a necessidade de uma reflexão sobre ética, não como produção de códigos de conduta, mas como análise das formas de subjetivação e dessubjetivação, como nos tornamos quem somos.

Em um tom menos pessimista, podemos dizer que as aparências seguram os fios podres do nexo entre o imaginário e a realidade que evitam a queda na barbárie. Nesse ponto, o esforço idealista é o ato indócil do espírito. Esse esforço idealista não poderia, no entanto, ser o da simples esperança, esse conceito judaico-cristão que, na espera por um mundo melhor, dociliza os corpos. Categoria útil ao mercado ao qual todas as teorias e práticas são reconduzidas, assim como a felicidade, a esperança não nos serve enquanto mero esforço de sobreviver apesar do que está dado. Verdade que a esperança pode ser interpretada como uma espécie de desejo, como fez Ernst Bloch, mas ela também pode ser o princípio da inércia que hoje sustenta cada cidadão bem longe da luta política que poderia, de fato, provocar mudanças no sistema. É verdade também que hoje há muitas pessoas que lutam, mas os exércitos mais aguerridos de ativistas são minúsculos. Não contam com o desejo da maioria da população. O desamparo toma conta das populações que, pré-programadas, fazem o que seus programadores esperam delas.

E é nessa exposição um tanto quanto pessimista que procuro levar a cabo, tentando fazer do pessimismo um calibrador do pensamento tão sincero quanto lúcido; então encontro o tema do desejo e penso se não deveríamos, sobretudo, dedicar-nos a ele para pensar o Brasil diante da violência vivida pelo País desde o golpe. Longe de soluções mágicas, uma subjetividade reflexiva deveria ser resgatada para que pudéssemos ver melhor a nossa objetividade. Por subjetividade, refiro-me ao campo da compreensão, das mentalidades, dos modos de pensar, de sentir, de agir.

Chamo a atenção para a ideia de um "projeto de País", tendo em vista um recorte possível do objeto "Brasil" como um lugar gigantesco onde foram depositados todos os rejeitados por seus próprios países enquanto violentaram e mataram os legítimos habitantes de seu território que nunca se chamou Brasil. Ao falar de um projeto de País, penso que deveríamos começar por escutar as populações que aqui habitam quanto a seus desejos no exato tempo em que se renova o colonialismo em sua versão contemporânea. O neoliberalismo nada mais é do que a atualização do velho colonialismo que mata e deixa viver conforme as necessidades do sistema no uso dos corpos. Do ponto de vista utilitário do neoliberalismo, os corpos não têm por que morrer se isso não for necessário, mas devem morrer conforme seja preciso. Assim com os índios, com os escravizados, com os jovens negros das periferias das grandes cidades do País. Na lógica do "útil" que comanda a ideologia neoliberal, certamente essa não deveria ser uma questão, pois em uma sociedade de vencedores e vencidos, está por demais claro porque uns vencem e outros não. E qualquer que seja o motivo pelo qual são vencidos, já está de antemão justificado pela fria lógica do útil que mede os corpos como coisas e as pessoas como produtores e consumidores de coisas úteis ou que não merecem existir.

A percepção mais exata possível do cenário conjuntural é o caminho para que possamos provocar movimentos capazes de alterar essa mesma conjuntura. Não lemos, não analisamos nem interpretamos nada fora do ponto de vista dos nossos interesses. De um modo geral, todos têm interesses. Interessam-se por si mesmos, por suas comunidades, culturas, famílias, valores. O neoliberalismo é a ideologia dos jogos de interesses, na qual o interesse do capital conta mais do que todos os outros que possam existir. Quando falo de desejo, não é apenas o interesse que entra em jogo. O desejo vai além de qualquer jogo. Só o desejo pode se contrapor a essa lógica do útil do neoliberalismo. Só o desejo indócil que leva além da esperança e que nos coloca em posição de luta.

Compreendendo as condições de possibilidade da política atual, marcada pela ruptura com a ética enquanto autopoética da subjetividade, tendo em vista a nossa precariedade como nação, com o fim cada vez mais claro do Estado democrático de direito, é obrigatório perguntar se há futuro para o Brasil enquanto objeto da governamentalidade neoliberal. O neoliberalismo é a narrativa do fim da poesia, ela mesma puro esbanjamento e, inevitavelmente, dentro de sua lógica, absolutamente inútil. O fim da poesia é como o fim da vida que se deseja viver. A poesia era tão inútil quanto um judeu na Alemanha nazista, assim como o que se entende por cultura é tão inútil como um jovem negro, como um índio no Brasil atual. O neoliberalismo e o fascismo são dois lados da mesma fita, da mesma infeliz banda de Moebius da história do presente à qual fomos condenados.

O neoliberalismo como economia política e como ideologia, o que ele de fato é, precisa ser analisado tendo em vista o contexto no qual surge. Se ele pode ser compreendido como uma fórmula, uma formulação forjada em laboratório com cobaias e experimentações, é preciso compreender a quem, ou a que contexto, essa fórmula se aplica. Os Estados Unidos, a Alemanha, a França ou qualquer outro País experimentarão o neoliberalismo em condições mais favoráveis. A invasão neoliberal, ou melhor, a programação neoliberal, que nada tem de misteriosa, ainda que se favoreça da ignorância que gera mistificação, se dá de um modo bem diferente em função do País onde é implantado.

Uma metáfora que pode nos ajudar a entender o que é o neoliberalismo é a do veneno, sendo o País o corpo. Digamos que um corpo mais forte, mais saudável, pode resistir melhor ao veneno neoliberal, enquanto um corpo debilitado pode não resistir e vir a morrer. O Brasil, ainda que seja um corpo forte, do ponto de vista da sua natureza, é cada vez mais debilitado por usos antiecológicos e anti-humanos. "Riquezas naturais", "recursos humanos" ou "capital humano" são palavras de um processo de rebaixamento que deve ser tido como natural na administração do mundo. A imagem do Brasil padeceu no passado sob os olhos grandes dos seus invasores e permanece sendo observada, construída ou manipulada, por quem visa o seu saque.

É nesse sentido que devemos nos colocar a pergunta por um "projeto de País" quando se generaliza a queixa sobre sua ausência entre nós. Ao lado dos que desistem do Brasil como um projeto comum diante da perda de sentido generalizada da política, outros tantos se colocam a pergunta "o que fazer?". O que fazer em termos sociais, políticos e éticos, bem como econômicos, tendo em vista as novas condições do Estado-Nação entre nós. O valor da democracia desaparece a cada dia, como se ela tivesse se tornado menor no mercado, num sistema de ideias também baseado na lógica do lucro e da competitividade. Falar de democracia hoje equivale a falar em uma utopia muito distante ou, para os críticos, de uma simples ingenuidade. O termo democracia faz um papel ornamental nesse momento, como muito do trabalho intelectual.

Na política nacional na qual o Estado é desmantelado para dar lugar a uma perspectiva generalizada de mercado, tal como exige o projeto neoliberal que atinge o mundo, o País que se desenha depois do golpe aparece como insustentável não apenas para as classes mais desfavorecidas, mas para todos aqueles que, na condição de trabalhadores ou assalariados, e para os médios ou pequenos empresários. Hoje, todos dependem de um projeto de País que surgisse do desejo e não da pré-programação neoliberal das vidas.

O contexto atual exige dois vetores de reflexão que devem se cruzar: de um lado, é preciso pensar o Brasil como uma ideia, como um conceito, no momento em que ele se esfacela (repetindo: por meio de privatizações, bem como da venda de grandes empresas nacionais, com o cancelamento de direitos que já pareciam históricos, tais como os trabalhistas, com a destruição irracional de programas educacionais). O Brasil a cada dia parece deixar de ser um País para se tornar cada vez mais claramente apenas uma zona franca do capital internacional. Quando colocamos a pergunta por um projeto de País, estamos a nos perguntar que Brasil está na linha do nosso desejo. O que pode o Brasil? Que Brasil imaginamos? Rever caminhos, repropor sentidos, encaminhar as lutas para a efetivação de conquistas sociais e políticas desejáveis nos recolocam em cena diante da questão da dignidade da Nação ameaçada.

O Brasil, destino para uns, desejo para outros, exige de nós um projeto. É preciso, portanto, começar a pensar o Brasil não como um objeto, mas como uma exigência. Como lugar onde vivemos e onde as próximas gerações construirão suas vidas. O Brasil com que sonhamos talvez contenha o Brasil que podemos construir para além de nossa esperança, como uma potência que exige nossa atenção crítica.

Não há problema que possa ser resolvido sem que paremos para pensar, e esse é o primeiro ato político, sem o qual nenhum outro se sustenta. Para que o ato do pensamento não seja um ato paranoico, que tudo é capaz de explicar, ele deve propor-se como um ato de escuta. E toda escuta é política.

Em busca da transição

Luciana Genro[1]

Pensar a esquerda no século XXI é pensar a disjuntiva colocada por Rosa Luxemburgo: socialismo ou barbárie. Inevitável concluir que ao longo deste primeiro quarto do século a barbárie tem avançado muito mais que o socialismo. Mas o que a crise econômica e a crise da esquerda nos ensinam?

As vilanias e contradições do sistema

O capitalismo é "uma ordem social que progride pelo desenvolvimento de contradições a ela imanentes", mas é por meio dessas contradições que ocorrem o crescimento da produtividade do trabalho, o domínio sobre os recursos naturais e a libertação das capacidades e necessidades humanas antes desconhecidas. É essa união de contradições que possibilita que a liberdade seja atingida pela exploração, a riqueza aumente junto com a pobreza e o crescimento do consumo ande lado a lado com a fome. A dialética capitalista gera o progresso econômico e a sua negação determinada, e as crises são a maneira mais extrema pela qual essas contradições se expressam (MARCUSE, 2004, p. 268).

O dinamismo material do capitalismo é inegável. Ao longo da história humana, foi o modo de produção que proporcionou o maior desenvolvimento da capacidade humana de produzir riqueza. E produzir riqueza suficiente para acabar com a escassez é pressuposto indispensável para derrubar as barreiras materiais que impedem a emancipação humana do trabalho alienado. Mas essa produção de riqueza está subordinada à necessidade de acumulação e, portanto, permeada por contradições profundas, que fazem do capitalismo um sistema perverso e excludente.

---

1 Luciana Genro é advogada com pós-graduação em Direito Penal e mestre em Filosofia do Direito pela USP. Foi deputada estadual e federal, já disputou a prefeitura de Porto Alegre e a presidência do Brasil, pelo PSOL. É autora dos livros *A falência do PT e a atualidade da luta socialista*, em coautoria com Roberto Robaina, e *Direitos Humanos, o Brasil no banco dos réus*. Em 2011 fundou a ONG Emancipa Educação Popular, da qual hoje é presidente. Em 2017 inaugurou o projeto Emancipa Mulher – um curso gratuito de formação feminista e resistência antirracista exclusivo para mulheres.

O genial de Marx foi justamente ter desvendado o segredo da acumulação capitalista: a exploração da única mercadoria que tem capacidade de criar valor, a força de trabalho humana. É do trabalho humano que é extraída a mais-valia, e quanto mais trabalho não pago o trabalhador executar, maior será a taxa de mais--valia extraída e maior a possibilidade de lucro. É a lógica do sistema, uma lógica não humana, totalmente subordinada à necessidade de produzir para gerar lucro e não para satisfazer às necessidades humanas.

Na busca pelo lucro o capitalista vai tentar sempre ampliar a extração de mais-valia e a exploração da força de trabalho, seja por meio da mais-valia absoluta (uso de mais horas dos trabalhadores ou de maior intensidade do trabalho) ou da mais-valia relativa (uso de máquinas e equipamentos, tecnologia e educação que tornem o trabalho humano mais produtivo e/ou que substituam o trabalhador). O aumento da utilização de máquinas e equipamentos eleva a composição orgânica do capital, que é a relação entre o capital constante (máquinas e insumos) e o capital total (que inclui o capital variável, o trabalhador). A consequência desse movimento é a diminuição da participação do trabalho no conjunto dos gastos. Ou seja, a substituição do trabalho vivo pelo trabalho morto. Mas isto acaba por baixar a taxa média de lucro, pois a mais-valia só pode ser extraída do trabalho humano (MARX, 2013, p. 689-690).

O resultado dessa lógica é que o avanço técnico tem proporcionado a criação de ferramentas materiais e digitais para reduzir o tempo de trabalho para a produção das coisas necessárias à vida, mas ao mesmo tempo essa redução do tempo de trabalho humano gera crise e desemprego. Marx explica a lei interna mais importante do desenvolvimento do capital e base do seu limite: "O capital mesmo é a contradição em processo, pelo fato de que tende a reduzir a um mínimo o tempo de trabalho, enquanto por outro lado põe o tempo de trabalho como única medida e fonte de riqueza" (MARX, 1972, p. 229).

A HEGEMONIA NEOLIBERAL

A manifestação aguda da tendência decrescente da taxa de lucro nos países imperialistas, juntamente com a quebra do sistema monetário internacional nos anos 1970 e a explosão da dívida externa de vários países nos anos 1980, foi a origem da nova etapa especulativa e parasitária do capitalismo mundial (CARCANHOLO; NAKATANI, 2015, p. 93). A crise estrutural do regime de acumulação fordista/keynesiano criou as condições para a imposição do neoliberalismo e abriu uma nova etapa de hegemonia financeira. O neoliberalismo é a terceira e mais recente fase do capitalismo moderno. Uma ordem social que impôs uma nova disciplina do trabalho e estabeleceu novos critérios e políticas gerenciais. Para Duménil e Lévy, essa terceira fase significou um regresso à "normalidade" do capitalismo moderno, caracterizado pela hegemonia financeira. A primeira e essa terceira fase têm em comum a capacidade das camadas superiores das classes capitalistas e das instituições financeiras de comandar a economia e a sociedade (DUMÉNIL; LÉVY, 2014, p. 24-27).

Sua marca é a desregulamentação em todos os campos, mecanismos financeiros especialmente fortes, macropolíticas destinadas a proteger os emprestadores por meio da estabilidade forçada dos preços e abertura das fronteiras ao comércio e ao capital. O poder de compra dos trabalhadores é restringido, o mundo abre-se para as corporações multinacionais e as dívidas crescentes dos governos e das famílias geram fluxos gigantescos de juros e rendas para o setor financeiro. A hegemonia das classes altas é total e surge uma ideologia neoliberal para expressar os objetivos de classe do neoliberalismo (DUMÉNIL; LÉVY, 2014, p. 27).

Dardot e Laval sustentam que o neoliberalismo é mais do que uma ideologia ou uma política econômica. Consiste, na verdade, em um "sistema normativo" que estende a sua lógica, a lógica do capital, às relações sociais e a todas as esferas da vida, e possui, por isso, uma "capacidade de autofortalecimento". Seu caráter "sistêmico" torna as mudanças muito mais difíceis, o que também explica por que tanto a direita como a "esquerda moderna" acabam por adotar as mesmas políticas (DARDOT; LAVAL, 2016, p. 7-8).

É a lógica especulativa do capital sobre sua circulação e reprodução no espaço internacional que define essa nova etapa capitalista. As grandes empresas produtivas subordinam suas estratégias à especulação ao submeter o capital produtivo à dinâmica especulativa. Assim o dinheiro, ao invés de ir para a produção, vai para a especulação de ativos, onde o lucro pode se realizar.

Carcanholo e Nakatami comparam as crises capitalistas aos mecanismos de um abalo sísmico: tensões geológicas que se acumulam e provocam pequenos e frequentes tremores que aliviam as tensões. Mas, quanto mais raros forem os pequenos abalos, maior será a probabilidade de sobrevir um grande terremoto. Isto é, quanto maior o tempo entre uma pequena crise e outra, mais violenta será a próxima.

O domínio do capital especulativo pode prevalecer por um período determinado, marcado pelas crises recorrentes e por um abismo cada vez maior entre ricos e pobres. Durante esse período, a miséria financia o lucro especulativo e, periodicamente, as crises moderam a ascensão desses ativos especulativos sobre as bases produtivas, destroem-nos e os forçam a regressar ao mundo "real". Mas quem paga a conta desse ciclo perverso são as classes trabalhadoras, em função do crescimento da miséria e da desigualdade. O capital especulativo não tem condições de sustentar uma era de prolongada estabilidade que garanta níveis de crescimento suficientes para uma oferecer condição de vida minimamente digna para a maioria da população mundial (CARCANHOLO; NAKATANI, 2015, p. 57-58).

Mas o fim do capitalismo tal qual o conhecemos não garante a emancipação humana. O que virá depende da ação humana. Tentativas foram feitas. As experiências concretas de sociedades de transição, ditas socialistas, não conduziram ao comunismo. Ao contrário, a maioria delas não está mais sequer em transição e já deu origem a países capitalistas "normais", como a Rússia, ou os capitalismos de Estado, como na China, onde uma burocracia estatal cumpre o papel de burguesia. A exceção talvez seja Cuba, que ainda vive em um tipo de transição, mas certamente não para o comunismo. Não pretendemos aqui esgotar as razões desses fracassos, mas eles estão na origem do problema da falta de um modelo que possa hoje inspirar as novas gerações a seguir na luta por uma sociedade livre da exploração e da opressão.

Um programa de transição

Marx escreveu muito pouco sobre como seria uma sociedade socialista. Seu livro monumental *O Capital* explica o que é o capitalismo, seu funcionamento, suas contradições e sua historicidade. Ele aponta o socialismo como horizonte, e sua forma será construída pela humanidade dentro das condições e da realidade concreta.

Ao definir a sociedade que emergirá da sociedade capitalista, Marx aponta que nesta fase "o produtor individual recebe de volta – depois das deduções – aquilo que ele deu" (MARX, 1985, p. 15). Nesse momento ainda impera "o mesmo princípio que regula a troca de mercadorias, na medida que ela é uma troca de equivalentes. [...] o mesmo montante de trabalho sob uma forma, é trocado pelo mesmo montante de trabalho, sob outra" (MARX, 1985, p. 16).

Ao explicar esse período de transição, Marx define que o aumento da massa das forças produtivas necessário ao socialismo só poderá ocorrer por meio de "intervenções despóticas no direito de propriedade e nas relações burguesas de produção", com medidas que revolucionem todo o modo de produção. Essas medidas, alerta, serão diferentes em cada país e agregarão um conjunto de propostas que "poderão ser utilizadas, de modo mais ou menos generalizado", nos países mais avançados (MARX; ENGELS, 1998, p. 27-28).

Essas propostas, uma versão marxiana do programa de transição, ainda são extremamente atuais: expropriação do latifúndio, imposto progressivo, fim do direito de herança, transporte estatal, centralização do crédito nas mãos do Estado, educação pública e gratuita, entre outras (MARX; ENGELS, 1998, p. 28).

Não há uma fórmula pronta, uma receita que obrigatoriamente deva ser seguida durante o processo de transição. Tudo depende das necessidades táticas que a situação concreta impõe. Quais os elementos, no Brasil, de um programa que possa dar início a esse processo de transição?

O ponto central, evidentemente, é a política econômica. Enquanto ela não mudar, tudo permanecerá como está. Não podemos mais subordiná-la aos interesses do mercado financeiro e sim orientá-la para as necessidades reais da classe trabalhadora e do povo.

No Brasil, a política econômica sempre foi orientada ao grande capital. Uma política que se estabilizou com os governos do PSDB, foi preservada durante as gestões petistas e agora é intensificada sob o comando de Temer. Precisamos romper com essa lógica e propor outro modelo econômico para o País, a começar por romper com a subordinação à lógica do superávit primário. Não é possível que o Brasil siga utilizando os recursos do esforço produtivo do País para pagar juros de uma dívida que sequer passou por auditoria. Uma dívida que, quanto mais se paga, mais cresce. Que já ultrapassa os R$ 3 trilhões. Dos R$ 3,5 trilhões para o orçamento federal de 2017, R$ 339 bilhões estão destinados ao pagamento de juros e encargos da dívida. É preciso acabar com a transferência de recursos públicos para uma elite rentista especular no mercado financeiro. Isso possibilitaria investimento real em educação, saúde, segurança e moradia. Uma auditoria da dívida é o primeiro passo nesse novo caminho.

É fundamental também a anulação das reformas antipopulares e da lei das terceirizações. Isso inclui, evidentemente, o fim do teto de gastos – que existe apenas para pagar os juros de uma verdadeira caixa preta chamada de dívida pública.

Outro aspecto central é uma revolução no sistema tributário, que é uma das raízes da desigualdade social no País. É um sistema injusto que penaliza os trabalhadores e consumidores enquanto privilegia os milionários e aqueles que deixam de produzir para especular no capital financeiro.

A taxação das grandes fortunas, um imposto maior sobre a herança, tributação sobre lucros e dividendos são algumas das medidas indispensáveis, assim como o alívio do imposto sobre o consumo e a produção, corrigindo a tabela do imposto de renda e desonerando a cesta básica.

Esses pontos apresentados acima não são medidas diretamente socialistas, mas são políticas que apontam para uma transição entre a barbárie capitalista e uma agenda progressista que leve em conta as necessidades concretas da população – que demanda melhores serviços públicos, segurança e condições de trabalho. Nenhuma dessas medidas chegou sequer a ser tentada nos 13 anos de governo da coalizão encabeçada pelo PT e comandada por Lula. Evidente que não é fácil. É necessário enfrentar interesses poderosos. Mas a capitulação aos interesses do capital financeiro e das oligarquias não levou a bons resultados, como podemos ver claramente hoje.

Além das mudanças econômicas, há outras questões fundamentais que também não entraram na agenda lulista. A democratização dos meios de comunicação é uma das mais fundamentais. Para exemplificar o desastre, basta lembrar que Helio Costa, nome de estreitas relações com a Rede Globo, comandou o Ministério das Comunicações por 5 dos 8 anos da gestão Lula, e que a Rede Globo seguiu com a maior fatia da verba publicitária do governo.

Outra questão fundamental é uma mudança no sistema penal brasileiro. O encarceramento em massa de jovens pobres e em sua maioria negros é uma política sem nenhuma efetividade no combate à violência e geradora de mais discriminação e exclusão. Uma nova política de drogas também é essencial para que haja um combate efetivo à violência no País. A guerra às drogas fracassou no mundo inteiro e transformou-se em uma verdadeira guerra aos pobres. Descriminalizar e regulamentar a produção, venda e o consumo da maconha é o primeiro passo para quebrar a espinha dorsal do tráfico e acabar com a chaga do encarceramento em massa de jovens negros e pobres. O nosso vizinho Uruguai está fazendo uma experiência fundamental nesse sentido.

Os direitos civis devem ser uma prioridade para o avanço democrático e civilizacional no Brasil. Não é possível que o País siga sem uma lei de identidade de gênero para a população transexual. Que a LGBTfobia ainda não tenha sido criminalizada. Que as mulheres – especialmente as mulheres negras – ganhem menos que os homens e sangrem em clínicas clandestinas de aborto, quando esse procedimento deveria ser 100% público, legal e seguro àquelas que optarem por ele.

Além de tudo isso, é preciso seguir um duro combate contra a corrupção, garantindo independência de atuação aos órgãos de controle e apoiando as investigações como a Lava Jato. E trabalhar pela construção de uma democracia real, onde o povo tenha poder e não apenas o direito de votar a cada 4 anos. É preciso colocar abaixo esse regime político apodrecido, com instituições totalmente distanciadas dos interesses do povo. É preciso reorganizar o País sob novas bases.

A organização popular é o melhor antídoto contra uma casta política que só pensa em seus privilégios e sobrevivência. Esse programa só poderá ser aplicado em um contexto de organização do povo, pois o andar de cima não vai entregar seus privilégios facilmente. Fortalecer a organização de base, os movimentos independentes e trabalhar por um novo tipo de junho de 2013, um junho com um programa claro de mudanças estruturais, é o caminho.

Referências

CARCANHOLO, Reinaldo; NAKATANI, Paulo. Capitalismo especulativo e alternativas para América Latina. In: GOMES, Helder (Org.). *Especulação e lucros fictícios.* Formas parasitárias da acumulação contemporânea. São Paulo: Outras Expressões, 2015.

DARDOT, Pierre; LAVAL, Christian. *A nova razão do mundo:* ensaio sobre a sociedade neoliberal. São Paulo: Boitempo, 2016.

DUMÉNIL, Gérard; LÉVY, Dominique. *A crise do neoliberalismo.* São Paulo: Boitempo, 2014.

MARCUSE, Herbert. *Razão e Revolução.* Hegel e o advento da teoria social. São Paulo: Paz e Terra, 2004.

MARX, Karl. *O Capital:* crítica da economia política. Livro I. São Paulo: Boitempo, 2013.

_____. Crítica ao Programa de Gotha. In: MARX; ENGELS. *Obras escolhidas em três tomos.* Tomo III. Lisboa: Avante!, 1985.

_____. *Grundrisse.* Buenos Aires: Siglo XXI, 1972.

_____; ENGELS, Frederich. Manifesto do Partido Comunista. In: COUTINHO, Carlos Nelson; REIS FILHO, Daniel Aarão (Orgs.). *O manifesto Comunista 150 anos depois.* Rio de Janeiro: Contraponto; São Paulo: Fundação Perseu Abramo, 1998.

Estratégia internacional do Brasil em uma ordem multipolar

Adriana Erthal Abdenur[1]

A multipolarização do sistema internacional já é uma realidade. Por um lado, surgem novos pólos de crescimento econômico, influência política, e contestação da governança global. Tais pressões surgem não apenas das chamadas potências emergentes individualmente, mas também das novas coalizões informais, tais como o agrupamento BRICS (Brasil, Rússia, Índia, China e África do Sul). Por outro lado, acentua-se a estagnação – ou, até mesmo, o declínio – da liderança norte-americana, processo acelerado pela conduta e política externa sem rumo do Presidente Donald Trump e acompanhado pelo enfraquecimento da União Europeia, refletida na crise da Criméia e, mais recentemente, no "Brexit".

Como o Brasil – uma potência emergente que, além de atravessar uma tripla crise interna (desaceleração econômica, turbulência política e crescente anomia social) também enfrenta uma transformação estrutural da ordem global – deve formular sua estratégia internacional? Neste ensaio, argumento que a multipolarização assimétrica da ordem global requer que o processo decisório por trás da política externa e de defesa (e demais componentes da estratégia internacional do Brasil) leve a sério as grandes movimentações geopolíticas e geoeconômicas que já estão em curso. O momento não é de lançamento de "doutrinas" de política externa rígidas e descoladas do contexto democrático brasileiro (por mais imperfeito

---

1   Adriana Erthal Abdenur é fellow do Instituto Igarapé, com sede no Rio de Janeiro, onde pesquisa temas de relações internacionais, defesa e segurança internacional. É também pesquisadora de pós-doutorado na Fundação Getúlio Vargas, onde trabalha com temas de Cooperação Sul-Sul e multilateralismo, e colaboradora da Escola de Guerra Naval. Possui Ph.D. por Princeton (2006) e graduação por Harvard (1997), ambos como bolsista. É mãe de duas crianças carinhosas e levadas. É co-autora do livro *India China: Reimagining Borders* (University of Michigan, 2016) e organizou, com Thomas Weiss, o volume *Emerging Powers and the United Nations*, publicado pela Routledge em 2015. Tem dezenas de artigos publicados sobre cooperação, segurança e defesa em revistas tais como *Global Governance, Cambridge Review of International Affairs, Revista Brasileira de Política Internacional, Journal of Peacebuilding and Development, Africa Review, Journal of Asian Studies* e *Third World Quarterly*. Foi bolsista da Fulbright e professora das universidades New School e Columbia University e hoje é radicada no Rio de Janeiro.

que seja), e sim de uma visão flexível e adaptável, e uma cultura de planejamento proativo e participatório que assegure que os principais objetivos do Brasil no plano internacional sejam alcançados, orientados pelos princípios codificados pela Constituição Federal – dentre os quais, a promoção do desenvolvimento, a defesa da democracia e dos direitos humanos e a resolução pacífica dos conflitos.

Uso o caso da Nova Rota da Seda (NSR), também conhecida como *Belt and Road Initiative*, para ilustrar não apenas as oportunidades e desafios que resultam da multipolarização, mas também a estratégia de longo prazo que demandam as mudanças tectônicas do sistema internacional. Nesse contexto, a NRS não representa uma "saída" para a atual crise em que se encontra o Brasil, e sim um propulsor de mudanças sistêmicas que trazem certos riscos – mas que também devem ser incorporadas à estratégia internacional do país.

A MULTIPOLARIZAÇÃO ASSIMÉTRICA

A multipolarização da ordem global tem três características relevantes. Em primeiro lugar, o processo está longe de ser um fenômeno simétrico. Certas potências emergentes – ou, no caso da Rússia e da China, ressurgentes – se sobressaem, seja pelo seu peso populacional e econômico, seja pela influência geopolítica regional ou extra-regional, por exemplo maximizando a capacidade de aproveitar os novos espaços que se abrem durante a transição da ordem global. Outros países, inclusive alguns emergentes, acumulam influência regional e ambições globais, mas se deparam com restrições de recursos, oscilações econômicas e políticas, ou contestação por parte de países vizinhos e outros rivais – elementos que dificultam ou freiam sua capacidade de projeção internacional.

Em segundo lugar, embora a globalização tenha se aprofundado desde o fim da Guerra Fria, o espaço geográfico e geopolítico, longe de perder sua relevância, tem se mostrado cada vez mais pertinente à reestruturação da ordem mundial. Apesar das novas tecnologias que facilitam as telecomunicações e o fluxo de capital, um punhado de cidades globais congrega boa parte do poder decisório sobre a economia global. Em que pese o papel das multinacionais, o estado-nação sobreviveu às previsões de que tais fluxos iriam torná-lo irrelevante. Sem dúvida, as corporações multinacionais, as redes e movimentos transnacionais e, mais recentemente, o ciberespaço nem sempre obedecem às fronteiras westfalianas, tornando o campo de jogo bem mais complexo. No entanto, os eventos dos últimos cinco anos, inclusive a anexação da Criméia pela Rússia, o acirramento de disputas territoriais no Mar do Sul da China, e o xadrez geopolítico que reconfigura a guerra civil na Síria – para mencionar apenas três exemplos – mostram que os países ainda são atores importantes e, muitas vezes, protagonistas das relações internacionais contemporâneas. A disputa por recursos, território e influência nem sempre segue a lógica realista do jogo soma-zero, mas ela ainda possui uma forte dimensão espacial.

Em terceiro lugar, embora a distribuição internacional de poder tenha se alterado de forma inegável ao longo da última década, a multipolarização não é um processo unidirecional. Longe disso, essa transformação está sujeita a desacelerações, e até mesmo recuos. Potências emergentes ou ressurgentes podem, por inúmeras razões, perder o fôlego, tendo sua ascensão interrompida, assim como potências globais em declínio podem recuperar parte do poder perdido, também com efeitos sistêmicos. De qualquer forma, na medida em que o mundo já se encontra em uma transição de poder, ainda não está claro onde o sistema irá parar: uma nova configuração bipolar, uma nova hegemonia, ou uma multipolaridade assimétrica a longo prazo? Portanto, potências emergentes se deparam com dois níveis de incerteza no plano internacional: os riscos amplificados da conjuntura, sujeira a mudanças bruscas, e a incerteza em relação à duração e rumo da multipolarização.

A Nova Rota da Seda como eixo da Sino-globalização

A multipolarização abre novos espaços de manobra para que potências emergentes reconfigurem a distribuição de poder no seu entorno imediato, mas ela também permite iniciativas de maior alcance. É nesse contexto que surge a Nova Rota da Seda (NRS), visão que Beijing promove abertamente desde 2013 e que, para todos os efeitos, consolida a criação de uma "Grande Eurásia" em torno de dois eixos de conectividade: uma terrestre, interligando a China por meio da Ásia Central até a Europa, e a outra marítima, valendo-se de uma série de portos e rotas oceânicas que vinculariam o litoral pacífico da China ao Oceano Índico, passando pelo Golfo de Aden até chegar ao Mediterrâneo. Atualmente a iniciativa compreende mais de 65 países espalhados pela Ásia, Oriente Médio, África e Europa, que juntos representam 31% do PIB global, 34% do comércio mundial de mercadorias, e mais de 60% da população do planeta. Estima-se que, se a iniciativa for implementada na íntegra, até 2050 a NRS poderá inserir 3 bilhões de pessoas na classe média.[2]

O discurso oficial que o governo chinês promove acerca da NRS adota um tom saudosista, ao afirmar que a China busca ressuscitar, simbolicamente, a antiga Rota da Seda, o vasto corredor histórico que unia a Ásia à Europa por meio de redes complexas de comércio, e que contava também com um eixo Norte-Sul através do qual mercadorias, pessoas e ideias (inclusive o Budismo) atravessavam a barreira física do Himalaia, interligando a China e o subcontinente (Conselho de Estado 2017). Como afirma o Presidente Xi Jinping sobre a NRS, "a História é o melhor mestre". No entanto, o caráter da iniciativa é sino-modernista, projetando uma visão de futuro fundamentada na ideia de conectividade. Superficialmente, tal conceito se refere à construção de novas infraestruturas de transporte e telecomunicações que fomentariam o crescimento sustentável da Grande Eurásia (aqui definida como a massa continental que une a Ásia e a Europa, mas contando também com as "franjas" dos seus espaços marítimos, assim como o litoral ocidental da África).

O que há de novo nesse conceito de conectividade? A República Popular da China já se internacionaliza, sobretudo através do comércio e dos investimentos diretos, desde a década de 1990. No entanto, até o momento essa estratégia se consolida predominantemente através do modelo "hub and spokes" – ou seja, uma abordagem radial pela qual o centro (a China) alimenta interdependências, geralmente assimétricas e estritamente bilaterais, com uma gama ampla de países, dentro e fora da sua região. Há, no entanto, duas grandes diferenças no conceito de conectividade embutido na NRS em relação a essa trajetória. A primeira é que a conectividade representa, no seu limite, um abandono do modelo radial de internacionalização e o reconhecimento de que redes (e não raios) serão necessárias para a criação de um gigantesco corredor geopolítico e geoeconômico. A segunda é que, através da NRS, a China propõe não apenas a expansão de outros mercados na Grande Eurásia, mas também se submete a um processo de maior abertura. A NRS, afinal, pode ser interpretada como um componente externo da grande transformação estrutural que a liderança do Partido Comunista tenta impor sobre a economia chinesa, no contexto da relativa desaceleração econômica e ante a necessidade de descobrir (ou criar) novos mercados para desafogar as ainda enormes reservas cambiais do país. A NRS representa também, portanto, a

---

2   Ver em: <https://beltandroad.hktdc.com/en/belt-and-road-basics>.

reconfiguração dos meios de produção como "solução espacial" (*spatial fix*) para uma crise que é inerente ao capitalismo, na concepção de David Harvey (2001). Dessa forma, a China deve aumentar, ainda que de forma seletiva, a porosidade das suas próprias fronteiras comerciais e de investimentos – ao menos, em relação aos demais integrantes da iniciativa.

No entanto, a NRS não surge num vácuo. Beijing divulga a nova iniciativa como sendo "complementar" em relação a outras configurações regionais e sub--regionais já existentes na Grande Eurásia, desde a Organização de Cooperação de Shanghai (OCS) até a própria União Europeia (UE). Mas, longe de apenas coexistir com tais organizações, a NRS – por causa do seu escopo e peso – terá impacto profundo e transversal sobre configurações pré-existentes, tanto dentro quanto fora da Grande Eurásia.

Mais amplamente, a NRS pode ser interpretada como carro-chefe da nova campanha chinesa em prol da globalização. Na reunião do Fórum Econômico Mundial realizada em janeiro de 2017, Xi levantou a bandeira da globalização enquanto a liderança dos EUA, sob a administração Trump, já não se dispunha a fazê-lo (Fórum Econômico Mundial 2017). A NRS avança ainda mais essa troca de papéis, inaugurando, portanto, uma nova era do capitalismo, centrado na "globalização com características chinesas", que buscaria promover a abertura de mercados, concentrando o motor de crescimento na Grande Eurásia e coexistindo de maneira ainda incerta com um discurso ideológico de inspiração socialista, onde o papel do Estado e da cooperação oficial internacional são concebidos de forma um tanto diferente da visão de democracia liberal promovida pelas potências ocidentais.

Em síntese, a NRS poder ser considerada como peça-chave de uma Grande Estratégica chinesa, centrada na liderança chinesa de projetos subregionais, regionais e trans-regionais. Mais do que simplesmente projetar a China no plano internacional, tal estratégia seria, de fato, a primeira tentativa por Beijing de alterar a ordem mundial, aproveitando-se da multipolarização assimétrica para criar um novo eixo da economia global que possa rivalizar (e superar) o espaço transatlântico. Esse cenário dependeria não apenas da vontade política, capacidade de coordenação e disponibilidade de recursos chineses, mas também do alinhamento de interesses entre grandes potências regionais na Eurásia, algumas das quais nutrem rivalidades históricas com vizinhos, tais como Índia, Paquistão, Rússia, Irã, Turquia e Egito. Pesa também o papel de países e entidades europeus, muitos dos quais ainda se identificam fortemente com os Estados Unidos. Como o cinturão terrestre e a rota marítima atravessam áreas conturbadas ou de conflito aberto, implementação da NRS também dependeria da capacidade da China e de outros atores-chave de promover a estabilidade em diversas regiões. No entanto, dado o escopo do plano, pode-se afirmar que, mesmo que a iniciativa seja apenas parcialmente realizada, a NRS terá conseqüências diretas e indiretas mesmo para países geograficamente distantes da Grande Eurásia, inclusive o Brasil.

A relevância da Nova Rota da Seda para o Brasil

Ainda que a iniciativa seja incipiente, diversos atores já tratam de mapear as oportunidades e riscos que resultariam da Nova Rota da Seda. No plano econômico, a plataforma representa não apenas a abertura de mercados e novos fluxos de investimentos, sobretudo em infraestruturas de grande porte (ferrovias de alta velocidade, redes de internet, portos e rodovias), mas também novas configurações de cooperação internacional. Além do aporte inicial de US$ 40 bilhões do governo chinês, Beijing irá dedicar $ 8,7 bilhões a acordos e intercâmbios de cooperação entre países da NRS. Como a Grande Eurásia inclui não apenas o maior parceiro comercial do Brasil (a China), mas também parceiros importantes como a União Europeia, Coréia do Sul, Japão, Índia e Rússia, a NRS representa uma oportunidade para diversificar e aprofundar trocas comerciais e investimentos em infraestrutura, com esses e outros parceiros promissores mas ainda pouco explorados por empresas brasileiras na ASEAN, Oriente Médio, Ásia Central, Europa Central e Leste Europeu.

No entanto, os benefícios de quaisquer novos bolsões de prosperidade que poderão surgir nesse espaço se concentrarão nos países que integram a iniciativa oficialmente, ou então aqueles que se mostrarem capazes de estabelecer um certo *"path dependence"* – fincando um pé nas fases iniciais da iniciativa de forma a estabelecer não apenas especificações técnicas, mas também relações institucionais, laços políticos e parcerias que favoreçam a continuidade da cooperação a longo prazo. Além disso, uma maior abertura por parte da China poderia oferecer possibilidades de entrada em diversos setores e nichos de um mercado de quase 1,4 bilhões de consumidores.

Do ponto de vista político, dado o escopo da iniciativa, a NRS deve gerar também novos esforços de coordenação e harmonização de normas e práticas, tanto no plano bilateral quanto no multilateral – em um primeiro momento, predominantemente na área de cooperação econômica, mas é provável que haja convergência também em outras áreas, tais como comércio, investimentos, cooperação para o desenvolvimento e combate à corrupção, que não necessariamente seguiriam as normas promovidas pelas organizações tradicionais, tais como a OMC, o sistema da ONU ou as instituições de Bretton Woods.

No plano ideológico, mesmo que a China não busque exportar seu modelo político, que atualmente combina um forte viés capitalista com um discurso socialista, não é difícil imaginar que as preferências chinesas poderão influenciar as práticas políticas em outras partes da Grande Eurásia, e que a NRS poderá alterar o peso político do qual desfrutam alguns arranjos multilaterais, dentro e fora dessa região. A NRS, por exemplo, já começou a re-significar o BRICS, na medida em que o Novo Banco do BRICS passa a alocar parte dos seus recursos à implementação de infraestruturas que compõem a NRS, ou à medida em que o estreitamento de laços entre Beijing e Moscou – um alinhamento sem precedentes desde a Aliança Sino-Soviética dos anos 50 – cimente dentro da coalizão um eixo de poder geopolítico cujos interesses se concentram na Grande Eurásia. Além disso, embora a NRS ainda não possua uma estrutura clara de governança, o primeiro passo nessa direção foi dado em maio de 2017, quando da realização do Fórum Internacional da Rota da Seda. O evento contou com discursos de abertura feitos por Xi Jinping e Vladimir Putin, mas também contou com palavras do Secretário-Geral das Nações Unidas, António Guterres, e com a presença de dezenas de chefes de Estado de países de dentro e fora da Grande Eurásia. O Brasil enviou uma delegação, mas esta foi ofuscada pela participação proativa de Michele Bachelet, do Chile, e de Mauricio Macri, da Argentina, que posicionaram seus respectivos países como pontes entre a NRS e a América Latina.

No que diz respeito à esfera da segurança internacional, a Grande Eurásia engloba vários dos maiores focos de crise do mundo – inclusive a Síria, o Irã, a Ucrânia, o Mar do Sul da China e o espaço de alta tensão que reúne a Índia, o Paquistão e o Afeganistão. A Grande Eurásia inclui nada menos que sete dos nove países detentores de armas nucleares, e quatro dos cinco membros permanentes do Conselho de Segurança da ONU. Além disso, vários países da região, especialmente o Japão, mantêm relações tensas com a China e enxergam a NRS com uma farta dose de desconfiança ou, na melhor das hipóteses, com ambiguidade. Por outro lado, a Grande Eurásia também abrange alguns dos principais arranjos de cooperação em segurança e defesa existentes, inclusive a OCS; boa parte dos países membros da OTAN; e vários aliados dos EUA. Alguns dos maiores produtores e exportadores de material de defesa estão situados na região, dentre os quais a

Rússia, a China e a França. Na Grande Eurásia, a presença militar norte-americana – historicamente apresentada como principal pilar de estabilidade na região, mas fortemente contestada por diversas potências regionais e outros países do entorno – se concentra em algumas zonas de instabilidade, tais como o Afeganistão; e em centenas de bases e instalações militares nos oceanos Pacífico e Índico, no Oriente Médio, na África e na Europa. Embora o *hard power* do EUA ainda seja superior ao de outros países, a lacuna entre a sua capacidade de atuação e a de outras potências (sobretudo a China) vem se estreitando em várias dimensões, desde a robustez das suas forças navais até o alcance dos seus laços de cooperação militar e a construção de bases e instalações militares fora do seu perímetro imediato (vide a nova base naval da China no Djibuti).

Portanto, a Grande Eurásia compreende não apenas muitos dos principais parceiros de cooperação militar do Brasil, mas também todas as potências globais, direta- ou indiretamente. A importância geopolítica desse espaço, inclusive para atores latino-americanos, já era incontestável mesmo antes da implementação da NRS, e tende a tornar-se ainda mais importante com a realização da iniciativa.

O QUE FAZER?

Em um sistema bipolar ou unipolar, a estratégia internacional de uma potência emergente tem como um dos seus principais eixos a questão do alinhamento (ou não) com o centro de gravidade desse sistema. Uma ordem global que se multipolariza não é necessariamente mais instável que as demais variantes, mas as fontes de instabilidade são mais imprevisíveis, tanto temporal- quanto geograficamente. Períodos de relativa calmaria podem ser interrompidos pelo eclodir de uma nova guerra no Oriente Médio, pelo alastramento de uma crise na África saariana, ou pelo acirramento de tensões entre duas ou mais potências emergentes eurasiáticas outrora alinhadas. Os conflitos hoje raramente são verdadeiramente locais, senão que se confundem com o tabuleiro de xadrez da geopolítica regional ou global. E, em que pese a relevância dos espaços geográficos na constituição de novos eixos da ordem global, a globalização – seja ela impulsionada pelos EUA, pela China ou até mesmo por uma coleção de países e outros atores – assegura que países "distantes" desses *hotspots* também sentirão, de diversas formas, as grandes mudanças tectônicas que reorganizam essa ordem.

Nesse cenário de multipolarização, marcado por inúmeras distrações, torna-se ainda mais fácil perder de vista os objetivos primordiais e os princípios que historicamente servem de pontos cardeais para a estratégia brasileira no plano internacional. Esse risco de dispersão torna ainda mais urgente que atores brasileiros – governamentais e não governamentais – que moldam o processo decisório desenvolvam uma visão e cultura de planejamento estratégico flexíveis e adaptáveis – se não nos seus objetivos, então nos seus meios. Em relação à NRS especificamente, a iniciativa demonstra o quão importante será dar maior peso à orientação essencialmente universalista da política externa brasileira, e aprofundar parcerias estratégicas com atores-chave de tais novas configurações de cooperação (ao invés de apostar todas as fichas em uma única potência regional ou global, ou em um punhado de parcerias). No próximo Fórum da Rota da Seda, a delegação brasileira deve ser presidencial e munida de uma estratégia proativa costurada em colaboração com os diversos ministérios e órgãos públicos envolvidos no planejamento internacional, contando também com insumos de outros atores relevantes: entidades da sociedade civil e empresas do setor privado.

Longe de permanecer reativa a acontecimentos que se cristalizam num horizonte aparentemente longínquo, o Brasil deve dar novo fôlego às tentativas históricas (mas ainda minimamente bem-sucedidas) de fomentar a "conectividade latino-americana" – lembrando que a Eurásia não foi o único espaço da antiguidade onde civilizações milenares construíram extensas rotas comerciais. Em praticamente todo o espaço latino-americano – percorrendo os Andes, passando pela floresta amazônica (onde, demonstram pesquisas arqueológicas recentes (CLEMENT et al., 2015), existiram assentamentos urbanos de alta complexidade antes da chegada dos europeus) até a espinha dorsal da América Central e o México – povos tais como os incas, os maias, os astecas e as tribos que habitavam a bacia amazônica, o cerrado e a mata atlântica desenvolveram, em diferentes períodos, redes complexas (e ainda pouco conhecidas) de comércio e outros intercâmbios. Ressuscitar simbolicamente tais circuitos – a Rota da Alpaca? O Circuito das Canoas? – permitiria não apenas maximizar os benefícios da nova enxurrada de investimentos chineses que entram no Brasil e no resto da América Latina a partir de 2017, mas também facilitaria a criação, através da integração regional, de uma ponte mais robusta com a NRS. De forma geral, esse tipo de abordagem proativa e adaptável conferiria ao Brasil mais lastro no panorama incerto que representa a multipolarização assimétrica da ordem global.

Referências

ABDENUR, A. E. e MUGGAH, R. "A Nova Rota da Seda e o Brasil" *Le Monde Diplomatique Brasil*. 12 de junho de 2017. Disponível em: <http://diplomatique.org.br/a-nova-rota-da-seda-e-o-brasil/>.

CLEMENT C. R., DENEVAN W. M., HECKENBERGER M. J., JUNQUEIRA A. B., NEVES E. G., TEIXEIRA W. G., WOODS W. I. "The domestication of Amazonia before European conquest." *Proceedings of the Royal Society*. 282, pp. 1-9, 2015.

CONSELHO DE ESTADO DA REPÚBLICA POPULAR DA CHINA. "The Belt and Road Initiative", 2017. Disponível em: <http://english.gov.cn/beltAndRoad/>.

FÓRUM ECONÔMICO MUNDIAL. "Opening Plenary with Xi Jinping, President of the People's Republic of China" Davos, Suíça, 17 de janeiro de 2017. Disponível em: <https://www.youtube.com/watch?v=Ys6skqxQKMk>.

HARVEY, D. "Globalization and the Spatial Fix" *Geographische Revue* 2, pp. 23-30, 2001.

IMPEACHMENT E RESISTÊNCIA

IMPEACHMENT E SEUS EFEITOS: QUANDO VENCEDORES E VENCIDOS SÃO DERROTADOS[1]

Helcimara Telles[2]

IMPOPULARIDADE DA PRESIDENTE: CORRUPÇÃO, ECONOMIA E CONGRESSO NACIONAL

Durante toda a campanha de 2014, a candidata do PT se manteve na frente de seus adversários. Fechadas as urnas, Dilma Rousseff foi eleita presidente do Brasil com 52,5% dos votos, e o segundo colocado, o Senador do PSDB, Aécio Neves, alcançou 48% dos votos. Até dezembro de 2014, ano da eleição de Dilma Rousseff, a preocupação dos brasileiros estava mais focada nos temas econômicos e nas pautas materialistas. Contudo, em 2015, a corrupção passaria a ser vista como o principal problema do país e, uma vez associada à presidente, incidiu sobre a sua popularidade. Nesse processo, a identidade com os partidos políticos chegou aos mais baixos níveis e apenas 25% dos brasileiros declararam preferir algum partido, contra uma média de 50% dos anos anteriores. O PT, partido até então líder de preferência no país, passou de 29% para apenas 12% de simpatizantes. Observa-se, dessa forma, um crescente sentimento apartidário, em geral,

---

1 Agradeço a Tiago Storni pela colaboração e sugestões ao artigo. Este texto é uma versão modificada de capítulo originalmente publicado no livro *A crise política brasileira em perspectiva*, organizado por Paulo Edgar R. Resende e Vitor de Angelo.

2 Helcimara Telles possui graduação em Historia pela Universidade Federal de Minas Gerais (1990), mestrado em Ciência Política pela Universidade Federal de Minas Gerais (1997) e doutorado em Ciência Política pela Universidade de São Paulo (2003). Realizou pós-doutorado na Universidade Complutense de Madrid e na Universidade de Salamanca. Foi professora visitante na Universidade de Salamanca e na Universidade de Santiago de Chile (USACH), no Programa de Mobilidade Acadêmica da AUGM. É professora do Departamento de Ciência Política da UFMG e Diretora da Regional Sudeste da Associação Brasileira de Ciência Política. Coordena o Grupo de Pesquisa "Comunicación Política y Comportamiento Electoral", vinculado à Associação Latino Americana de Ciência Política (ALACIP); o Grupo de Pesquisa "Opinião Pública, Marketing Político e Comportamento Eleitoral" (www.opiniaopublica.ufmg.br), da Universidade Federal de Minas Gerais; o periódico eletrônico "Em Debate" e o curso de especialização em Marketing Político da UFMG. Atualmente é representante do Brasil junto ao Wapor - World Asociation for Public Opinion Research, compõe a Diretoria da Asociación Latinoamericana de Investigadores en Campañas Electorales.

e antipetista, em particular. Contudo, o partidarismo é relevante para a estabilidade democrática. Ele explica o interesse pela política, a participação eleitoral e a crença na eficácia da democracia. Níveis elevados de apartidarismo e antipartidarismo dão margem ao surgimento de discursos antipolítica e antissistema, o que aumenta a incerteza quanto ao futuro estável das instituições políticas e jurídicas de um país.

As promessas políticas realizadas por Dilma Rousseff, então candidata à reeleição, durante a campanha presidencial de 2014, contribuíram para reduzir a sua capacidade de contornar o desagrado da sociedade e obter adesão popular para se defender dos ataques de seus opositores. Ao invés de propostas de aquecimento da economia, o seu segundo mandato é iniciado com anúncios de ajuste fiscal, diferentemente daquilo que havia sido prometido ao eleitorado. Políticas econômicas de austeridade, ainda que se julgue que eventualmente sejam necessárias, podem ser impopulares, sobretudo quando tais medidas não estavam previstas pela comunicação política da campanha da candidata, gerando enorme frustração popular.

A combinação de fatos como os escândalos políticos midiáticos de corrupção, uma oposição ferrenha no Congresso Nacional, a impopularidade da presidente e a pequena diferença de votos entre o primeiro e o segundo colocados na disputa presidencial, abriram uma janela de oportunidades para os grupos de oposição solicitassem recontagem de votos e acusassem sistematicamente a chapa eleita de produzir fraudes para se eleger. Foram realizados diversos pedidos de afastamento da presidente, como a cassação da chapa PT-PMDB junto ao Tribunal Superior Eleitoral, por suposto "caixa dois" na campanha da chapa Dilma-Temer. Também foram organizados movimentos de protestos nas redes sociais contrários ao governo, que pediam o afastamento da Presidente. Esses reiterados pedidos de afastamento da chefe do governo resultaram no aumento da desconfiança na lisura das eleições, nas próprias urnas eletrônicas e na classe política.

Essa descrença no processo eleitoral encontra eco na cultura política brasileira, que valoriza pouco as instituições e considera legítimo que um presidente perca o seu mandato, caso seja impopular. Uma vez que não se encontraram provas de corrupção que envolvessem diretamente a presidente, o pedido de seu afastamento foi baseado em uma alegação técnica de que ela havia realizado "pedaladas fiscais". Após um desgastante processo político e jurídico a presidente acabou por sofrer um *impeachment*. Contudo, o principal fator para afastar a Presidente foi a alta impopularidade da incumbente. Quando comparadas com governos anteriores, inclusive com o período militar, as administrações petistas de Lula e Dilma eram consideradas as mais corruptas do país. Ademais, o Congresso teve uma participação central nesse processo, a qual é analisada nas linhas que seguem.

A base no Congresso parece ser um elemento fundamental para a continuidade de um presidente, no Brasil. E qual foi o Congresso eleito para o período 2015-2018 que promoveu o *impeachment* de Dilma? A primeira característica é a sua alta fragmentação. Além disso, houve uma renovação de 47% da Câmara dos Deputados e 31% do Senado Federal. Na Câmara Federal, essa renovação ocorreu sobretudo com o aumento da presença dos partidos "nanicos". Mas, o PT e o PMDB, embora tenham perdido cadeiras, permaneceram com as maiores bancadas – 70 e 66 deputados federais, respectivamente.

O Congresso eleito para a 55ª legislatura se caracterizou pelo avanço da presença de parlamentares com profissões empresariais, por representantes que defendiam o endurecimento da legislação penal e pela expansão da bancada oposicionista no Senado Federal. Esse conjunto de características do Congresso Nacional possibilitou que, desde a derrota eleitoral, a oposição articulasse movimentos nos bastidores e nas ruas para afastar a presidente. Os grupos oposicionistas passaram a subordinar o reconhecimento da legitimidade dos resultados eleitorais à implementação, por parte do governo, de medidas que satisfizessem as agendas dos grupos econômicos e políticos que representavam.

O crescimento das bancadas conservadoras no Congresso tem conexão com as demandas eleitorais. O Ibope criou um Índice de Conservadorismo do brasileiro, com base em temas que dividem os conservadores e progressistas, tais como a legalização do aborto, o casamento entre pessoas do mesmo sexo, a pena de morte, a prisão perpétua, a redução da maioridade penal (TOLEDO, 2016). Descobriu-se que o grupo dos que atingiram alto grau de conservadorismo saltou de 49% para 54% nesse período.

Para além do Legislativo, a composição dos ministérios é o espaço em que os votos se transformam em cargos. Os gabinetes tendem a ser um reflexo das bancadas e há uma associação entre o tamanho destas e o número de pastas distribuídas aos partidos. No presidencialismo brasileiro, as indicações para o ministério podem dar coesão à base para a obtenção de estabilidade política. O ministério é a melhor evidência dos alinhamentos da política brasileira (D'ARAUJO, 2009). Dilma tentou fazer um Ministério que fosse alinhada às principais bancadas partidárias, incluindo sobretudo quadros do PMDB, mas nem assim conseguiu articular apoio no Congresso Nacional. Com a saída de Dilma Rousseff, os grupos ideologicamente orientados à direita passaram a ocupar pastas centrais no governo. O Ministro da Justiça, um ex-advogado do PCC (e também do deputado Eduardo Cunha, como noticiado) declarou à imprensa que iria combater a "guerrilha produzida pela esquerda violenta". Os setores do mercado e empresariais vinculados à Fiesp – Federação das Indústrias do Estado de São Paulo – pressionam o governo por medidas econômicas mais duras e pela reforma na legislação trabalhista. O presidente Temer convidou o Movimento Brasil Livre (MBL), um grupo de direita radical organizado nas redes sociais, para auxiliá-lo; os evangélicos avançaram em postos governamentais e em comissões do Congresso, e as secretarias vinculadas aos direitos humanos perderam sua relevância.

O DEBATE SOBRE O *IMPEACHMENT* NA ESFERA PÚBLICA E NA IMPRENSA

Ainda que nas pesquisas de opinião cerca de 70% dos brasileiros desejassem a saída da presidente, igual número afirmava que o vice-presidente Michel Temer também deveria ser afastado. Durante o processo de julgamento da presidente, a esfera pública foi tomada pelo debate em torno da legalidade das acusações contra Dilma Rousseff: o *impeachment* era legítimo ou era um golpe dado pelos grupos políticos derrotados?

Destaco alguns aspectos dessa polarização entre apoiadores e opositores do *impeachment*. Um dos tópicos que se destacou favorável era o de que o *impeachment* seria algo natural e produto da "luta entre as elites", no interior de uma competição democrática. Contudo, os apoiadores da permanência da presidente alegavam que a competição, numa democracia, se estabelece através das eleições livres, decididas num determinado calendário previsto pela Constituição e com regras determinadas antes de sua realização. No caso brasileiro, as eleições presidenciais são realizadas a cada quatro anos, com a participação de partidos livres, em dois turnos. Portanto, essa competição entre as elites já estaria resolvida nas eleições de 2014, com a vitória da chapa encabeçada por Dilma Rousseff.

Outro ponto de vista era o de que o *impeachment* desalojaria do poder o "lulopetismo", que estaria aparelhando o Estado brasileiro. Em direção oposta, argumentava-se que, independentemente de existir ou não o "lulopetismo", este teria conquistado o Estado seguindo as regras eleitorais. E, fora da normalidade das eleições, qualquer outra forma de escolher as elites políticas compreende uma concepção antiga, conservadora e anti-igualitária de "democracia elitista", no qual a soberania popular é um ideal tão inatingível e o povo é considerado tão incapaz que as classes políticas não precisariam ser alimentadas nem limitadas pelas urnas. Nesse sentido, tratava-se de sublinhar que era uma visão elitista da democracia, no qual o recrutamento da classe política e a alternância do poder são decididos pelas próprias elites, que se podem alternar sem o consentimento do "povo" ou de uma maioria.

Mais um tema trazido foi o de que o *impeachment* seria um "voto de desconfiança", instrumento disponível em sistemas parlamentaristas para que os políticos possam propor uma votação manifestando sua confiança ou desconfiança no primeiro-ministro e, assim, ele pode ser afastado e novas eleições podem ser convocadas. Mas os opositores da tese do *impeachment* objetavam, afirmando que o voto de desconfiança não é previsto no presidencialismo brasileiro. A presidente estava sendo julgada por uma questão técnica e por um congresso cuja parte significativa estava investigada por envolvimento em casos de corrupção, o que seria passível de levar ao questionamento da legitimidade desse processo.

No que tange a cobertura midiática, foi possível perceber que a imprensa nacional fez uma abordagem bastante desequilibrada, com escasso espaço para defesa do Governo Federal. Os meios de comunicação fizeram fortes críticas aos petistas e, em geral, se juntaram às fileiras dos políticos e dos protestos antigoverno. Ponto ainda pouco analisado foi que parte da imprensa escrita dedicou reportagens nas quais associava o gênero feminino a atributos emocionais negativos. A *IstoÉ*, revista semanal brasileira, em abril de 2016, dedicou sua capa à presidente e afirmou que Dilma Rousseff teve "sucessivas explosões nervosas, quando, além de destempero, exibe total desconexão com a realidade do país". A publicação ainda comparou Dilma a Maria Francisca Isabel Josefa Antônia Gertrudes Rita Joana de Bragança, a primeira rainha do Brasil, que ficou conhecida como "Maria I, a Louca".

A imprensa internacional teve cobertura mais equilibrada do processo. Ela reconheceu as dificuldades de gestão de Dilma Rousseff e fez duras críticas a ela, mas igualmente desconfiava do processo e dos efeitos do *impeachment*. Foram detectadas três principais razões de desconforto na imprensa internacional: 1) a ausência de "qualidade" moral dos acusadores, envolvidos majoritariamente em corrupção; 2) o fato da pena (afastamento) ser desproporcional à falta cometida; 3) a possibilidade do afastamento aumentar a crise institucional e a instabilidade do país.

No dia seguinte à votação na Câmara dos Deputados, ocorrida em 12 de maio de 2016, o jornal *El País* (Espanha), publicou em editorial uma crítica ao processo, que pode ser resumido da seguinte forma: a confluência dos interesses de Temer com outros personagens de seu próprio partido (Eduardo Cunha, presidente da Câmara dos Deputados, o evangélico articulador do *impeachment*, acusado de ter contas na Suíça mantidas com suborno da Petrobras; e Renan Calheiros, presidente do Senado e investigado por corrupção) deu motivos a que os seguidores do PT considerassem todo o processo um "golpe de Estado constitucional" para desalojar a esquerda do poder. O *impeachment* se basearia num tecnicismo fiscal: a prática de recorrer a empréstimos oriundos de bancos públicos para equilibrar o orçamento.

O *impeachment* teve repercussão internacional. As críticas vieram de políticos da Alemanha, Itália, França, Espanha, Chile e Uruguai, de relevantes partidos e líderes que governam ou governaram seus países. Artistas brasileiros realizaram inúmeras manifestações contrárias (Cannes e Minc, por exemplo) e o intelectual norte-americano Noam Chowsky se manifestou: "nós temos um líder político que não roubou para enriquecer a si próprio e que está sendo acusado por uma gangue de ladrões que o fizeram. Isso é uma espécie de golpe suave".

Aprovado o *impeachment*, o lema "Pátria Educadora", do antigo governo, foi substituído por "Ordem e Progresso", com base no Positivismo, no pronunciamento de sua posse, Temer definiu assim as suas metas: "vamos construir a democracia de eficiência". Após assumir no lugar de Dilma Rousseff, as pesquisas revelavam que apenas 2% dos brasileiros votariam nele nas eleições de 2018, de acordo com o Datafolha, colocando-o bem atrás de potenciais candidatos, como Lula (PT) e Jair Bolsonaro (PSC). Apesar da impopularidade alta, Temer passou a anunciar medidas econômicas impopulares.

A rapidez com que ministérios relacionados aos direitos humanos foram desmontados pelo Governo Temer, juntamente com as instituições de controle (como o caso da CGU – Controladoria Geral da União) –, reforçou as análises que apontavam que o *impeachment* podia ser entendido em três direções: primeiro, o desmantelamento das poucas medidas de bem-estar social que estavam se tornando políticas de Estado; em segundo lugar observa-se o reforço dos diagnósticos dos analistas que afirmavam que o fim último do afastamento seria a imposição de uma agenda neoliberal por parte dos grupos derrotados nas eleições de 2014; por fim torna-se cada vez mais evidente a teoria de que o *impeachment* representava proteção dos políticos e defesa corporativa, uma vez que as investigações de corrupção se aproximavam cada vez mais do PMDB, do PSDB e dos demais partidos.

Governabilidade e representatividade: insulamento burocrático e cartelização

A crise política brasileira pode ser interpretada como uma crise produzida pela "ausência de política" no modelo de gestão do Executivo e nas suas relações com o Legislativo. A primeira foi a insuficiência ou a impossibilidade de realizar articulações políticas por parte do governo federal para produzir governabilidade. A segunda é dada pela crise de representatividade dos partidos políticos. A governabilidade supõe a garantia de estabilidade, produzida pelas relações do Executivo com o Congresso. Porém, desde o início do segundo mandato de Dilma Rousseff, notou-se o aprofundamento da crise no modelo do "presidencialismo de coalizão".

A outra "crise na política" se revela na forma de gerenciamento da administração pública. Nossa hipótese é a de que predominou, desde o primeiro mandato da presidente Dilma, a instauração de uma gestão baseado no insulamento burocrático como a principal forma de intermediação com a sociedade e de gerência do Estado. Essa gramática pode ser interpretada como um processo de proteção do núcleo técnico do Estado contra a ingerência oriunda do público ou de outras organizações intermediárias. Ele se caracteriza por maior independência em relação aos controles político ou social, promove ações para proteger a elite tecnoburocrática e dá a ela alta autonomia. O insulamento burocrático enfatiza o Estado como o gestor da sociedade civil e é uma resposta ao clientelismo e uma forma pela qual as elites modernizantes promovem o controle do Estado.

Para atenuar as dificuldades suscitadas pelo insulamento burocrático o Estado precisa estar socialmente inserido. Essa inserção provém do alargamento dos canais de participação social decorrente do processo de democratização. Assim, chegamos a outra face da crise política: a descrença na participação eleitoral, uma vez que foi se tornando crescente a desconfiança nos partidos e na eficácia da participação através dos partidos políticos. A outra fisionomia da ausência da política que levou à "crise da política" é a falta de representatividade dos partidos políticos.

O Brasil sempre teve partidos com pouca definição programática e que sobreviviam em um sistema partidário em fase de institucionalização. Com o aumento do volume de notícias sobre a corrupção, os apartidários atingiram 71% da população em fevereiro de 2015. O único fator conjuntural novo que pode explicar a queda abrupta da preferência partidária – de cerca de 50% em dezembro de 2014 para apenas 30% em fevereiro de 2015 – são os escândalos midiáticos de corrupção.

Junto com tais escândalos, é notável que os partidos políticos têm falhado na função de representação e têm se aproximado de modelos de partidos do tipo "cartel", cada vez mais países, passaram a cumprir mais a função de governar e representar interesses múltiplos (e díspares) de grupos políticos de dentro do governo e da burocracia estatal, do que a de expressar interesses da sociedade e representar segmentos de opinião ou de grupos sociais e identitários. O congelamento dos partidos resultou em pouca renovação nos seus quadros e baixo recrutamento de novas lideranças.

Interpretar uma crise política é algo complexo, porque existem várias hipóteses que circulam num momento em que ainda permanece e mesmo se agrava a crise. O ponto de vista aqui é o de que a crise política no Brasil foi produzida pela ausência de política, tanto por parte dos partidos, quanto por parte dos executivos. A crise existe porque a política se encontra ausente nas articulações com a sociedade e no interior do Congresso. A política foi substituída pela economia; e a política programática que planeja uma ideia de Estado e de país foi sendo gradualmente trocada por interesses eleitorais de curto prazo.

PROTESTOS ANTIGOVERNO: O CONSERVADORISMO RENOVADO

Um outro fator que pode ser introduzido para explicar a crise política é a substituição dos debates políticos pela questão da corrupção, vista não mais como um problema institucional, mas como um problema moral. Na "ausência da política" o discurso da corrupção se tornou um eixo organizativo da crise política.

Uma nova Direita, articulada nos protestos antigoverno, passou a agendar a opinião pública, sem que o governo reagisse com eficácia na comunicação institucional. O crescimento da direita conservadora não é exclusivo do Brasil. Também na Europa o eixo de expansão desses grupos em pequenos partidos insurgentes tem sido constante, fenômeno que se repete nos Estados Unidos, com o *Tea Party* e com a vitória de Trump.

No Brasil, são considerados conservadores os partidos que extraem suas bases principais das camadas superiores da sociedade, constituindo-se a família de partidos que mais sobreviveu no sistema político brasileiro. Eles são adaptáveis; diferenciáveis dentro de sua própria espécie, ora fazendo um discurso para as elites, mas também se posicionando entre os pobres. Para Mainwaring, Meneguello e Power (2000), os conservadores brasileiros se empenham menos em assegurar que os pobres desfrutem de iguais direitos de cidadania, como igual acesso ao sistema legal, e possuem políticas pró-mercado. E a representação institucional desses grupos sempre supôs que o mandato parlamentar não pertence ao partido, mas ao candidato. Do ponto de vista programático, Mainwaring e seus colegas afirmam que as políticas da família dos conservadores cobrem uma agenda pró-mercado e moral, tais como: são favoráveis a uma economia pró-mercado; mais abertos ao capital estrangeiro; mais adeptos ao enxugamento do Estado; a favor de políticas neoliberais; veem o crescimento dos encargos sociais, a inovação das leis ambientais e o aumento dos direitos trabalhistas como restrições indesejáveis ao crescimento econômico; são opositores à reforma agrária e ao movimento Sem-Terra; sustentam posições inflexíveis quanto a crimes e mais flexíveis a violações de direitos humanos; são contrários ao aborto e contra a igualdade de direitos para homossexuais

Tal como a família antiga dos conservadores, eles têm resistência às políticas e aos programas inclusivos, o que pode ser demonstrados pelo desacordo em relação aos programas de inclusão por cotas, uma adesão à hierarquia territorial - na medida em que parte significativa dos que saíram para as ruas para protestar a favor do *impeachment* considerava que os pobres não têm consciência política para votar e que os nordestinos também teriam menos capacidade cognitiva –, e um anti-igualitaríssimo. O crescimento de uma nova direita no Brasil, que aparece no perfil dos manifestantes anti-Dilma, se expressa em uma forte resistência a políticas de bem-estar inclusivas que foram produzidas ao longo das administrações federais. Eles possuem semelhanças com os antigos conservadores, no apoio às políticas punitivistas, mas são mais liberais em termos morais.

Foi também verificada a dimensão da democracia nesses protestos, tendo em vista que os indivíduos que dele participavam apoiavam o direito às manifestações públicas. Uma dimensão importante da democracia é a questão de seu procedimento. E se sabe que o maior nível de satisfação com o desempenho do governo aumenta a crença de que os partidos representam os eleitores.

Os autoritários consideram que atingir o desenvolvimento econômico é mais importante do que preservar a democracia; e os democratas acham que a democracia é algo indispensável em qualquer condição. Grande parte dos latino-americanos é de perfil ambivalente, ou seja, prefere o desenvolvimento à democracia e retiraria seu apoio a um governo democrático se ele fosse incapaz de resolver os seus problemas econômicos[3]. Os ambivalentes encontrados na América Latina, em geral, têm conceitos mais delegatórios de democracia, concordam com a democracia, desde que a situação não seja de desordem.

O alto percentual de apoio ambivalente à democracia é algo importante, sobretudo porque, entre os manifestantes anti-Dilma, as Forças Armadas eram a instituição que gozava de maior credibilidade.

Conclusão

Existiram duas crises, ambas produzidas pela ausência da política: uma caracterizada pela crise do modelo do presidencialismo de coalizão; e uma crise de gestão que optou por um modelo do insulamento burocrático.

Mas o primeiro resultado da crise política – o afastamento da presidente eleita em 2014 –, somente foi possível porque Dilma Rousseff perdeu a maioria no Congresso Nacional e seu governo não contava com a simpatia dos meios de comunicação, que a criticaram durante todo o processo, com cobertura bastante negativa acerca de suas políticas públicas e de seus atributos individuais e funcionais.

Outro resultado da crise política foi a vitória institucional dos conservadores. Do ponto de vista dos partidos de oposição, desde a derrota eleitoral, os principais líderes articularam a retirada da presidente. Tendo em vista que existe uma parte dos líderes políticos portadores de um perfil de "democratas ambíguos", eles aceitam a democracia, mas questionaram ao mesmo tempo, desde o ano de 2014, o próprio processo eleitoral, as urnas etc.

Na opinião pública, o principal efeito da crise foi a insatisfação generalizada com a classe política e com os partidos. Os índices de preferência partidária foram bruscamente reduzidos e notou-se o crescimento do apartidarismo e do antipartidarismo, além da intensificação do antipetismo.

Um processo de *impeachment* é um julgamento jurídico-político reservado a um crime de responsabilidade atribuído ao presidente da República. Mas a destituição de um presidente, apenas como resultado de uma mudança no equilíbrio político de um governo de coalizão, pode ser configurada como um golpe? Do meu ponto de vista é um golpe civil, pois não houve envolvimento das Forças Armadas. Trata-se de um golpe parlamentar porque foi produzido por uma falha

---

3   Ver em: <http://www.br.undp.org/>.

técnico-administrativa fora de proporção com a punição. O que se assistiu foi um processo de destituição e de desestabilização institucional no Brasil. O *impeachment*, da maneira casuística como foi feito, produziu um trauma institucional de difícil recuperação, e pode colocar em jogo a ordem constitucional de 1988 e afetar a região latino-americana.

No pós-*impeachment*, temos poucas lideranças nacionais que articulem a sociedade e a sua relação com o Estado e com o mercado. Além disso, as estruturas partidárias estão congeladas. É um período de tensão constante entre o Congresso Nacional e o Judiciário, caracterizando-se também uma crise institucional de definições incertas. Não estaríamos longe de ter a presença de *outsiders* populistas civis e predominância de candidatos e líderes portadores de discursos contra a política nas próximas eleições para presidente. A emergência desses *outsiders* pode ser a outra face da crise da política: a vez dos políticos que combatem a política e que buscam no capital convertido, acumulado em esferas não políticas (empresas, mídia, religião), o sucesso na política. Neste sentido, os grupos políticos tradicionais que saíram vencedores do *impeachment* poderão também serem futuramente derrotados nas urnas e na opinião pública em consequência dos sentimentos anti-política e contrário aos partidos tradicionais, que foram disseminados durante este processo.

REFERÊNCIAS

AFFONSO, Julia; MACEDO, Fausto. 'Impeachment é uma bomba', diz Joaquim Barbosa. *Estadão*. São Paulo, 23 abr. 2016. Disponível em: <http://politica.estadao.com.br/blogs/fausto-macedo/impeachment-e-uma-bomba-diz-joaquim-barbosa/>. Acesso em 23 set. 2017.

ALCÂNTARA, Manuel Sáez; FREIDENBERG, Flávia. Partidos políticos na América Latina. *Opinião Pública*, Campinas, 2002, v. 8, n. 2, p. 137-157.

D'ARAUJO, Maria Celina. Os ministros da Nova República; notas para entender a democractização do Poder Executivo. *II Congresso Consad de Gestão Pública*. Brasília, maio 2009. Disponível em: <http://www.escoladegestao.pr.gov.br/arquivos/File/Material_%20CONSAD/paineis_II_congresso_consad/painel_60/os_ministros_da_nova_republica.pdf>. Acesso em 23 set. 2017.

DATAFOLHA Instituto de Pesquisa. 47% foram à Avenida Paulista em 15 de março protestar contra a corrupção. São Paulo, 17 mar. 2015. Disponível em: <http://datafolha.folha.uol.com.br/opiniaopublica/2015/03/1604284-47-foram-a-avenida-paulista-em-15-de-marco-protestar-contra-a-corrupcao.shtml>. Acesso em: 23 set. 2017.

GARCIA, Maurício Tadeu. A eleição para deputados em 2014; uma nova Câmara, um novo país. *Revista Brasileira de Pesquisas de Marketing, Opinião e Mídia*, São Paulo, v. 9, n. 2, p. 102-124, maio/ago. 2016. Disponível em: <http://revistapmkt.com.br/Portals/9/Revistas/v9n2/3%20-%20A%20elei%C3%A7%C3%A3o%20para%20deputado%20em%202014%20-%20Uma%20nova%20c%C3%A2mara,%20um%20novo%20pa%C3%ADs.pdf>. Acesso em 23 set. 2017.

LEWIS-BECH, Michael S.; STEGMAIER, Mary. The Economic Vote in Transitional Democracies, *Journal of Elections, Public Opinion & Parties*, Aug. 2008, v. 18, n. 3, p.303-323.

KATZ, Richard S.; MAIR, Peter. La transformation des modèles d'organisation et de démocratie dans les partis: L'émergence du parti-cartel. In: AUCANTE, Yohann ; DÉZÉ, Alexandre (Dir.) *Le modèle du parti-cartel en question*. Paris: Presses de Sciences Po, 2008.

MAINWARING, Scott; MENEGUELLO, Rachel; POWER, Timothy. *Partidos conservadores no Brasil contemporâneo*. São Paulo: Paz e Terra, 2000.

MORENO, Alejandro.Corruption and Democracy: A Cultural Assessment, *Comparative Sociology*, v.1, n. 3-4, p. 495-507.

NUNES, Edson. *A gramática política do Brasil*: clientelismo e insulamento burocrático. Rio de Janeiro: Garamond, 2010.

QUEIROGA, Louise. Igualdade de gêneros apenas em 2086? *Sobretudo*. 16 mar. 2015. Disponível em: <https://jornalismosobretudo.wordpress.com/2015/03/16/igualdade-de-generos-apenas-em-2086/>. Acesso em 23 set. 2017.

TELLES, Helcimara de Souza. Corrupção, legitimidade democrática e protestos: o *boom* da direita na política nacional?, *Interesse Nacional*, v. 8, p. 28-46, 2015.

TELLES, Helcimara de Souza; SAMPAIO, T.; Silva. Os limites da agenda-setting na popularidade do presidente: consumo de notícias e escolaridade na avaliação do governo Dilma Rousseff (2013). *Revista Debates*, Porto Alegre, v. 9, n. 3, p. 119-142, set./dez. 2015.

TELLES, Helcimara de Souza. Crise Política ou Crise na Política? O processo de *impeachment* da Presidente Dilma Rousseff e seus desdobramentos (a)políticos. In: *A crise politica brasileira em perspectiva*. Paulo Edgar R. Resende e Vitor de Angelo (orgs.). Colecao Debate Social. Volume 3 – Florianopolis: Insular. 2016.

THE ECONOMIST. Why vote to impeach Dilma Rousseff. London, Apr. 18th. 2016. Disponível em: <http://www.economist.com/news/americas/21697095-hardly--any-federal-deputies-favour-impeachment-gave-stated-charges-their>. Acesso em 23 set. 2017.

TOLEDO, José Roberto de. Conservadorismo na medida. *Estadão*. São Paulo, 22 dez. 2016. Dispon/ível em: <http://politica.estadao.com.br/blogs/vox-publica/conservadorismo-na-medida/>. Acesso em 23 set. 2017.

Uma saída radical para tempos dramáticos

Sâmia Bomfim[1]

Na semana em que escrevo, o presidente golpista Michel Temer, portador de ridículos cinco pontos percentuais de aprovação popular,[2] recebe como presente de seus coespecíficos parlamentares corruptos o arquivamento de seu processo por corrupção – "tem que manter isso aí, viu?". O mesmo governo e congresso que, de braços dados com o que há de mais predatório na burguesia nacional, aprovou a "reforma" trabalhista que faz as relações de trabalho retrocederem a patamares de exploração típicos do século XIX. Isso para não mencionar os cortes no orçamento, a PEC do teto, ou a reforma da previdência. A um desavisado parece como se antes vivêssemos um sonho desenvolvimentista (ou "sonho rooseveltiano"[3]) que foi interrompido pela terrível tempestade trazida pelos deuses golpistas e que arrastou consigo o "País de classe média", o "Brasil gigante que olha nos olhos das grandes potências mundiais". Quem (dessa vez) roubou as esperanças do "País do futuro"?

Neste texto, pretendo adotar uma perspectiva radical, tanto na análise quanto na proposição. Walter Benjamin, que em 1940 vivia o mais terrível contexto político que podemos imaginar, nos ensinou:

> A tradição dos oprimidos ensina-nos que o "estado de exceção" em que vivemos é a *regra*. Temos de chegar a um conceito de história que corresponda a essa ideia. Só então se perfilará diante dos nossos olhos, como nossa tarefa, a necessidade de *provocar o verdadeiro estado de exceção*; e assim a nossa posição na luta contra o fascismo melhorará (BENJAMIN, 2012, p. 13, grifo nosso).

---

1 Sâmia Bomfim é vereadora em São Paulo, a mais jovem a ser eleita na história de SP. Ela tem atuado em pautas sobre a defesa dos direitos das mulheres, LGBT, direito à cidade, segurança alimentar, educação, cultura, direitos humanos e saúde. Começou sua militância no movimento estudantil, tem se desenvolvido na luta feminista e contra os ataques do governo Dória em São Paulo. É uma das coordenadoras da Casa das Mulheres, um espaço para reunião e construção das lutas e da cultura feminista na cidade. Escreve quinzenalmente na sua coluna no Mídia Ninja e *HuffPost*.

2 Instituto Brasileiro de Opinião Pública e Estatística (Ibope), 2017. Período analisado: 13 a 16 de julho.

3 Referência a termo utilizado em: SINGER, André V. *Os sentidos do lulismo*: reforma gradual e pacto conservador. São Paulo: Companhia das Letras, 2014.

Isto é, a barbárie e a opressão escancarada dos regimes burgueses de tempos de crise nada mais são do que a revelação da opressão que em toda a história os vencedores exerceram sobre os oprimidos. Mas a vitória do proletariado, enquanto classe oprimida, significaria o próprio desaparecimento das classes em geral, o fim de toda opressão, ou seja, a verdadeira exceção. Portanto, é preciso compreender que a espoliação e a barbárie que recrudescem em nossos dias aqui no Brasil, sem ignorar as suas características conjunturais mais específicas, possuem raízes históricas profundas no País dos "donos do poder" (FAORO, 2012). Da mesma forma que a saída para esse estado de coisas deve ser ousada, profunda, rebelde em relação às regras normais do jogo, que provoque o "verdadeiro estado de exceção", numa palavra, revolucionária.

Como nos explicou Plínio de Arruda Sampaio Jr. em entrevista concedida à nossa *Revista Movimento*,

> do ponto de vista histórico, o Brasil é uma sociedade de origem colonial que não conseguiu consolidar seu Estado nacional. É uma sociedade em transição entre a colônia de ontem e a possível nação de amanhã (SAMPAIO JUNIOR, 2017b, p. 57).

Ou seja, um País com economia de caráter dependente, voltada para exportação de bens primários e baseada na superexploração do trabalho. Isso se desdobra numa sociedade segregada e violenta cuja elite repele qualquer manifestação popular (em sentido amplo) por condições dignas de vida. O problema histórico do Brasil é a ausência de uma revolução que varra essa elite e acerte contas com nosso passado colonial. A história dos brasileiros oprimidos foi sempre a história das lutas por patamares mínimos de civilidade e bem-estar que, mesmo quando vitoriosas, foram insuficientes e frágeis para derrotar uma elite que, forjada no despotismo da casa-grande, é pouco disposta a concessões.

Com o desenvolvimento do neoliberalismo, que ocorre desde o final da década de 1970 e atinge seu auge nos anos 1990, o Brasil insere-se na ordem global de modo a reforçar as suas características de sociedade colonial e afastar os patamares mínimos (e *muito* mínimos) de civilidade e independência anteriormente conquistados. Pois o neoliberalismo é o modelo político e econômico internacional que busca retomar o patamar normal de acumulação (que dava sinais de esgotamento desde o final da década de 1960) por meio do aumento da exploração (ou, dito em termos clássicos do marxismo, "aumento da taxa de mais-valia absoluta"), da desregulamentação financeira, da assim chamada "globalização" e do controle direto do grande capital sobre o Estado. No Brasil, isso significou aumento do desemprego, precarização do trabalho, favelização, privatizações, fortalecimento do rentismo e, consequentemente, aumento da desigualdade e escalada de violência. Além disso, a partir da década de 1980, em função do desenvolvimento da indústria asiática e simultâneo recrudescimento do rentismo no Brasil, observa-se aqui um processo de desindustrialização. Dessa forma, a burguesia nacional abre mão do mercado interno e da indústria, coluna vertebral de uma economia nacional, concentrando-se em ramos primários como agricultura e mineração. Isso tudo reforça o caráter dependente e desigual de nossa economia em um processo que Plínio Jr. chama de "reversão neocolonial":

> A "reversão neocolonial" é um processo de progressiva perda de autonomia do Estado brasileiro dentro do sistema capitalista mundial. Sem a capacidade de impor limites às taras do capital, a sociedade não tem como manter os direitos trabalhistas e democráticos conquistados com muita luta e sacrifício. Ainda que este "mínimo" fosse realmente muito mínimo... O projeto do capital é transformar o Brasil numa megafeitoria moderna – uma economia de "tipo colonial", voltada para o exterior, baseada na produção em grande escala, no sistema de monocultura, tendo como sustentáculo o latifúndio, a mão de obra barata e a depredação do meio ambiente. [...] O que eu chamo de reversão neocolonial é este processo. A reversão neocolonial é bem concreta: tudo que rebaixa o mínimo civilizador da sociedade – congelamento dos gastos públicos, o desmantelamento da legislação trabalhista, o fim da previdência, a nova onda de grilagem das terras indígenas, o jubileu da depredação ambiental... (SAMPAIO JUNIOR, 2017b, p. 58-59).

É nesse sentido que caracterizamos acima a pantomima lulista do "País de classe média" como ingênua ilusão (ou não tão ingênua farsa). Os 13 anos de PT não foram felizes parênteses na longa tragédia brasileira. Ao contrário, foram de continuidade e até mesmo avanço desse processo. Como prossegue Plínio Jr., o elemento dinâmico do crescimento no período Lula foi o *boom* exportador. Os setores estratégicos da economia nacional, como a indústria de bens de capital e indústria de transformação, diminuíram sua importância relativa. Portanto, houve crescimento econômico com regressão das forças produtivas: "Eu brinco que foi uma espécie de 'crescimento Michael Jackson': finge que vai para frente, mas vai para trás". As tais "campeãs nacionais", como a JBS (que, como sabemos agora, literalmente comprou seu patrocínio do governo), na verdade reforçavam o caráter dependente de nossa economia. Tanto que boa parte do capital da própria JBS agora encontra-se deslocado para os EUA... Com certeza, explica Plínio Jr., houve inegável expansão do mercado, pois, sendo o Brasil um País extremamente desigual e de proporções continentais, as possibilidades de seu mercado interno são enormes. Mas esse definitivamente não foi o impulso do nosso crescimento, haja vista que ele não resistiu à crise internacional que diminuiu o ritmo das exportações (SAMPAIO JUNIOR, 2017b, p. 60).[4] Ora, não deveria ser surpresa para ninguém que um modelo de governabilidade sustentado na aliança com figuras da estirpe de Kátia Abreu, José Sarney e Renan Calheiros não haveria de resultar em boa coisa. Lula converteu-se na "vanguarda do atraso", como diria o sociólogo Chico de Oliveira, e, quando essa vanguarda se mostrou frágil, os herdeiros históricos dos coronéis viram a oportunidade de assumir eles mesmos as rédeas do vagão do atraso.

Portanto, por trás do eufemismo do termo "ajustes" está a verdadeira declaração de guerra aos trabalhadores que busca consolidar o longo processo de "reversão neocolonial". Trata-se de uma revolução[5] reacionária precipitada pelo contexto internacional de crise econômica. E por se tratar de uma guerra, não é permitida qualquer vacilação. Essa é a razão profunda do golpe. Mas não falo de um golpe contra Dilma ou o PT, que, no mais, bem que se esforçaram para fazer o gosto do grande capital com seu ministro do Bradesco (Joaquim Levy), e que, passada a tormenta, voltaram a negociar via Renan Calheiros uma chapa com o PMDB para 2018 e uma maneira eficaz de estancar a sangria da Operação Lava Jato. Ou alguém se esquece de que, na famigerada conversa entre Romero Jucá e Sérgio Machado, o segundo elaborava um plano maligno para salvar todo mundo, inclusive o Lula? "O Michel [Temer] forma um governo de união nacional, faz um grande acordo, protege o Lula, protege todo mundo." O verdadeiro golpe foi dado contra a classe trabalhadora, num primeiro momento, quando, em um flagrante estelionato eleitoral, Dilma aplicou um pacote de austeridade inverso ao sentido de sua própria campanha.[6] E em um segundo momento, quando impôs-se um

---

4 Para saber mais sobre este argumento de Plínio Jr., ver: SAMPAIO JUNIOR, P. A. *Crônica de uma crise anunciada*: crítica à economia política de Lula e Dilma. São Paulo: SG-Amarante, 2017.

5 O emprego do termo "revolução" neste caso pode causar estranheza. Mas deve-se lembrar que esse conceito era empregado originalmente em sentido conservador pelos filósofos políticos dos séculos XVIII e XIX, como Edmund Burke. Tratava-se de uma referência ao movimento dos astros, que deslocam-se para sempre retornar ao ponto original. Como dizia "O Leopardo" eternizado no belíssimo filme de Luchino Visconti, "é preciso que tudo mude para que tudo permaneça como está". Este é precisamente o sentido da "revolução" levada a cabo pela burguesia nacional atualmente.

6 Em uma das propagandas eleitorais de Dilma, atacava-se o programa de Marina, pois ela entregaria o Banco Central aos banqueiros. Na encenação, a comida ia sendo tirada da mesa de uma

governo absolutamente descomprometido com a opinião popular para empurrar como um trator toda sorte de maldades. O surreal de se ter um governo ilegítimo, com mandato tampão, absolutamente impopular, acossado por escândalos de corrupção e que apesar de tudo isso segue impondo transformações de longo prazo em nossa vida social, explica-se por esse argumento da revolução em sentido reacionário: é justamente de um governo desse tipo que o capital precisa agora.

    O prefeito contra o qual lutamos aqui em São Paulo, João Doria Jr., busca construir-se como personagem destacado desse movimento. Milionário descendente de senhores de engenho, Doria tem percorrido o mundo para vender o patrimônio público da cidade para capitalistas estrangeiros ou, por aqui mesmo, para seus parceiros de negócios (mais especificamente, membros da Lide empresarial, que já contou com figuras ilustres como Rodrigo Rocha Loures, Eike Batista e os irmãos Wesley e Joesley). Ao mesmo tempo, adota uma perversa política higienista para rentabilizar as áreas centrais que se expressa na mais vil barbárie capitalista: corte no orçamento para assistência social, o que prejudica especialmente as mulheres em situação de vulnerabilidade e vítimas de violência; internações forçadas e violência policial contra pessoas em situação de rua, como observou-se na operação na "cracolândia"; e até mesmo banho de água fria em pessoas que tentavam dormir nas praças do gélido inverno paulistano (MORADORES..., 2017)! Da mesma forma, anuncia congelamento ou cortes no orçamento de áreas fundamentais como saúde e cultura. Tudo isso articulado a um discurso autoritário, reacionário, que despreza os espaços de convívio e as manifestações artísticas e culturais de São Paulo, talvez a maior riqueza da cidade. Doria quer uma cidade mais mercantilizada, individualista e desumana: a perfeita expressão da "reversão neocolonial".

    Mas nem tudo são trevas. O clamor popular não poderá ser eternamente ignorado, silenciado, pisoteado. Em verdade, ele já explodiu. Em junho de 2013, jovens de todo o Brasil insurgiram-se exigindo mais direitos (eu estava entre eles). Que as manifestações tiveram como estopim a luta contra o aumento das passagens de ônibus não é um fato aleatório. Logo as massas viram que seus anseios não cabiam apenas nessa reivindicação e exigiram também saúde, educação e o que mais tinham direito. Perceberam também quem eram os inimigos de seus sonhos e colocaram-se contra a repressão policial e a manipulação midiática (por

---

família por banqueiros. No governo, Dilma decidiu superar Marina: meteu um banqueiro logo no Ministério da Fazenda!

mais que alguns tenham construído uma narrativa contrária, a verdade é que a Rede Globo e demais canais de televisão eram hostilizados e expulsos dos atos). Mais ainda, notaram que o meio para a realização de seus anseios é inverso ao do Estado hermético controlado por elites corruptas: seu meio é a democracia direta e a manifestação horizontal e seu terreno é a rua. Esse é o programa de Junho. Reconheço que seja um programa ainda vago, equívoco, ainda sem direção clara. Mas o que promove essa confusão é justamente o fato de que as antigas referências contra-hegemônicas (como o PT e a CUT) confundiram-se tão completamente com o poder que não é mais possível compreender ao certo o que são os partidos, mais ou menos como em a *Revolução dos bichos*, de George Orwell, quando os porcos passam a comportar-se tão completamente como humanos que já não é possível mais distinguir uns e outros. Para piorar, quando vieram as manifestações, o lulismo colocou-se contra a insurreição popular e construiu a narrativa farsesca de quem simplesmente não estava nos atos.

Já as manifestações de 2015 são um constructo da elite golpista que, aproveitando-se da justa indignação popular, manteve a estética de Junho invertendo seu sentido. O MBL é a farsa do MPL: quer justamente menos direitos sociais, menos liberdades e mais manutenção da ordem corrupta.

Mas não foi só em junho de 2013 que eclodiu a indignação popular. A "Primavera das Mulheres", por exemplo, foi a expressão do papel destacado que nós temos na luta por uma sociedade mais livre e menos exploradora. Do mesmo modo, a revolta do movimento negro contra a barbárie policial, como nas manifestações em defesa de Amarildo e Rafael Braga. Não podemos nos esquecer também de que recentemente a classe trabalhadora brasileira mostrou estar viva e forte na luta contra os ajustes, como nas greves gerais e na ocupação de Brasília, que só não foram mais fortes e radicais por culpa da direção burocrática das centrais sindicais que tiraram o exército de batalha bem no dia "D".

Não acredito que haja atualmente passividade ou resignação. Acredito que o povo esteja carente de alternativas. Qualquer trabalhador sabe do desastre que se avizinha com as reformas trabalhista e da previdência. Mais ainda, o regime político está totalmente deslegitimado pelas revelações da Operação Lava Jato, o que me parece bom, pois eu não haveria de querer que o povo seguisse acreditando nas ilusões de um Estado que em essência é corrupto e injusto. Não se trata de ignorar as contradições da OLJ ou de depositar confianças no Poder Judiciário, que, paradoxalmente, no próprio decorrer dos processos, se mostra também corrupto e comprometido com interesses escusos. Mas suas revelações não podem ser ignoradas ou apagadas ao sabor dos interesses de quem trocou a aliança com os trabalhadores pela aliança com os banqueiros, enriqueceu com "consultorias" e "palestras" e agora está com a corda no pescoço. O povo está certo em revoltar-se contra a corrupção: não há nada de "moralista" em indignar-se contra o saqueamento dos interesses nacionais por políticos e grandes empresários.

Lenin dizia que a verdade é revolucionária. Na longa história do marxismo, aliás, a verdade sempre foi o guia: o desvelamento da essência, o esclarecimento, a denúncia da farsa, a revelação do "fetichismo", da ideologia etc. É a verdade que torna os trabalhadores conscientes de sua condição como explorados e os move no sentido da revolução. Essa deve ser a nossa orientação. Unir a indignação contra os fatos revelados pela Operação Lava Jato à indignação contra as reformas. Porém, ao mesmo tempo, esgarçar os limites dessa operação exigindo a expropriação das empresas corruptas. Ir à essência dos problemas, mesmo que isso possa ferir interesses de burocracias partidárias. Daí a necessidade de construir uma nova alternativa de esquerda, que por não ter amarras com a velha ordem, possa ir até às últimas consequências dessa luta. Devemos defender o protagonismo popular numa nova Constituição mais democrática e por mais direitos. Nosso método deve ser o das greves e manifestações e não o dos acordões com os donos do poder.

Contra a barbárie dos "ajustes" devemos colocar na ordem do dia as reformas estruturais que resolvam o problema histórico de nossa condição de economia dependente: reforma agrária, tributária (imposto sobre grandes fortunas, herança e lucros e dividendos), urbana, política (no sentido de aumentar a participação direta, e não a "contrarreforma" de Cunha), trabalhista (mas que aumente salários, direitos e emprego, ao contrário da atual), dentre outras. Essas reformas estruturais rompem a forma de dominação da burguesia nacional e devem implicar uma *revolução*, ao mesmo tempo que só se realizam completamente por meio desta. E posto que essa dependência está em plena consonância com os interesses de nossa burguesia nacional e é, de certa forma, uma imposição da ordem capitalista mundial, essa revolução deve ser necessariamente socialista. Neste ponto alguém poderia me interpelar dizendo que estou louca, vivendo o delírio de uma saudosista do início do século XX. O golpe de 1964 produziu mesmo esse feito perverso: apagar de nosso imaginário o histórico ou a perspectiva da revolução. Passamos a achar mais razoável supor ser possível melhorar a vida do povo por meio de alianças com a aristocracia rural do que por meio da ação consciente da classe trabalhadora.

Felizmente, acredito que o cenário em que vivemos não seja tão pessimista quanto o que viveu Walter Benjamin dos tempos do texto supracitado. Mas a genialidade de Benjamin está em que soube reivindicar, mesmo em um contexto tão difícil, o mesmo que, em minha opinião, devemos construir hoje: um verdadeiro estado de exceção. Ou seja, um estado que, pela primeira vez em nossa história, seja o resultado da vitória dos oprimidos sobre os opressores. A burguesia nacional está disposta a impor uma revolução reacionária com consequências de muito longo prazo. Nós devemos responder com ousadia e radicalidade ainda maiores: viva a revolução!

Referências

BENJAMIN, Walter. Sobre o conceito de história. In:_____. *O anjo da história*. São Paulo: Autêntica, 2012.

FAORO, Raymundo. *Os donos do poder*: formação do patronato político brasileiro. Rio de Janeiro: Globo, 2012.

MORADORES de rua em São Paulo são acordados com jatos de água fria. *CBN*, 19 jul. 2017. Disponível em: <http://cbn.globoradio.globo.com/media/audio/104765/moradores-de-rua-em-sao-paulo-sao-acordados-com-ja.htm>. Acesso em: 4 ago. 2017.

SAMPAIO JUNIOR, P. A. *Crônica de uma crise anunciada*: crítica à economia política de Lula e Dilma. São Paulo: SG-Amarante, 2017a.

_____. Nosso desafio é ter um programa à altura dos desafios históricos. *Revista Movimento*, Porto Alegre, ano 2, n. 5, 2017b.

SINGER, A. V. *Os sentidos do lulismo*: reforma gradual e pacto conservador. São Paulo: Companhia das Letras, 2014.

A EMERGÊNCIA DA VIDA PARA SUPERAR O ANESTESIAMENTO SOCIAL FRENTE À RETIRADA DE DIREITOS: O MOMENTO PÓS-GOLPE PELO OLHAR DE UMA FEMINISTA, NEGRA E FAVELADA

Marielle Franco[1]

O *impeachment* sofrido recentemente pela primeira presidente mulher brasileira foi uma ação autoritária, ainda que tenha se utilizado de todo arcabouço legal como justificativa. De um lado a presidenta, mulher, vista por parcela significativa da população como de esquerda. De outro lado um homem, branco, visto por parcela expressiva como de direita e socialmente orgânico às classes dominantes. A conjuntura brasileira, determinada pelo cenário do golpe, marca-se, para além da correlação de forças políticas, favorável às classes dominantes e seus segmentos mais conservadores. Principalmente por alterações sociais significativas na esfera do poder do Estado e no imaginário. Trata-se de um período histórico no qual se ampliam várias desigualdades, principalmente as determinadas pelas retiradas de direitos e as que são produto da ampliação da discriminação e da criminalização de jovens pobres e das mulheres, sobretudo as negras e pobres. Este é um momento que asfixia o processo de democratização, aberto no fim da

---

1   Marielle Franco é cria da favela da Maré. É socióloga formada pela PUC-Rio e mestra em Administração Pública pela Universidade Federal Fluminense (UFF). Sua dissertação de mestrado teve como tema: "UPP: a redução da favela a três letras". Trabalhou em organizações da sociedade civil, como a Brasil Foundation e o Centro de Ações Solidárias da Maré (Ceasm). Coordenou a Comissão de Defesa dos Direitos Humanos e Cidadania da Assembleia Legislativa do Rio de Janeiro (Alerj), ao lado de Marcelo Freixo. Tem 39 anos e foi eleita Vereadora da Câmara Municipal do Rio de Janeiro pelo PSOL. Mulher, negra, mãe, favelada, Marielle Franco foi a quinta vereadora mais votada no Rio de Janeiro nas eleições de 2016, com 46.502 votos.
Iniciou sua militância em direitos humanos após ingressar no pré-vestibular comunitário e perder uma amiga, vítima de bala perdida, num tiroteio entre policiais e traficantes no Complexo da Maré. Ao se tornar mãe aos 19 anos, de uma menina, Marielle também começou a se constituir como lutadora pelos direitos das mulheres e debater essa temática na periferia.
As questões do feminismo, da luta contra o racismo, bem como a defesa dos direitos humanos nas favelas do país modulam o perfil de seu mandato e seus projetos em busca de um modelo de cidade mais justo para todos e todas.

ditadura militar, e abre um novo cenário de crise, colocando desafios profundos para as esquerdas.

Ao ser priorizado neste artigo analisar as condições das mulheres no contexto do golpe, é necessário que fiquem registrados os seguintes elementos: a) as mulheres possuem diferenças em toda a cidade, com estéticas múltiplas, visões de mundo e ações sociais, políticas e humanas em geral e condições territoriais profundamente distintas; b) há desigualdades que marcam as mulheres faveladas e negras em relação às mulheres que estão em outros grupos sociais, como a classe média e as que não vivem do seu próprio trabalho. Nesse sentido, para além de analisar as condições das mulheres, há nessa abordagem uma centralidade de identificar as condições das que sofrem, para além do machismo institucional da formação social brasileira, os impactos do racismo estrutural que segue hegemônico no Brasil; c) finalmente, chama-se atenção para as diferenças das mulheres que vivem do trabalho em condições de mais pobreza e profunda precarização dos contratos. Predominam, nas favelas e na periferia, mulheres com essas características que, no entanto, são potência de criatividade, inventividade e superações das suas condições, nas formas de vida e nas organizações sociais em seus territórios e alcançam, em seus múltiplos fazeres, centralidade na cidade.

Há vários aspectos que são consequências das especificidades das mulheres faveladas e que cabem destacar para se ter noção das diferentes escalas de desigualdades sociais, econômicas e culturais: 1) local de moradia com poucos equipamentos do Estado e sem realidade de transportes em tempo e condições com menos investimentos, independente se afastados das localidades que agrupam o maior número de equipamentos de estudo, artes e trabalho, o que gera impacto nos tempos utilizados para estudo, trabalho, lazer e vida familiar; 2) a diferença de condições na classe, pois, ainda que sejam todas trabalhadoras, vivem efeitos e consequências diferenciadas impulsionadas por precários direitos trabalhistas e contratos de trabalho; 3) a exposição a situações de violência letal e de discriminação, com grande impacto de estigmatizações; 4) a potência criativa e inventiva, motivada pela necessidade de superar as condições objetivas e para conquistar espaços distintos de convivência na cidade que se materializam no campo das artes, da educação, em atuações políticas e em formas de trabalhos diversos para suas subsistências.

Construir uma análise, com base nessa complexa condição objetiva, com vários elementos subjetivos que impactam a disputa ideológica, as narrativas e a institucionalização do poder dos discursos dominantes, trata-se de um exercício fundamental para entender e atuar no contemporâneo.

Após essa breve clivagem da categoria mulher favelada, é preciso evidenciar como essas mulheres vivenciam, sentem e atuam em seus cotidianos frente aos efeitos do golpe. A emergência da vida sempre foi extremamente presente para essas mulheres. Elas sempre viveram as consequências da imposição do Estado por menos direitos e o predomínio de políticas do Estado voltadas para a interdição e a dominação. Momentos de "bem-estar social" foram passagens da história do País, mas marcam-se, fundamentalmente, por conquistas e não por concessões do poder dominante. Ainda que o machismo histórico e institucional seja uma das bases da formação social brasileira, as mulheres negras e faveladas reúnem vários outros aspectos de interdição, dominação e restrição de direitos frente às demais mulheres da cidade. Mas o golpe, protagonizado pelo endurecimento do lastro estadocêntrico e da presença central de um homem branco, autoritário e conservador, aprofunda tais características.

Ainda que essa realidade das desigualdades, que pavimenta a história brasileira, tenha maior impacto em toda a periferia, principalmente nas favelas, as mulheres desse amplo território não são marcadas pela carência, como aparece no discurso predominante da imprensa e do poder hegemônico. Assumiram papel de centralidade de ações criativas e de conquistas de políticas do Estado que atuaram no caminho inverso das desigualdades, ampliando direitos em várias dimensões humanas. Conquistaram, assim, alterações em seus territórios com força para disputar, na cidade, novas localizações no imaginário popular e para as relações humanas.

Das artes às várias práticas sociais ou políticas nos territórios da periferia, marcam-se ações de superações das condições e se constroem condições de emergências que registram a presença dessas mulheres em toda cidade. Vale destacar: as periferias, as favelas são parte da cidade e não lugar à parte das cidades. São de territórios marcados pelas organizações das pessoas, o que os diferencia de outras partes da cidade, para além dos baixos investimentos do Estado em que vivem.

Tratando-se dessas mulheres que vivem nos territórios de periferias, e principalmente do maior grupo que as compõe – as negras (pretas e pardas) –, a trajetória impulsionada pelas mesmas marca-se pelo instinto primário da sobrevivência (delas e de suas famílias). Nesse sentido, articulam-se em relações de solidariedade para manutenção da vida e para ampliação da dignidade. De um lado, são as que vivem maiores consequências do impacto do poder dominante, principalmente na formação social brasileira, mas são também as que produzem meios que alteram condições de vida para ampliação da mobilidade em todas as suas dimensões. Nesse sentido, elas serão as mais penalizadas nesse contexto atual de um golpe de Estado, ao mesmo tempo que ocupam centralidade como personagens na ação para superação das condições impostas.

Registra-se que o termo sobrevivência aqui utilizado vai além da manutenção da vida, mesmo frente à grande onda de feminicídio existente, no ano de 2015, por exemplo, em que 65,3% das mulheres assassinadas eram negras. Ou seja, a sobrevivência aqui apresentada diz respeito também às condições de morar, alimentar-se, viver com saúde, vestir-se, ter acesso às escolas, condições de trabalho, mobilidade corporal e condições de acesso a diversões e artes. Sobreviver, portanto, ultrapassa qualquer visão economicista do termo e alcança as múltiplas dimensões da vida. Cabe ressaltar, portanto, dois elementos que devem percorrer toda essa reflexão: a) os corpos das periferias ocupam o lugar principal de representação da exploração, da interdição e do controle imposto pela ordem capitalista no processo de produção, substituindo assim o que antes chamava-se de "corpo da fábrica"; b) nesse contexto, as mulheres, negras, das periferias, com ênfase nas favelas, são representações estratégicas para avanços democráticos e de convivência com as diferenças e superação das desigualdades, por conta do peso do machismo e do racismo e do crescimento da ideologia xenofóbica.

As mulheres negras, moradoras das periferias e favelas, são ativas nos cenários políticos, culturais e artísticos da cidade. Ainda que a luta/ativismo/militância por elas protagonizada seja inicialmente relacionada às questões locais e intimamente "linkada" às condições objetivas e subjetivas das suas vidas no território, conquistam dimensões fundamentais para avançar as condições locais, alcançando impacto em toda a cidade. Nesse sentido, há várias mulheres faveladas que se destacam e ultrapassam, em ações e representações, o ambiente que predominam em suas vidas. Tal fenômeno, por sua vez, não é determinado por questões estritamente individuais, por serem iluminadas ou especiais, mas por uma questão de trajetórias, encontros, percepções de si, do outro, oportunidades, articulação e inserção nas questões sociais. E, com ênfase afirmativa, tal fenômeno, que se encontrava em ascensão no momento pré-golpe, traz, para a esquerda, o desafio de manter esse crescimento para superar a onda conservadora que predomina hoje no País.

Contudo, um considerável número de mulheres faveladas não vê com simpatia a participação na sociedade política e muito menos reúne facilidade para aproximação dos corpos que alcançam os espaços institucionais do poder do Estado, que, para a maioria, sem grandes distinções, são enxergados como poderosos e poderosas. Esse quadrante se amplia, com o êxito das classes dominantes, nesse cenário de golpe, ao alargar a visão hegemônica de que o principal problema do Brasil é a corrupção e não as desigualdades. Ao mesmo tempo que tal visão ganha força no imaginário, cresce também uma rejeição à participação política e uma identificação de que os principais corruptos são "os políticos".

Não há predomínio de ações que beneficiem os pobres na história do Brasil, com poucas exceções. Isso por sua vez só amplia a hegemonia dominante do medo, do não envolvimento com as decisões políticas – o que faz ampliar o ambiente autoritário e rebaixa o nível de participação, inclusive no voto (basta ver o crescimento dos votos brancos e nulo e das abstenções). A desconfiança com a classe dirigente sempre existiu; um certo sentimento de que nada é durável, tudo é muito temporário e com prazo muito curto, mas tal sentimento amplia-se no imaginário e se firma como obstáculo necessário a ser superado para que se avance em relações democráticas no contemporâneo.

O desemprego ou o emprego precário sempre foram predominantes na realidade vivida nas periferias. A solidariedade, no entanto, também pavimentada nesses territórios, criou condições para superação dessas desigualdades. Para além da certeza de que nunca se pode parar e que a vida é uma luta permanente, constrói-se um ambiente com repertórios para se ir além dos próprios territórios e maiores escalas de conquistas. Embora o avanço nos últimos anos, em conquistas de direitos que agora estão sendo ameaçados e retirados a toque de caixa, não se pode permitir o crescimento da ideia de que nada mudou e tudo permanece igual com sempre foi. Ainda que se vivam realidades nas quais se destaquem a baixa oferta de vagas nas creches e nas escolas; a procura, na primeira fase da juventude, de uma vaga no mercado de trabalho; o baixo acesso às artes, ao estudo de línguas, a ambientes que ampliem conhecimentos acumulados na história da humanidade, pode-se identificar que as periferias se marcam pela criação de múltiplas inteligências e as mulheres ocupam localização estratégica nesse processo. Portanto, ações de esquerda no século XXI precisam atuar para ampliar tal potência e construir narrativas que elevem a liberdade, a participação e o ativismo emancipatório das mulheres negras e faveladas.

A dificuldade com a iminência do fim do Bolsa Família já prenuncia uma volta aos portões das igrejas em busca de auxílio (em sua maioria nas católicas e/ou centros espíritas). Esse risco, mais intenso hoje com o golpe, do crescimento da sensação de que não há horizonte, de uma ausência de perspectiva, cria ambiente para ampliar o pessimismo e a indisposição de pensar um futuro muito distante do amanhã. Coloca-se assim, como desafio da esquerda no século XXI, registrar as ações das mulheres negras e faveladas que são marcas de conquistas e pigmentações de ações transformadoras, inventivas e potencialmente revolucionárias. Disputar o olhar, sentimentos e pensamentos para um mundo que vive mudanças todo o tempo e situar as ações existentes das mulheres negras, nesses territórios, superando em suas vidas o impacto do racismo institucional, é uma ação estratégica para esquerda no contemporâneo e ganha ênfase no cenário do golpe imposto no Brasil.

QUANDO A FLOR ROMPE O ASFALTO

Na contramão de um caminho pavimentado pela descrença ou pela mesmice, nesse período de golpe, outros elementos pulsam na cidade carioca com caracterizações distintas da que predominam na ordem nacional. A eleição histórica, com 46 mil votos, de uma vereadora favelada, negra e feminista, que assume posição política de esquerda, é uma contradição no ambiente do golpe. Isso, por sua vez, repercute significativos sinais da importância de ocupação dos espaços de poder do Estado, principalmente os institucionais, por meio das eleições e mesmo na disputa da autoritária meritocracia, cindindo ao máximo a concentração masculina e branca que toma tais ambientes.

Os estereótipos associados ao que é ser uma mulher e as expectativas sobre como devemos nos comportar são facetas do discurso institucional e hegemônico ainda profundamente conservador e reacionário. Registra-se que tal movimento ganha força no momento atual; basta olhar, por exemplo, para o resultado das eleições nos EUA e no plebiscito do Reino Unido, entre outros exemplos possíveis. Em escala internacional, guerras, interdições, perseguições, separações voltam a aparecer e se marcam como impedimentos e controles cada vez maiores do outro, da outra, do corpo que não compõe o grupo social de poder, que tende a ser "colocado para fora", ou "impedidos", pelas classes dominantes de conviver com suas "diferenças" na cidade. Com a falácia da narrativa de "crise econômica", busca-se derrubar os direitos conquistados e, uma vez feito, serão as mulheres negras e pobres, moradoras das periferias, principalmente das favelas, que estarão ainda mais vulneráveis à violência e ao racismo institucional impregnado nos poros da formação social brasileira. Trata-se, portanto, de construir um bom senso e ações que superem as condições colocadas e alterem a correlação de forças, tornando-as mais favoráveis à vida, aos direitos e à dignidade humana. Conquistar tal ambiente é fundamental para avanços democráticos, principalmente no momento atual.

O governo ilegítimo, autoritário e conservador amplia as forças das elites políticas e econômicas que predominaram no poder. Há, portanto, nesse momento, uma intensificação da repressão policial frente às manifestações populares, assim como o crescimento do discurso da guerra às drogas que impactam o coração das periferias. As contrarreformas trabalhistas e da previdência são outros exemplos de investidas para destruir com os direitos. Tais ações impõem forte impacto às mulheres, principalmente as que vivem dos seus trabalhos e em condições nas quais o ofício de suas famílias são os meios de manutenção de suas sobrevivências. Quadro esse que marca a vida das mulheres negras e faveladas em escala nacional.

Nessa conjuntura, com condições favoráveis para ambientes bonapartistas e crescimento em progressão máxima do autoritarismo e das várias dimensões do conservadorismo, questões fundamentais se colocam para a esquerda construir uma visão contemporânea no século XXI: a) avançar em ações contundentes imediatas, ampliando forças para bandeiras que emergem nesse momento, como as "diretas já" e "nem um direito a menos"; b) defender a vida, com momentos contra a violência letal e pela ampliação da dignidade humana; c) construir proposições de políticas públicas, para enfraquecer as estratégias do capital no Brasil; d) fortalecer a narrativa pela convivência plena na cidade, com as múltiplas diferenças, para conquistar no imaginário predominante o desafio fundamental de superar as desigualdades como eixo fundamental da luta; e) ampliar a centralidade dos corpos da periferia como atores centrais das ações sociais, entre os quais destacam-se as mulheres negras e mais pobres, com ênfase as faveladas em todo o território nacional.

Construir insumos que contribuam para potencializar que mulheres, negras, pobres assumam o papel de sujeitos para uma cidadania ativa com vistas a conquistar uma cidade de direitos é ação fundamental para a revolução no contemporâneo.

GAME OF THRONES, POLÍTICA E RESISTÊNCIAS

Fhoutine Marie[1]

Era uma vez um reino de proporções territoriais gigantescas, de grandes diferenças culturais internas e abismo social entre ricos e pobres. Uma sociedade violenta que após 15 anos de relativa estabilidade se viu em meio ao caos derivado de golpes e disputas por poder, cujos impactos imediatamente recaíram sobre as camadas mais desfavorecidas da população. Enquanto o reino é dilacerado por essas disputas intestinais, as esperanças recaem sobre a mudança de governo. Poderia ser o atual cenário da política brasileira, mas é o enredo da série *Game Of Thrones*, produzida pelo canal HBO e baseada nos livros de George R. R. Martin, um dos maiores fenômenos midiáticos atuais e que recentemente se tornou tema de cursos nas universidades de Harvard e Berkley.[2] É essa obra que tomo como ponto de partida neste ensaio para esboçar uma reflexão sobre o cenário político de nosso País.

Em Westeros, local onde a trama se passa, o poder político é exercido por poucas famílias que há gerações receberam o comando das mãos de Aegon, o Conquistador – um estrangeiro que sobrevoou o mar com três dragões para dominar um continente até então dividido em sete territórios autônomos. A história começa quando uma dessas famílias, a casa Lannister, guardiã das terras do Oeste, assume o comando dos Sete Reinos por meio de conspirações e tramoias, após gerações ocupando cargos importantes em todos os governos que se estabeleceram

---

[1] Fhoutine Marie paraense radicada em São Paulo, Fhoutine é jornalista e doutora em Ciência Política pela PUC-SP. Formada em Comunicação Social pela Universidade Federal do Pará, trabalhou 10 anos como jornalista nas funções de repórter e assessora de imprensa. Em seu trabalho acadêmico pesquisou o neoconservadorismo estadunidense, os desdobramentos dos atentados de 11 de Setembro de 2001 no cenário internacional e a correlação entre políticas antiterroristas e os métodos de combate ao câncer. Trabalhou por cinco anos como professora universitária ministrando disciplinas como Geopolítica, Teoria Política, Sociologia, entre outros. Faz parte do coletivo Ativismo ABC, que gere a Casa da Lagartixa Preta, espaço cultural autônomo em atividade desde 2004 em Santo André/SP. Tem como mantra a máxima de Emma Goldman: "se não posso dançar, não é minha revolução".

[2] Em Harvard o curso chamado "The Real Game of Thrones: From Modern Myths to Medieval Models" analisa a adaptação da cultura medieval no universo da obra. Em Berkeley oferece um curso de verão sobre as línguas ficcionais da série (Alto Valiriano e Dothraki).

após a Conquista. Daí em diante o enredo se desenrola em torno da disputa pelo trono, evidenciando a centralidade da violência e as alianças entre partes que nem sempre confiam umas nas outras no exercício do poder político, em que o bem-estar da população quase nunca é prioridade. Não obstante, há esperanças de que a paz e prosperidade dos anos anteriores sejam restauradas mediante a troca de governante.

Em *Game of Thrones*, o debate político é personalista e travado quase exclusivamente no âmbito estatal. Embora existam outras batalhas sendo travadas por atores que não carregam estandartes ou bandeiras, estes são secundários na narrativa épica que privilegia a história de homens brancos ricos. É a partir dessa narrativa que penso quando discutimos a crise da esquerda nacional, no sentido que continuamos nos apegando às formas de ação institucionalizadas e hierárquicas que têm como objetivo final o Estado, muitas vezes desconsiderando a atuação de grupos à margem do jogo dos tronos, lutando para existir apesar das disputas entre soberanos.

Um dos principais núcleos da trama é a família Stark, cujo lema é "O inverno está chegando". Habitantes da região mais inóspita dos Sete Reinos, o Norte, o clã lembra nessas palavras a transitoriedade dos tempos tranquilos e a necessidade de se preparar para o inverno, que representa a chegada de tempos difíceis. Esses tempos difíceis não tardam a aparecer. O prenúncio da chegada do inverno ocorre durante uma celebração, na qual a tensão entre os personagens sugere que algo grande está prestes a acontecer. Meses depois desse grande evento, as pessoas semelhantes reunidas temporariamente no mesmo espaço se tornariam antagonistas por conta de interesses divergentes. Algo semelhante ocorreu no Brasil a partir de 2013, quando as manifestações populares eclodiram por todo o País naquelas que ficaram conhecidas como *Jornadas de Junho*.

Há um clichê muito utilizado no jornalismo que é chamar o dia das eleições de "festa da democracia", embora essa data em geral não seja muito festiva, a não ser que você/seu candidato tenha sido eleito. Votar é um direito-obrigação. Exige se deslocar num domingo até um lugar (nem sempre próximo) para pegar uma fila e apertar botões numa máquina. Enquanto votar é um ato quase sempre solitário, ir para a rua traz uma sensação de coletividade, de fazer política além do voto. Ir para a rua a fim de participar de manifestações é cantar e gritar palavras de ordem, é euforia. É festa da democracia que não acontece em dia de eleição. Em junho de 2013, tal como em *Game of Thrones*, milhões de pessoas tomaram as ruas do País nessa celebração e, por falta de compatibilidade de objetivos entre seus participantes, estes se tornariam antagonistas pouco tempo depois.

À primeira vista, as Jornadas de Junho poderiam parecer um novo capítulo na história brasileira por terem se espalhado pelo País e pelo número de pessoas que foram às ruas, aventando a possibilidade de uma nova era de participação política – na qual finalmente as pessoas haviam *ido para a rua* lutar por um País melhor. Contudo, hoje me parece que o principal legado dessas manifestações foi sinalizar algumas tendências já em curso: a recusa aos partidos políticos (tidos como sinônimo de corrupção) e uma guinada violenta à direita.

A recusa à política institucional, em especial aos partidos de esquerda, na época resultou na quebra de bandeiras de partidos e movimentos sociais e na expulsão de militantes dos atos. Da rejeição aos partidos e políticos tradicionais emergiram grupos ultraliberais que se apresentam como apartidários, além de políticos que se apresentam como "gestores", empresários bem-sucedidos que estariam além das polarizações entre direita e esquerda, representando uma suposta renovação da política – o que não se trata de um fenômeno apenas local, mas que vem ocorrendo em diversas partes do mundo (vide eleições de Trump nos Estados Unidos e Macron na França).

A guinada violenta à direita na época clamava por intervenção militar e era marcada pelo discurso contrário às políticas sociais, como o programa Bolsa Família ou o sistema de cotas. Se na época e mesmo hoje pouco se considera a possibilidade de um novo golpe militar (pois o golpe foi parlamentar); o saudosismo em relação à ditadura busca uma entrada também pela via institucional por meio da pré-candidatura do deputado militar reformado Jair Bolsonaro. Enfatizo que trata-se de uma guinada violenta não somente pelo apoio a tal candidato, mais conhecido pelos seus discursos de ódio que pelo seu trabalho como parlamentar, mas porque há uma expressão física dessa violência política. Esta se manifesta em agressões verbais trocadas entre pessoas públicas ou anônimas, nos buzinaços e "escrachos" em espaços e situações onde se espera que as pessoas ajam com solidariedade (na morte e nos hospitais) e em demissões e assédio motivados por diferenças de orientação política e até em espancamento de militantes.

Em *Game of Thrones*, a frase "o inverno está chegando" faz referência à vinda de uma longa noite, de um perigo cuja extensão ainda é desconhecida pela maioria. Na trama trata-se da invasão de um exército de mortos-vivos que caminham destruindo ou transformando neles mesmos tudo o que tocam. Enquanto nos embriagávamos de cidadania cantarolando "o povo acordou", custamos a perceber que tal despertar poderia ser totalizante, conservador e violento.

Diante do atual cenário, marcado pelo avanço das forças conservadoras, um retrocesso em relação a conquistas dos movimentos sociais e a avanços promovidos por governos mais progressistas na área social, as dificuldades de a esquerda se contrapor a tais processos se tornaram evidentes. Apesar da mobilização nas manifestações de rua, em ocupações de espaços públicos e paralisações, o golpe aconteceu e as reformas foram aprovadas. Apesar das Jornadas de Junho, do povo que acordou em 2013, houve Copa, houve Lei Antiterrorismo, houve Belo Monte. Com tudo isso, tornou-se lugar-comum no discurso militante o apelo à unidade da esquerda, que precisaria urgentemente se reiventar. "A esquerda precisa se unir" é uma frase presente em falas e textos de militantes em diversos contextos, como nas manifestações e atos contra o golpe parlamentar, na oposição ao desmonte da CLT e nos apelos da união em torno da candidatura de Lula em 2018. A frase parece um chamado, mas também um lamento que de certa forma reconhece as dificuldades de pessoas, grupos, movimentos e partidos de esquerda em barrar o golpe e suas subsequentes e catastróficas reformas.

Esse lamento é, portanto, uma constatação. As lutas populares resistem em diálogo ou não com o Estado ou com formas de organização que têm o Estado como alvo ou objetivo. Elas são múltiplas e se organizam/manifestam em formatos variados, por meio de coletivos, da arte, das ocupações urbanas, dos espaços autônomos e das redes de solidariedade que se constituem independentes de estruturas burocratizadas. Por uma série de motivos, essas resistências não estão alinhadas com os projetos da esquerda tradicional, cujo foco permanece nas instituições.

Personagens secundários na trama, o *povo livre* (chamado pelos demais núcleos de *selvagens*) vive nas bordas dos reinos, para além dos domínios da coroa, que considera sua existência apenas para conter sua potencialidade de perigo. Não existe apenas um povo livre. O povo livre é constituído de vários clãs nômades que ocasionalmente se unem em forma de federação para lutar contra os perigos e as condições adversas naquela região, coalizões que se formam com objetivos e tempo determinados para depois deixarem de existir. Isso não quer dizer que o povo livre seja contra a política. O que eles rejeitam é a instituição, aos moldes do que Deleuze apresenta a respeito da máquina de guerra e sua exterioridade em relação ao aparelho de Estado.

A participação do povo livre nessa saga evidencia também as contradições regionais e de condições materiais que perpassam um imenso território unificado pela força das armas, no qual as pessoas que vivem nas bordas são as que se encontram em condições mais precárias. A luta, nesse caso, não é pela defesa de uma bandeira que carrega consigo o histórico dos massacres, mas pela sobrevivência. O povo livre se diferencia daqueles que chama de "ajoelhadores" pelo estabelecimento de relações horizontais entre os núcleos que o constituem. Sua existência aponta para uma forma de ação política que não tem um plano escrito e universal para o futuro, ilustrando a possibilidade de alianças entre unidades autônomas na forma da federação (como propôs o anarquista Pierre-Joseph Proudhon) e para a possibilidade de associações pontuais a partir de objetivos específicos, mas que não incluem necessariamente unidade de pensamento ou dos modos de ação.

Desse modo, parece-me desejável que a esquerda acadêmica, dos partidos, sindicatos e movimentos sociais partidarizados, ou que seguem rígidas estruturas hierarquizadas, se abra para um debate a respeito dos meios (e não apenas dos fins) ao pensar em sua reconstrução. Pessoas diferentes possuem demandas distintas e que não podem ser menosprezadas em torno de algo que alguns setores daqueles que se propõem a resistir ao autoritarismo e ao avanço das políticas ultraliberais consideram prioritário. Por essa razão é preciso admitir que a união em torno da candidatura de Lula pode não ser prioridade para alguns segmentos da sociedade, mesmo considerando os avanços sociais promovidos pelos governos petistas. A recusa em apoiar um candidato que se apresente como a salvação diante do avanço do conservadorismo não pode ser vista como falta de consciência política ou tratada como uma querela, pois indica que parcelas da população não se sintam contempladas pela política representativa ou pelos partidos de esquerda.

Em certo ponto da saga de *Game of Thrones*, a personagem Daenerys Targaryen, aspirante à rainha, pergunta a um conselheiro quem o povo gostaria de ver sentado no Trono de Ferro. A resposta do conselheiro lembra as considerações de Maquiavel em *O Príncipe*, pois este afirma que o povo pouco se importa com os soberanos e seus jogos de tronos. "O povo só quer ser deixado em paz, mas infelizmente isso nunca acontece", diz. Assim, é necessário recordar que foi sob governos de esquerda que a população carcerária do País cresceu 267% e que mais da metade das pessoas presas no Brasil são negras. Foi sob governos de esquerda que o número de mortes de indígenas cresceu muito mais que as demarcações de seus territórios. Foi sob um governo de esquerda que foi iniciada a construção da hidrelétrica de Belo Monte, que por mais de 30 anos foi alvo de protestos de ambientalistas, processos e liminares judiciais que visavam impedir sua construção. Foi um governo de esquerda que sancionou dispositivos jurídicos que facilitam a criminalização de movimentos sociais, como a Lei 12.850/2013 – que define organização criminosa e dispõe sobre a investigação e obtenção de provas – e a Lei 13.260/2016 – que tipifica o crime de terrorismo. Se há setores que se identificam como esquerda e que não apostam numa reconstrução a partir das urnas, é necessário rever estas e outras questões que provocaram tal distanciamento.

Creio que este seja um ponto que valha a pena ser ressaltado sobre alguns equívocos de persistir na política personalista e em torno da disputa presidencial. Em *Game of Thrones* temos um modelo de Estado semelhante ao da Idade Média. Diferente do Brasil, não há parlamento. Então a governabilidade pode ser mantida apenas pelo sistema de alianças e troca de cargos no governo. Em um modelo presidencialista, não. Nas eleições de 2014, o foco da militância à reeleição da presidenta Dilma Rousseff não foi capaz de impedir a formação do Congresso Nacional, tendo sido o mais conservador desde 1964, impossibilitando a base aliada de barrar o golpe parlamentar.

O segundo ponto que gostaria de destacar é que o personagem Jon Snow – que segundo as profecias pode ser aquele que trará a paz novamente a Westeros – consegue fazer que o povo livre se junte a ele no combate por fazer alianças que desagradaram aos ricos e privilegiaram os pobres. Em que pese o fato de as condições materiais da população mais pobre terem melhorado ao longo dos governos petistas, há segmentos que permanecem esquecidos por conta das alianças com os ricos, como os povos indígenas, que sofrem as consequências das alianças com a bancada ruralista, como os ribeirinhos, os quais sofrem o impacto da política desenvolvimentista e pró-empreiteiras que tirou Belo Monte do papel.

Nesse sentido, é interessante lembrar a trajetória da personagem Daenerys Targeryen, que do exílio vem ao longo das temporadas preparando sua volta ao poder. Daenerys percebe que, para sentar no Trono de Ferro, não basta fazer alianças com os grandes senhores de Westeros, mas antes disso mobilizar o apoio popular. Daenerys aparece como uma síntese de dois tipos de dominação legítima descritos por Max Weber, a dominação tradicional e a dominação carismática, pois ao mesmo tempo que descende dos primeiros conquistadores, é amado pelo povo. Ela compreende que não é a violência que conquista o apoio popular, mas que precisa zelar pelo povo se pretende ser seguida, mesmo que isso em algumas ocasiões envolva o rompimento com as elites locais.

***

O apelo pela unidade das esquerdas no discurso acadêmico e militante privilegia o Estado como se este fosse a instância que faz "parar a guerra", mascarando o fato de que o Estado se mantém ao esmagar as dissidências.[3] O aniquilamento do inimigo do Estado, para quem a lei comum não se aplica, não é só um postulado da filosofia política ocidental clássica, mas também esteve presente em momentos históricos em que a esquerda conseguiu por meio de revoluções ocupar o Estado. O período do Terror da Revolução Francesa e a perseguição aos dissentes na União Soviética, China e Cuba são exemplos dos perigos para os quais devemos estar atentos quando clamamos por uma unidade em que ocupar o Estado parece um fim em si mesmo.

Essa autocrítica não pode ser ignorada nesse processo de reconstrução da esquerda, assim como as formas de resistência encontradas por grupos que não se veem representados ou depositam esperanças na via institucional. A interseccionalidade não pode mais ser um debate secundário que deverá ser resolvido após a volta da esquerda ao governo. Esse descontentamento com a política partidária já vem sendo capitalizado pela direita, como falamos anteriormente. De um lado, por meio da criação de grupos supostamente apartidários e da ascensão de políticos gestores. De outro, pelo crescimento nas pesquisas de intenção de voto de uma candidatura que dá voz aos conservadorismos diversos que permanecem em toda sociedade, com seu discurso autoritário, homofóbico, misógino, racista, classista, mas que pode ser lido também como patriota e defensor de valores morais, entre os quais consta o combate à corrupção que, após as Jornadas de Junho, foi o mote de outras manifestações que levaram milhares de pessoas novamente às ruas.

Se a direita não está unida e mesmo assim avança, talvez fosse prudente que nesse processo de autocrítica, de pensar onde erramos, considerar também formas de união que sejam menos hierárquicas e que se baseiem mais no modelo federalista. A disputa de narrativa sobre os pobres fala sobre reaproximar-se das

---

3   Invertendo o famoso aforismo de Clausewitz, que afirma que a guerra é a política continuada por outros meios, Foucault concebe a política como sanção e a recondução do desequilíbrio das forças manifestado na guerra. No interior da paz civil, as lutas políticas, os enfrentamentos a propósito do poder, com o poder, pelo poder, a modificação nas relações de força, tudo isso deveria ser visto como continuações da guerra. A inversão do aforismo também revela que a decisão final só pode vir de uma prova de força em que as armas deverão ser juízes. Se o poder político para a guerra tenta fazer reinar a paz, não é para suspender seus efeitos, mas para reinserir perpetuamente essa relação de força nas instituições, na linguagem e nos corpos. Discorro mais amplamente sobre isso no segundo capítulo de minha tese de doutorado, cuja referência consta no fim deste texto.

bases, de ir até as periferias e ouvir o que as pessoas têm a dizer. Porém, se essa escuta se dá apenas de uma via, de cima pra baixo, com objetivo de viabilizar uma candidatura de alguém que saiba falar com os pobres e com quem os pobres se identifiquem (e essa pessoa já existe) sem quebrar a forma hierárquica como esse diálogo tem se dado, por meio de acadêmicos e militantes profissionais, então a coisa não funciona. Ou funciona, mas com limites decorrentes dessa desigualdade que prevalece nas tentativas de diálogo.

O que acadêmicos e outros militantes vindos das classes médias precisam deixar de lado é essa tendência vanguardista de que já existe um pequeno grupo de pessoas que sabe quais são as mazelas da sociedade e quais os caminhos que devem ser trilhados para a construção de uma sociedade mais justa e igualitária. A periferia não apenas das grandes cidades, mas todos os grupos que vivem nas bordas já estão descrentes do Estado porque este não governa priorizando seu bem-estar e, mesmo quando alguns avanços ocorrem para as classes mais desfavorecidas, permanece a manutenção dos privilégios de outros grupos de interesse. Mas apesar disso ela sobrevive, reinventando solidariedades que o modo de vida individualista tenta apagar, ao mesmo tempo que é atravessada pelo sedutor discurso meritocrático.

Nossa tarefa me parece ser antes de catequizar as periferias, reeducar a nós mesmos. Isso passa por mudanças internas importantes, como abrir espaço para que as questões de raça, classe e gênero sejam protagonizadas pelas pessoas afetadas, mas também de questionar alguns dogmas de nossa formação intelectual. Aprender a nos expressar em linguagem *de gente*, incluir pessoas de diferentes segmentos nos debates, manter diálogo com as pessoas e grupos de resistência que não estão em cátedras universitárias, centros acadêmicos, movimentos estudantis, partidos e sindicatos. Neste imenso território repleto de diferenças regionais, onde pessoas distintas enfrentam situações variadas, é arrogante pensar que há uma solução unitária que contemplaria a todos. Como infere Foucault, "talvez, o objetivo hoje em dia não seja descobrir o que somos, mas recusar o que somos. Temos que imaginar e construir o que poderíamos ser para nos livrarmos desse "duplo constrangimento" político, que é a simultânea individualização e totalização própria às estruturas do poder moderno" (FOUCAULT, 1995, p. 239).

Referências

DELEUZE, G.; GUATTARI, F. Tratado de nomadologia: a máquina de guerra. In: _____. *Mil Platôs* – capitalismo e esquizofrenia. São Paulo: Editora 34, 1997. v. 5.

FOUCAULT, Michel. O sujeito e o poder. In: DREYFUS, H.; RABINOW, P. *Michel Foucault* – uma trajetória filosófica: para além do estruturalismo e da hermenêutica. Rio de Janeiro: Forense Universitária, 1995.

MAQUIAVEL, Nicolau. *O Príncipe*. Porto Alegre: L&PM, 2014.

PROUDHON, Pierre-Joseph. *Do princípio federativo*. São Paulo: Nu-Sol; Imaginário, 2001.

SOUTO, Fhoutine M. R. *Bile Negra: terrorismo, câncer e seus combates*. Tese (Doutorado em Ciências Sociais) – Pontifícia Universidade Católica de São Paulo, 2015.

WEBER, Max. Os três tipos puros de dominação legítima. In: _____. *Economia e sociedade*. Brasília: Editora UnB, 1992.

Democracia, nação
e interseccionalidade

Fazendo o Brasil e o brasileiro: raça, nação e Estado no País da "democracia racial"

Tatiana Vargas Maia[1]

Quando cientistas sociais se ocupam da questão nacional, dos processos de surgimento, constituição, e articulação das nações, o enfoque de análise geralmente se relaciona com a consolidação dos Estados observada a partir da Idade Moderna – os idos de 1500 – e do processo paralelo, concomitante, mas não idêntico, de formação das nações, ou seja, de comunidades de indivíduos que se compreendem como "iguais", e que compartilham ideais de identidade, autonomia e unidade (SMITH, 1991, p. 74). Classicamente, esses processos são compreendidos como complementares: a comunidade nacional representa a contraparte social do processo de centralização do poder político na forma estatal (culminando então na forma do tão famigerado Estado-Nação). O resultado global dessa tendência histórica é a arquitetura do sistema internacional como o conhecemos hoje, uma colcha de retalhos onde cada nação – ou para usar o termo dos nacionalistas, cada povo – tem seu próprio governo (o Estado), e seu próprio território (MAYALL, 1990; TILLY, 1996). Uma "ordem nacional das coisas", naturalizada e incontestada, como Malkki (1995) descreve.

---

[1] Tatiana Vargas Maia é doutora em Ciência Política pela Southern Illinois University - Carbondale (2015), mestre em Relações Internacionais pela Universidade Federal do Rio Grande do Sul (2006), bacharel em História pela Universidade Federal do Rio Grande do Sul (2006), e bacharel em Ciências Sociais pela Pontifícia Universidade Católica do Rio Grande do Sul (2004). Tem experiência na área de Ciência Política, com ênfase em Relações Internacionais, Política Comparada, Teoria Política, e na área de História, com ênfase em História Moderna e Contemporânea. Atua principalmente nos seguintes temas: identidades políticas, nacionalismo e etnicidade, democracia e autoritarismos, feminismo e gênero. Atualmente, é coordenadora e professora do Bacharelado em Relações Internacionais, coordenadora e professora da Licenciatura e do Bacharelado em História da Universidade La Salle, professora no Programa de Pós-Graduação em Memórias Sociais e Bens Culturais da Universidade La Salle. É também Coordenadora do Comitê da Universidade La Salle para o Pacto Universitário Pela Promoção do Respeito à Diversidade, da Cultura da Paz, e dos Direitos Humanos, e representante da Universidade La Salle no Comitê Gaúcho Impulsor do Movimento #ElesPorElas da ONU Mulheres.

Apesar de essa visão idílica das relações internacionais – uma visão de uma comunidade global formada por comunidades nacionais homogêneas e organizada formalmente através da articulação dos princípios de soberania nacional e de autodeterminação dos povos – persistir na concepção de diversos ideólogos nacionalistas, empiricamente ela corresponde a uma imagem distorcida da heterogeneidade real das sociedades contemporâneas, sobretudo no caso de sociedades pós-coloniais. Se, tradicionalmente, a ficção da unidade nacional baseia-se de maneira bastante difundida na noção de raça – uma realidade sociológica, mas não biológica, um marcador social poderoso que nos permite articular uma série de hierarquias e discriminações – a começar pela ideia de nação (BRUBAKER, 2004, p. 11, p. 65-66), essa construção identitária se apresenta bastante problemática no caso de Estados cuja população foi formada por influxos demográficos diversos, por diferentes populações diaspóricas, como é o caso do Brasil.

E, ainda assim, o Brasil forma um Estado, e a maioria entre nós definitivamente compartilha da ideia de uma nação brasileira (NAVA; LAUERHASS, 2006; LESSER, 2014; OLIVEIRA, 2014; WEINSTEIN, 2015). A narrativa das nações conta com um mito fundador que define e delimita (de forma "desistoricizada") os critérios de inclusão nessa comunidade. Se pensamos intuitivamente na Revolução Francesa como o mito fundador da nação francesa (e o mesmo vale para os Estados Unidos com a Revolução Americana), a nação brasileira encontra seu momento de nascimento na Batalha dos Guararapes, onde as "três raças fundadoras" – branco, negro e indígena – se unem contra a ameaça externa – os holandeses (FAUSTO, 2001, p. 84-90).

Ainda que a narrativa da democracia racial não tenha surgido naquele momento, é claro perceber nesse registro as primeiras raízes dessa ideia que se constitui, até hoje, como a principal ideologia nacionalista brasileira, ou seja, o discurso de um povo multirracial articulado em uma teórica igualdade e em uma inclusividade política absolutamente inovadora no então contexto mundial (MARX, 1998). Esse mito fundador, como bem exposto e discutido na literatura acerca da identidade nacional brasileira (NASCIMENTO, 2003; TWINE, 1998; BAILEY, 2009; TELLES, 2004), não passa disso: de uma história fictícia elaborada com o intuito de estimular uma integração horizontal entre a população que habita o território de um Estado, e assim articular de modo mais efetivo os interesses verticais desse Estado.

O mito da democracia racial se fortalece sobretudo no Brasil do início do século XX, período durante o qual percebemos a evolução do discurso imperial do "paraíso racial" para a consolidação da ideia de que o Brasil constitui efetivamente uma "democracia racial", ou seja, um espaço político inédito que conseguiu resolver os conflitos étnicos que afligiam outros Estados. Não parece ser coincidência que essa ideologia nacionalista adquira maior força durante o Estado Novo (1937-1946), período do projeto varguista de integração regional e consolidação territorial do Brasil (SCHWARCZ, 2012; KOIFMAN, 2012). É importante destacar que a construção dessa mitologia nacionalista ultrapassa a retórica política, e possui implicações práticas que extrapolam a articulação de uma imagem internacional do Brasil. Talvez a maior e mais nociva contribuição desse nosso mito nacional seja justamente a ideia de que não existe racismo no Brasil.

A noção de uma democracia racial, que através de um anunciado universalismo articula tanto um antirracismo quanto um antirracialismo (ambos fictícios), institui, no Brasil, uma complicada dialética entre raça e nação, na qual o discurso nacionalista rejeita qualquer noção de políticas discriminatórias e segregatórias institucionalizadas, e nega o preconceito racial ao mesmo tempo que promove e perpetua um sistema prático de uma supremacia branca, ou seja, um sistema político, econômico e cultural em que os brancos controlam o poder e os recursos materiais; ideias conscientes e inconscientes da superioridade e dos direitos da população branca são generalizadas, e as relações de dominância branca e subordinação não branca são repetidas diariamente em uma ampla gama de instituições e configurações sociais (ANSLEY, 1989).

Em primeiro lugar, é interessante notar como evidência desse sistema uma ojeriza da identificação racial não caucasiana por parte dos brasileiros e das brasileiras: a Pesquisa Nacional por Amostra de Domicílios, que diferente do Censo permite a auto identificação da cor por parte do indivíduo entrevistado, revelou, nas palavras de Lilia Moritz Schwarcz (2012), uma verdadeira "aquarela do Brasil", ao contabilizar nada menos que 136 variações de cor, dentre as quais, curiosamente, nenhum dos termos remete à África. Para Schwarcz, essa é uma evidência clara do exercício nacional de distanciamento da realidade social do negro brasileiro: admitimos informalmente a existência de preconceito e discriminação, e tentamos individualmente nos descolar dessa realidade.

Essa observação é reforçada por outras duas pesquisas – agora relativamente antigas, mas ainda bastante iluminadoras da nossa realidade racial: em uma pesquisa da Universidade de São Paulo datada de 1988, 97% dos entrevistados afirmam não ter preconceitos, ao mesmo tempo que 98% das pessoas entrevistadas também afirmam que conhecem pessoas e situações que revelam a existência de discriminação racial no Brasil (SCHWARCZ, 2012, p. 30). Em 1995, a Datafolha publicou o estudo "Racismo cordial" (TURRA; VENTURI, 1995), que obtém resultados bastantes similares aos da pesquisa da USP: apesar de 89% dos brasileiros reconhecerem a existência de preconceito racial contra negros no Brasil, apenas 10% admitem serem preconceituosos. Curiosamente, dessa forma, "todo brasileiro parece se sentir numa 'ilha de democracia racial', cercada de racistas por todos os lados" (SCHWARCZ, 2012).

Para além dessas dinâmicas de classificação, reconhecimento e distanciamento social, as consequências materiais do discurso nacionalista homogeneizador são ainda sentidas pela população não branca do Brasil. Alguns dados recentes confirmam a manutenção da hierarquia racial brasileira, apesar das diversas políticas recentes de inclusão social em diversas esferas: de acordo com o relatório de 2014 da Organização das Nações Unidas, apesar de comporem mais de 50% da população brasileira, negros representam apenas 20% do Produto Interno Bruto do País. O mesmo documento ainda aponta que os índices de desemprego entre negros são 50% maiores em comparação ao restante da população, que sua renda corresponde à metade daquela da parcela branca, que sua expectativa de vida é seis anos menor (66 para negros e 72 anos para brancos) e que as taxas de analfabetismo são duas vezes superiores às do restante da população (ORGANIZAÇÃO DAS NAÇÕES UNIDAS, 2014).

Em fevereiro de 2016, a mesma organização internacional disponibilizou um documento redigido pela relatora especial para direitos de minorias dessa organização a respeito de sua missão no Brasil. As conclusões, apesar de inicialmente otimistas – a relatora reconhece um maior comprometimento institucional com a redução do racismo estrutural que ainda domina a sociedade brasileira –, comprovam um fracasso na resolução de dinâmicas de discriminação enraizadas, exclusão e pobreza que acometem diferentes minorias brasileiras, sobretudo as populações de favelas e quilombos. O relatório é explícito em reconhecer a discriminação estrutural da comunidade negra no Brasil que, ainda em 2016, permanece marginalizada, empobrecida e vulnerável a dinâmicas de violência sistêmicas, como as altas taxas de encarceramento e assassinatos (ORGANIZAÇÃO DAS NAÇÕES UNIDAS, 2016).

Parece justo concluir que a grande herança da ideologia nacionalista da democracia racial, qual seja, desse projeto de Brasil fictício no qual não existe discriminação de raça, foi justamente o estabelecimento de uma sólida estrutura de cidadania hierarquizada, com o estabelecimento de dois tipos de cidadão: os brancos, de primeira classe, com acesso institucional e a direitos geralmente bem garantidos, e uma parcela de cidadãos de segunda classe, indivíduos que, dependendo de seus traços fenotípicos e do contexto social no qual estão inseridos, possuem um acesso variável às instituições que compõem a cidadania brasileira. Assim, durante muito tempo, o mito da existência de uma democracia racial no Brasil serviu um propósito duplo: por um lado, promover a noção de uma comunidade pacificada, unida, autônoma e independente para além de suas diferenças étnicas e culturais, um discurso muito conveniente a um Estado ainda em processo de integração e de centralização de seu poder. Por outro, encobrir e negar oficialmente as gritantes disparidades sociais, econômicas e políticas que ainda afligem o País, bem como perpetuar a manutenção de tais desigualdades.

Negar e denunciar essa ideologia nacionalista – apesar de constituir um processo longo e desgastante, tanto em termos pessoais quanto coletivos – representa também um caminho em direção a um amadurecimento político crucial para um País que se deseja desenvolvido. Ainda que isso signifique revisar criticamente boa parte dos discursos que constituem o Brasil em termos políticos, culturais e sociais (e isso significa mexer em feridas ainda abertas e em equilíbrios políticos e sociais muito delicados: não é à toa que um dos grandes medos dos Estados nos processos de revisão e crítica da ideia nacional é uma possível fragmentação política – o caso do processo de reconciliação nacional na África do Sul pós-*apartheid* é um exemplo interessante), essa revisão me parece essencial e urgente para que consigamos finalmente superar tantos dos problemas que o mito da democracia racial nos convenceu que não existiam no Brasil, e talvez traçar um projeto político efetivamente inclusivo e cosmopolita. Qualquer projeto político seriamente comprometido com a construção efetiva e duradoura de um Brasil democrático e plural no século XXI não pode se dar ao luxo de naturalizar as hierarquias raciais que fundamentam nossa história política e social ou de ignorar as profundas consequências, sobretudo em termos de desigualdades materiais, cristalizadas ao longo do nosso processo de constituição nacional.

REFERÊNCIAS

ANSLEY, Frances Lee. Stirring the Ashes: Race Class and the Future of Civil Rights Scholarship. *Cornell Law Review*, v. 74, Issue 6, Sept. 1989.

BAILEY, Stanley R. *Legacies of Race: Identities, Attitudes, and Politics in Brazil.* Stanford: Stanford University Press, 2009.

BRUBAKER, Rogers. *Ethnicity without Groups.* Cambridge: Harvard University Press, 2004.

FAUSTO, Bóris. *História do Brasil.* São Paulo: Edusp, 2001.

JESUS, Carolina Maria de. *Quarto de despejo: diário de uma favelada.* São Paulo: Ática, 1995.

KOIFMAN, Fábio. *Imigrante ideal:* o Ministério da Justiça e a entrada de estrangeiros no Brasil (1941-1945). Rio de Janeiro: Civilização Brasileira, 2012.

LESSER, Jeffrey. *A invenção da brasilidade:* identidade, etnicidade e políticas de imigração. São Paulo: Editora Unesp, 2014.

MALKKI, Liisa H. Refugees and Exile: From "Refugee Studies" to the National Order of Things. *Annual Review of Anthropology,* v. 24, p. 495-523, Oct. 1995.

MARX, Anthony. *Making Race and Nation:* A Comparison of South Africa, the United States and Brazil. Cambridge: Cambridge University Press, 1998.

MAYALL, James. *Nationalism and International Society.* Cambridge: Cambridge University Press, 1990.

NASCIMENTO, Elisa Larkin. *O sortilégio da cor:* identidade, raça e gênero no Brasil. São Paulo: Selo Negro, 2003.

NAVA, Carmen; LAUERHASS, Ludwig. *Brazil in The Making:* Facets of National Identity. Lanham: Rowman & Littlefield Publishers, 2004.

OLIVEIRA, Lucia Lippi. A Primeira Guerra e o Brasil. In: LIMONCIC, Flávio. *A experiência nacional:* identidades e conceitos de nação na África, Ásia, Europa e Américas. Rio de Janeiro: Civilização Brasileira, 2017.

ORGANIZAÇÃO DAS NAÇÕES UNIDAS. *Report of the Working Group of Experts on People of African Descent on its fourteenth session - Addendum - Mission to Brazil.* 2014.

_____. *Report of the Special Rapporteur on minority issues on her mission to Brazil.* 2016.

SCHWARCZ, Lilia Moritz. *Nem preto nem branco, muito pelo contrário:* cor e raça na sociabilidade brasileira. São Paulo: Claro Enigma, 2012.

SMITH, Anthony. *National Identity.* Reno: University of Nevada Press, 1991.

TELLES, Edward E. *Race in Another America:* The Significance of Skin Color in Brazil. Princeton: Princeton University Press, 2004.

TILLY, Charles. *Coerção, capital e Estados europeus.* São Paulo: Edusp, 1996.

TURRA, Cleusa; VENTURI, Gustavo. *Racismo cordial:* a mais completa análise sobre o preconceito de cor no Brasil. São Paulo: Folha de São Paulo/Datafolha, 1995.

TWINE, France W. *Racism in a Racial Democracy:* The Maintenance of White Supremacy in Brazil. Rutgers: Rutgers University Press, 1998.

WEINSTEIN, Barbara. *The Color of Modernity:* São Paulo and the Making of Race and Nation in Brazil. Durham: Duke University Press, 2015.

Por que as mulheres negras não são vistas como um setor estratégico na construção de um novo cenário político-econômico para o Brasil?

Laura Sito[1]

Pensar saídas para a crise política do Brasil é extremamente desafiante. Portanto, não deve ser feito de forma única. É necessário não só a formulação de alternativas mais abrangentes do ponto de vista do conjunto do sistema político, mas também revisitar setores estratégicos invisibilizados por esse sistema. Acredito fortemente que a construção de algo novo virá de quem hoje está fora dos espaços de poder, dando luz a novos atores sociais.

A década de governos populares, de Lula e Dilma, trouxe um grande número de políticas públicas para a população negra do País, mas hoje as experiências nos evidenciam os gargalos e os equívocos em relação à existência de políticas de emancipação para as mulheres negras. Dentro disso, abre-se um questionamento rotineiro sobre por que deixar quase um quarto da população brasileira completamente à margem de qualquer elaboração política de alternativas para a crise, por parte dos setores progressistas e de esquerda. Não seriam as mulheres negras, 23% da população brasileira, um setor estratégico para a construção de um novo cenário político e econômico? Parece-me difícil compreender que fiquem fora do centro da elaboração política, considerando sua inclusão econômica marginal, além de sua função estruturante em nossa sociedade. Já que somos um País onde mais da metade de sua população (53%) é negra, sendo que uma parcela considerável dessas famílias é chefiada por mulheres, segundo IBGE.

Para compreender tal cenário, é fundamental uma contextualização histórica sobre o papel da mulher negra na sociedade brasileira. Mais do que reparação histórica, o presente texto abordará o compartilhamento político dos espaços de poder no País.

---

1   Laura Sito é formanda em jornalismo pela UFRGS. Militante antirracista e feminista, participa de diversos projetos que articulam o debate de gênero e raça. É vereadora suplente de Porto Alegre pelo PT e foi diretora de Direitos Humanos da União Nacional dos Estudantes (UNE).

Resquícios da escravidão e o valor da família

As famílias negras foram condicionadas a uma espécie de matriarcado no processo de escravidão. O não reconhecimento da paternidade dos filhos era imposto pelo senhor de engenho. Este não via suas escravas e seus escravos como pais, mas como animais reprodutores. Nesse conceito, especialmente ao término do comércio internacional de escravos, a função de reprodução passou a ser ainda mais valiosa.

As escravas eram condicionadas a procriar o número de vezes que seus corpos permitissem, mas isso não lhes dava nenhum alívio ou compensação sobre as demais obrigações de trabalho. A condição de domínio e opressão que os senhores de engenho tinham sobre as mulheres escravas era similar à que eles tinham sobre os homens escravizados. Haviam diferenças nas punições. Quando convinha aos senhores, as mulheres eram também castigadas com abusos sexuais. Outra violência era a total negação do direito à maternidade, pois as escravas não eram consideradas conceitualmente como mães, assim permitia-se que delas seus filhos fossem retirados a qualquer momento, e vendidos. Não eram raros, também, os casos de infanticídio. As mães, na tentativa de impedir que seus filhos seguissem destino tão perverso, tomavam atitudes radicais. Assim, a manutenção da família e a busca pela recuperação de laços familiares apresentam-se como um modo de resistência ao longo da história do povo negro no Brasil.

Conceituação do trabalho na perspectiva da mulher negra

Para Marx, a relação entre trabalho e subsistência era íntima e direta. Foi por essa razão que definiu a força de trabalho como o bem "inalienável" do ser humano. A partir dessa perspectiva, o trabalho seria o bem mais importante do homem, e aliená-lo, isto é, transferir o direito de proveito dos frutos desse trabalho para outra pessoa, seria o mesmo que alienar o direito à própria vida.

Considerando a conceituação de trabalho por Marx, podemos aplicá-lo ao contexto de escravidão. Para as mulheres negras, violadas interseccionalmente pela condição de gênero, raça e classe, o trabalho foi, ao longo do período de escravidão, espaço de esfacelamento da dignidade humana.

A ABOLIÇÃO E A NÃO EMANCIPAÇÃO DAS MULHERES NEGRAS

Após a abolição da escravatura, o Estado brasileiro promoveu uma política de total marginalização dos homens negros, obrigando muitas mulheres negras a garantir, sozinhas, o sustento para suas famílias. Os homens negros tiveram seu trabalho no campo trocado por mão de obra de imigrantes europeus e não foram aceitos nas indústrias.

Coube às mulheres negras a manutenção de todo o tipo de trabalhos domésticos para o sustento de seus pares, como lavadeiras, cozinheiras, passadeiras, faxineiras e babás. Mulheres que adentravam no trabalho doméstico ainda crianças. Um resquício nítido das funções desempenhadas pelas "escravas da casa-grande", que se manteve e se mantém até os dias de hoje, a exemplo a figura da "mãe preta". Mas, com a manutenção dessas relações de trabalho, estariam essas mulheres totalmente emancipadas dos resquícios escravocratas?

O PATRIARCADO E AS MULHERES NEGRAS

O racismo e o sexismo agem como dois mecanismos de forma sincronizada na sistemática de opressão, definindo o lugar de pessoas, grupos e povos, de acordo com a cor de sua pele, com o tipo de cabelo, com a identidade de gênero, com a situação socioeconômica, de escolaridade, de moradia, entre outros.

O racismo e o patriarcado aplicam seus métodos de subordinação racial e sexual no acesso desigual às riquezas resultantes do trabalho, assim como na apropriação desigual da renda e de bens, a partir dos e em contraste com os privilégios destinados à população branca, e aqui a ênfase é no homem branco heterossexual, o topo da pirâmide de desenvolvimento humano, no Brasil e no mundo.

Ao falarmos de feminismo, é necessário que façamos o recorte racial, pois as formas com que o patriarcado opera e exerce domínio e opressão sobre as mulheres não é igual. A mulher negra foi obrigada a constituir sua identidade a partir dos desafios imputados pelo processo colonial. Ao pensarmos em uma mulher negra, nos vem à cabeça uma mulher guerreira, que trabalha e que enfrenta suas dificuldades. Essa identidade é mantida há mais de um século após o fim da escravidão, pois os resquícios escravocratas nas relações de trabalho permanecem e exigem dessas mulheres os mesmos subterfúgios para sua resiliência. Enquanto isso, as mulheres brancas têm, em sua luta, a bravura de conquistar autonomia, com entradas no mercado de trabalho, participação política e a quebra do mito da fragilidade feminina.

Compreendendo isso, a relação das mulheres negras com a estrutura patriarcal se difere. Inclusive pela cultura das relações de opressão ao longo da história da população negra no País, considerando a opressão de homens brancos para com mulheres negras, homens negros para com mulheres negras, e mulheres brancas para com mulheres negras.

Marginalização econômica

Mesmo que tenhamos vivido uma década intensa de políticas públicas de promoção da igualdade racial, ainda enfrentamos a dura realidade da disparidade entre negros e brancos no acesso ao ensino e no acesso e valorização no mercado de trabalho. O quadro é ainda mais complexo quando analisamos as mulheres negras em específico.

O aumento vertiginoso de mulheres no ensino superior refletiu-se no mercado de trabalho, levando-as a ocupar espaços de maior prestígio e com maior rendimento financeiro. Concomitantemente a essa expansão, as pessoas de baixa escolaridade tiveram entrada acentuada no mercado informal de trabalho, se voltando prioritariamente ao trabalho doméstico, considerando que a maioria destas mulheres pobres são negras (BRUSCHINI; LOMBARDI, 2000, p. 85).

Com a aprovação da PEC das Domésticas em 2013 e a aprovação da Lei Complementar em 2015, as condições dos quase 6 milhões de trabalhadores domésticos no Brasil melhoraram no que tange à estrutura de proteção social. Do montante de trabalhadores domésticos, 92% são mulheres, sendo 63% negras. Mas apenas 4 a cada 10 domésticas, até a PEC entrar em vigor, estavam com situação trabalhista regular, segundo a Secretaria Especial de Políticas das Mulheres/2012.

Ao sairmos da pauta do trabalho doméstico, as condições das mulheres negras, ainda que tenha melhorado, aparecem em desvantagem. Enquanto uma mulher branca ganha em média 62% do salário de um homem branco, uma mulher negra ganha apenas 34%, segundo o IBGE.

Considerando o papel que as mulheres negras cumprem, sendo que elas são em grande parte chefes de suas famílias, sua marginalização econômica gera impactos que vão além da sua própria condição, e acabam por e repercutem no conjunto familiar.

E O COMPARTILHAMENTO DOS ESPAÇOS DE PODER ENTRA ONDE?

Com essa contextualização é visível que uma parte muito significativa da população ficou não só às margens economicamente, mas, é óbvio, também politicamente. No Congresso Nacional, espaço de representação popular, as mulheres negras são apenas 2%. Quando falamos de espaços de poder que não estão subordinados ao crivo popular e que se constituem de tarefas de menor visibilidade pública, a presença de mulheres negras é ainda menor.

Ainda vivemos sob o comando das velhas oligarquias, são elas que dão as cartas no judiciário, na política e na comunicação, somadas a uma sociedade extremamente conservadora que lhes reverencia. Qualquer alternativa de poder só será viável e realmente diferente se conseguir se constituir por fora desses limites.

É natural apontarmos saídas para crise, colocando a necessidade de uma autocrítica da esquerda e dos setores progressistas, a necessidade de retorno às bases, entre outros fatores. Mas é fundamental que apontemos por onde. Como pode um discurso que visa à emancipação do povo secundarizar sua maior parcela? Como pode um campo político que questiona a representatividade não questionar a sua própria? O empoderamento das mulheres negras é estratégico na construção de um novo ciclo para o Brasil. Como diz a filósofa Djamila Ribeiro: "a esquerda precisa entender que a saída é negra ou não terá saída para ninguém".

É fundamental que compreendamos a não representatividade do negro e a negação de sua perspectiva e reconhecimento, como violações a essa população. Mais do que compartilhar espaços de poder, é necessário pensar no empoderamento como um mecanismo estratégico, assim como compartilhar a elaboração de um programa que tenha na sua centralidade a luta intersecional. Angela Davis já fala há quase quatro décadas sobre essa importância, mas ainda não chegamos em um entendimento coletivo sobre isso.

As organizações de esquerda têm argumentado dentro de uma visão marxista e ortodoxa que a classe é a coisa mais importante. Claro que classe é importante. É preciso compreender que classe informa a raça. Mas raça, também, informa a classe. E gênero informa a classe. Raça é a maneira como a classe é vivida. Da mesma forma que gênero é a maneira como a raça é vivida. A gente precisa refletir bastante para perceber as intersecções entre raça, classe e gênero, de forma a perceber que entre essas categorias existem relações que são mútuas e outras que são cruzadas. Ninguém pode assumir a primazia de uma categoria sobre as outras (DAVID, 2016).

REFERÊNCIAS

BRUSCHINI, C.; LOMBARDI, M. R. A bipolaridade do trabalho feminino no Brasil contemporâneo. *Cadernos de Pesquisa*, n. 110, p. 67-104, jul. 2000.

DAVIS, Angela. *Mulheres, raça e classe*. São Paulo: Boitempo, 2016.

DEPARTAMENTO INTERSINDICAL DE ESTATÍSTICA E ESTUDOS SOCIOECONÔMICOS. *A mulher negra no mercado de trabalho metropolitano: inserção marcada pela dupla discriminação*. São Paulo: Dieese, 2005.

GONZALES, Lélia. Racismo e sexismo na cultura brasileira. *Revista Ciências Sociais Hoje*, Anpocs, 1984, p. 223-244, 1984.

MARCONDES, Mariana M. et al. (Org.). *Dossiê Mulheres Negras: retrato das condições de vida das mulheres negras no Brasil*. Brasília: Ipea, 2013.

PINTO, Giselle. *Situação das mulheres negras no mercado de trabalho: uma análise dos indicadores sociais*. In: ENCONTRO NACIONAL DE ESTUDOS POPULACIONAIS, 16., Caxambu, 18-22 set. 2006. Caxambu: Abep, 2006.

XAVIER, Eliana Costa; FONTOURA, Glaucia Maria Dias. *Negras Minas: o sentido do trabalho para as mulheres negras*. Identidade!, São Leopoldo, v. 18, n. 3, ed. esp., p. 425-440, dez. 2013.

Gênero, raça e classe: entender nossas origens para construir reais alternativas políticas aos projetos societários da direita

Luka Franca[1]

> *Luiza Mahin*
> *Chefa de negros livres*
> *E a preta Zeferina*
> *Exemplo de heroína*
> *Aqualtune de Palmares*
> *Soberana quilombola*
> *E Felipa do Pará*
> *Negra Ginga de Angola*
> *África liberta*
> *Em tuas trincheiras*
> *Quantas anônimas*
> *Guerreiras brasileiras*
> (SILVEIRA, [s.d.]).[2]

O último período tem sido de grande conturbação política e econômica no Brasil e no mundo. A aceleração do processo de retirada de direitos sociais que vinha acontecendo de forma mediada e ralentada no último período foi notável no período pós-golpe no Brasil. Ao mesmo tempo as respostas ao colapso societário que vemos acontecer mundo afora e que atingem ao Brasil também fingem não reconhecer que a estruturação social de questões relacionadas a raça e gênero têm conjuntamente à questão de classe. Estas são tratadas como algo identitário e não como parte da estruturação do capital no mundo e no Brasil.

---

[1] Luka Franca é paraense, jornalista, blogueira, militante feminista e do movimento negro, bissexual e mãe solteira. Formada pela PUC-SP, iniciou sua militância feminista ainda na universidade como cofundadora da Frente Feminista da PUC-SP. Participou da organização e articulação do Núcleo Impulsor de São Paulo da Marcha das Mulheres Negras de 2015, e é filiada ao Movimento Negro Unificado.

[2] O poema foi musicado por mulheres negras presentes no III Encontro Feminista Latino-Americano e do Caribe, realizado em 1985 em Bertioga/SP. Na ocasião diversas mulheres negras das favelas do Rio de Janeiro tiveram sua participação dificultada por não conseguirem pagar a inscrição do encontro, o que culminou com a ocupação de uma das mesas por 15 mulheres negras cantando "Salve mulher negra" após a fala da ex-ministra da igualdade racial Luiza Bairros.

As propostas de alternativas organizadas até o momento se debruçam sobre a questão econômica, como se o processo de conturbação social vivenciado pela maioria da classe trabalhadora brasileira – com o genocídio da juventude negra, o alto índice de feminicídio entre as mulheres negras, o etnocídio promovido contra as comunidades indígenas e a profunda dificuldade em se avançar na política de demarcação de terra no País – não tivessem relação direta com os problemas econômicos.

A brutalidade com que se deu o processo diaspórico forçado é algo que não pode ser descartado ao pensarmos em um projeto político, seja para o Brasil ou pra América Latina, mesmo nos dias de hoje. No primeiro capítulo de *Os jacobinos negros*, C.L.R James já traça um panorama sobre as condições em que os africanos eram escravizados e transportados para toda a América e Índias Ocidentais a fim de assim poder localizar o que significou o processo da revolução haitiana para a luta de libertação dos escravos na América Latina.

> Nos navios, os escravos eram espremidos nos porões uns sobre os outros dentro das galerias. A cada um deles era dado de um metro a um metro e meio apenas de comprimento e de meio metro a um metro de altura, de tal maneira que não podiam nem se deitar de comprido e nem se sentar com a postura reta. Ao contrário das mentiras que foram espalhadas tão insistentemente sobre a docilidade do negro, as revoltas nos portos de embarcação e a bordo eram constantes. Por isso os escravos tinham de ser acorrentados: a mão direita à perna direita, a mão esquerda à perna esquerda, e atrelados em colunas a longas barras de ferro. Nessa posição eles permaneciam durante a viagem, sendo levados ao tombadilho uma vez por dia para se exercitar e para permitir que os marinheiros "limpassem os baldes". Mas, quando a carga era rebelde ou o tempo estava ruim, eles permaneciam no porão. A proximidade de tantos corpos humanos nus com a pele machucada e supurada, o ar fétido, a disenteria generalizada e a acumulação de imundícies tornavam esses buracos um verdadeiro inferno (JAMES, 2015, p. 22-23).

É importante ressaltar que durante o Brasil Colônia e o Brasil Império o papel econômico e social desempenhado pela mulher negra era de importante geradora de mais-valia. "A mulher negra, em sua condição de escrava, transferiu diferentes valores: por um lado, reproduzindo a força de trabalho e, por outro, trabalhando nas tarefas domésticas a serviço dos colonizadores, nas casas dos senhores na cidade e no campo" (TELLES, 2017, p. 31).

As relações sociais e divisões de trabalho estabelecidas no campo e na cidade entre senhores e escravos, as constantes fugas de escravos, revoltas e aquilombamentos, assim como o advento da revolução haitiana impunham importante preocupação para as elites coloniais sobre como lidar e controlar a população escravizada.

A necessidade de não deixar se alastrar pelo continente mais experiências como a ocorrida na ilha de São Domingos, em conjunto com a necessária modernização do modelo econômico no final do século XIX, acabou por dar cabo a um processo de abolição e de imigração no Brasil conciliador. Ou seja, um processo que ao mesmo tempo dava resposta às demandas de transição entre o trabalhador escravo e o trabalhador livre colocadas pela conjuntura político-econômica da época também deixou à margem do mercado de trabalho e da garantia de direitos uma parcela significativa da população brasileira.

Tempos depois do processo de abolição e imigração que existiu no Brasil iremos nos deparar com o processo de ida ao mercado de trabalho das mulheres, em especial as mulheres brancas, visto que com o processo que vivemos de escravidão as mulheres negras nunca pararam de trabalhar e ajudar a gerar mais-valia, e como a sociedade patriarcal e o capitalismo também se estabelecem em relação simbiótica.

> A constituição histórica da formação econômico-social capitalista representa a absorção de crescentes números de mulheres no sistema dominante de bens e serviços até certo ponto. Em outros termos, a passagem de uma sociedade pré-capitalista para o regime capitalista de produção implica um aproveitamento parcial da mão de obra feminina efetivamente empregada no sistema anterior (SAFFIOTI, 1979, p. 235).

Retomo tanto o processo de escravidão no Brasil e na América Latina como o de entrada da força de trabalho feminina no mercado para assim resgatar que, no que tange o projeto conservador e fascista, a relação entre seu projeto econômico e as questões relativas a gênero, raça e classe é muito bem definida. A estrutura deve permanecer como existe, não possibilitando mobilidade social ou qualquer garantia mínima de direitos, sendo a discussão entre abolicionistas e imigracionistas sobre as características sociais e de caráter das pessoas negras no século XIX um bom exemplo disto.

Para os liberais, a questão também é muito bem resolvida: a garantia do empoderamento individual e do processo meritocrático como uma forma de inclusão para mulheres, negritude e indígenas, garantindo assim um processo econômico de Estado mínimo sem grandes conturbações. Esse pensamento se mostrou vitorioso por um tempo, inclusive ganhando ideologicamente uma parcela do movimento feminista e negro para a perspectiva do empoderamento individual.

Ora, para a direita, seja ela conservadora ou liberal, o lugar do machismo e do racismo é muito bem definido. É necessário acentuar não apenas a divisão de classes na sociedade, mas também a divisão entre os papéis de gênero, orientação sexual e de raça para o processo de exploração e expropriação. O racismo e o machismo são parte fundamental do projeto da direita, e essa compreensão é importante para entendermos a necessidade de se pensar com qual classe trabalhadora estamos lidando em nosso País e quem é profundamente vilipendiado com os processos de retirada de direitos que enfrentamos com o golpe, mas que também já vínhamos confrontando antes dele.

A questão é que, se para a direita o papel do racismo e do machismo em seu projeto é muito bem definido, para a esquerda isso não o é. Inclusive, nos deparamos em muitos momentos com formulações colocando os debates sobre raça e gênero apenas como lutas identitárias e não como parte substancial da composição da classe trabalhadora, considerando assim a luta contra o racismo e o machismo como parte da estratégia da luta contra o capital pós moderno.

Em conferência realizada durante a Iª Jornada Cultural Lélia Gonzales em 1997 no Maranhão, Angela Davis apontou que

> as organizações de esquerda têm argumentado dentro de uma visão marxista e ortodoxa que a classe é a coisa mais importante. Claro que classe é importante. É preciso compreender que classe informa a raça. Mas raça, também, informa a classe. E gênero informa a classe. Raça é a maneira como a classe é vivida. Da mesma forma que gênero é a maneira como a raça é vivida. A gente precisa refletir bastante para perceber as intersecções entre raça, classe e gênero, de forma a perceber que entre essas categorias existem relações que são mútuas e outras que são cruzadas. Ninguém pode assumir a primazia de uma categoria sobre as outras (DAVIS, 1997).

A questão é que se pegarmos a reflexão de Davis sobre a relação estabelecida entre gênero, raça e classe na sociedade, não há como a esquerda pensar um processo de superação do capital, emancipação da classe trabalhadora e a disputa política no Brasil contra a direita sem que essas categorias estejam devidamente relacionadas entre si e no centro das alternativas da esquerda de programas políticos e projetos societários.

As propostas de alternativas ao draconiano projeto societário capitalizado pela direita brasileira no pós-golpe continuam a ignorar a intrínseca relação existente entre gênero, raça e classe na conformação do capitalismo brasileiro. Sim, digo que continuam porque se formos fazer uma minuciosa leitura do programa

(PROGRAMA..., 1980) e do manifesto (MANIFESTO..., 1980) político apresentado pelo Partido dos Trabalhadores quando da sua fundação veremos que essas questões não eram tratadas como parte estrutural da formação da classe trabalhadora brasileira, mas como apêndices apenas identitários. Cito aqui o Partido dos Trabalhadores por ele ter sido, na época das disputas referentes ao do processo de redemocratização do País nos anos 1980, uma importante experiência partidária independente de classe. E também porque mesmo com todo o dinamismo político existente naquele momento, contava com a constituição de movimentos sociais e movimentações políticas importantes que debatiam questões referentes a raça, gênero e classe – como o MNU (Movimento Negro Unificado Brasil); o Somos: grupo de afirmação homossexual; o Lésbicas Feministas e a movimentação da campanha "Constituinte pra valer tem que ter palavra de mulher", que ajudou a organizar o que se tornou a "bancada do batom", atualmente a bancada feminina do Congresso Nacional.

É importante ressaltar que o movimento de mulheres negras no País e no mundo tem cumprido, junto à vanguarda dos movimentos sociais brasileiros e em diferentes períodos, papel importante nesse processo de debate sobre a relação intrínseca que existe entre gênero, raça e classe. Já em 1985, durante o III Encontro Feminista Latino-Americano e do Caribe, "as mulheres feministas e antirracistas argumentavam, então, que somente a "luta geral" (a luta contra a exploração de classe, que tinha como principal sujeito a classe trabalhadora) não resolveria as questões "especificas" (as opressões) e que não era raro que as pautas específicas fossem subordinadas ou mesmo preteridas ao que se considerava geral" (CESTARI, 1985). Mais recentemente, principalmente depois da Marcha das Mulheres Negras em Brasília em 2015, é possível ver diversas formas de articulações e de organizações políticas, e mulheres negras independentes, criando espaços de formulação que avançam no processo de colocar no centro dos debates políticos o combate conjunto ao racismo, machismo, LGBTfobia e capitalismo.

O vanguardismo político cumprido em vários momentos pelo movimento de mulheres negras deve ser norte importante para a formulação de qualquer saída para a crise política e econômica no Brasil. É importante localizar, junto ao debate dito geral, que a escalada da violência racista e machista em nosso País no período pós-golpe tem relação direta com o projeto que vem sendo implementado pela direita brasileira, e não há como resolver a questão econômica sem dar resposta ao debate social do genocídio da juventude negra, demarcação de terras indígenas e quilombolas e ao feminicídio de mulheres negras, trans, cis, lésbicas, heterossexuais e bissexuais. Ignorar essa necessidade ao se pensar a política de enfrentamento ao golpe e de resistência a retirada de direitos é, mais uma vez, ignorar o processo de constituição da nossa sociedade e se manter em um projeto de conciliação que garante primordialmente o lado de uma burguesia branca, masculina, heterossexual e cisgênera. É preciso mais do que nunca que a esquerda brasileira dê uma resposta política e programática que coloque essas questões no centro do debate, e não como um apêndice pontual.

Referências

AZEVEDO, Célia Maria Marinho. *Onda negra, medo branco*: o negro no imaginário das elites – século XIX. Rio de Janeiro: Paz e Terra, 1987.

CÂMARA, Bruno A. Dornelas; DANTAS, Mônica Duarte. *Revoltas, motins e revoluções*: homens livres, pobres e libertos no Brasil do século XIX. São Paulo: Alameda, 2011.

CESTARI, Mariana Jafet. *Sentidos e memórias em luta*: mulheres negras brasileiras no III Encontro Feminista Latinoamericano e Caribenho. 1985. Disponível em: <https://nuevomundo.revues.org/67403>. Acesso em: 24 jul. 2017.

DAVIS, Angela. *As mulheres negras na construção de uma nova utopia*. 1997. Disponível em: <http://docslide.com.br/documents/as-mulheres-negras-na-construcao-de-uma-nova-utopia-angela-davis-57887ba50bcfe.html>. Acesso em: 24 jul. 2017.

IANNI, Octavio. *Raça e classes sociais no Brasil*. Rio de Janeiro: Civilização Brasileira, 1972.

_____ et al. *O negro e o socialismo*. São Paulo: Fundação Perseu Abramo, 2005.

JAMES, C.L.R. *Os jacobinos negros*: Toussaint L'Ouverture e a revolução de São Domingos. São Paulo: Boitempo, 2015.

MANIFESTO de lançamento do Partido dos Trabalhadores. 1980. Disponível em: <https://fpabramo.org.br/csbh/wp-content/uploads/sites/3/2017/04/01-manifestode-lancamento_0.pdf>. Acesso em: 24 jul. 2017.

PROGRAMA fundacional do Partido dos Trabalhadores. 1980. Disponível em: <https://fpabramo.org.br/csbh/wp-content/uploads/sites/3/2017/04/02-programa_0.pdf>. Acesso em: 24 jul. 2017.

SAFFIOTI, Heleith I. B. *A mulher na sociedade de classes*: mito e realidade. Petrópolis: Vozes, 1979.

SILVEIRA, Oliveira. *Salve mulher negra*. [s.d.]. Disponível em: <https://www.youtube.com/watch?v=XqvqH_vaM2g&feature=youtu.be>. Acesso em: 24 jul. 2017.

TELLES, Maria Amélia de Almeida. *Breve história do feminismo no Brasil e outros ensaios*. São Paulo: Alameda, 2017.

Feminismo negro: resistência anticapitalista e radicalização democrática

Juliana Borges[1]

O capitalismo passa por uma profunda reorganização e uma crise que impacta tanto no campo econômico quanto no campo político e simbólico. A ascensão de representantes de uma agenda conservadora acontece em diversas partes do globo, desde as guerras em territórios árabes com o avanço do Estado Islâmico, produto de intervenções ocidentais sistemáticas na região, passando pelo contexto dos conflitos e guerras no território africano também com essa configuração político-religiosa, os golpes e derrotas nos Países latino-americanos que, até então, contavam com hegemonia progressista, a ascensão de políticos de extrema-direita na Europa, culminando na eleição de Donald Trump nos Estados Unidos com uma pauta nacional-protecionista e extremamente conservadora e retrógrada no campo dos direitos civis e democráticos.

O sequestro do Estado pelo capital tem se aprofundado, e, se antes eram necessárias mediações nessa relação por uma classe política, não necessariamente proveniente do sistema, hoje o capitalismo tem apresentado, sem mediações, suas próprias representações para a "gerência" do Estado e seus interesses. Soma-se a isso o aprofundamento da crítica e apatia à democracia representativa como sistema político vigente numa crise de representação e participação. Nesse sentido, nunca foi tão importante retomar e defender o conceito de democracia, ao mesmo tempo que é tão importante discuti-lo e ressignificá-lo.

Ao tomarmos como premissa os estudos do filósofo russo Mikhail Bakhtin[2] sobre filosofia da linguagem e marxismo, afirmamos que não há língua e linguagem sem ideologia. A língua é, portanto, a mediadora das relações sociais e, com isso, é o espaço em que melhor conseguimos destrinchar manifestações

---

1 Juliana Borges é uma feminista negra antipunitivista e antiproibicionista. Pesquisadora em Antropologia na FESPSP. Colunista dos sites: Justificando, Revista Fórum, Blog da Boitempo e Fundação Perseu Abramo. Foi também Assessora da Secretaria do Governo Municipal da Prefeitura de São Paulo, na gestão de Fernando Haddad.

2 Mikhail Bakhtin (1895-1975) foi um filósofo e teórico russo, além de um dos mais importantes pensadores sobre história e evolução da linguagem humana.

ideológicas. Nesse sentido, língua e linguagem, para além de campos de poder, são campos em disputa. O discurso é, com isso, e pelo seu elemento constitutivo, a língua, poder e política, além de ser recheado de escolhas e construções permeadas pelo meio social, cultural e ideológico. Retomando esses princípios norteadores é que podemos afirmar que democracia é um conceito, como toda e qualquer palavra, em constante movimento.

O entendimento sobre democracia modificou-se historicamente. Criado pelos atenienses na Antiguidade clássica, o conceito designava uma forma de governo de muitos, não de todos, com o poder e a autoridade política expressos nas assembleias, para administrar e decidir sobre os interesses e o bem-estar coletivo. Alguns princípios importantes desse período mantiveram-se: a isonomia e a isegoria, que garantem igualdade perante a lei e direito de expressão; e os ideais de distribuição equânime do poder e o juízo dos cidadãos para tomada de decisões – no caso da democracia representativa, de escolher seus representantes. Depois, e ao contrário do que muitos acreditam, na República romana o conceito de democracia não se perde totalmente. Aspectos democráticos coexistiram na estrutura do sistema político romano pelas assembleias, que elegiam cargos públicos dentre outras decisões e nas quais todos os cidadãos romanos podiam votar. Com o fim do período republicano romano e instaurando-se o império, esses aspectos também se perderam.

Foi, finalmente, no século XVIII que a concepção moderna de democracia se configurou. Os princípios de cidadania e do voto para a escolha de representantes foram recuperados. Apesar dessa reconfiguração e conceituação mais ampliada, a ideia de cidadania e democracia não se estendeu a todas as sociedades e indivíduos.

Hoje, de modo genérico, democracia seria, pela definição de Boaventura de Sousa Santos,[3] o regime no qual pessoas, como eleitores e eleitoras, têm o direito de exercer a livre escolha de representantes, expressando posições políticas e interesses para exercer representação social. Mas até que ponto essas linhas gerais são respeitadas no sistema capitalista? Democracia e capitalismo convivem em harmonia?

---

3   Boaventura de Sousa Santos é doutor em Sociologia do Direito pela Universidade de Yale (1973), além de professor catedrático jubilado da Faculdade de Economia da Universidade de Coimbra e *distinguished legal scholar* da Universidade de Wisconsin-Madison. Foi também *global legal scholar* da Universidade de Warwick e professor visitante do Birkbeck College da Universidade de Londres. É diretor do Centro de Estudos Sociais da Universidade de Coimbra e coordenador científico do Observatório Permanente da Justiça Portuguesa.

Ainda segundo Sousa Santos, a democracia, que muitos estudiosos cunharam como "democracia liberal", é tolerada e tem seu conceito configurado para dar conta da representação e garantir o convívio com a lógica capitalista. Diferente do que pensamos, a democracia se populariza apenas no final do século XIX e início do XX pela ascensão que regimes como o fascismo e o nazismo apresentavam. Era necessário, pelos ideais liberais que se estabeleciam e expandiam pelo mundo, assegurar um regime político em que se opusesse a ideia de forte regulação do Estado sobre os mercados, como se apresentavam os regimes autoritários.

Após a Segunda Guerra Mundial, a democracia passou a ser utilizada como arma ideológica na Guerra Fria. No estado de bem-estar social, a democracia passou a ser vista como asseguradora de direitos fundamentais. No entanto, essa configuração não se aplicou em todos os contextos sociais, posto que pela divisão internacional do trabalho e pelo neocolonialismo, essencial ao capitalismo para o desenvolvimento dos Países do Norte global, a democracia foi descartada nos Países semiperiféricos e periféricos como sistema político, se não apenas como simbólico ideal.

Mas poderíamos dizer que vivemos uma crise da democracia? Muitos cientistas políticos afirmam que sim. Há uma rapidez em afirmar que o conceito e o ideal democráticos estão cada vez mais em cheque. Porém, há outros teóricos que apresentam que não necessariamente o conceito de modo totalizante está em questionamento, mas um de seus modelos: o da democracia representativa.

Não há espaço para a negação direta da democracia no mundo contemporâneo. Muito menos haverá uma destruição do conceito de democracia representativa por parte das elites. Aliás, neste reordenamento sistêmico em que vivemos, a democracia representativa se reforça na representação dos 1% do globo, para os quais pouco importam os outros 99%. Por isso que falar que a "democracia" está em perigo ou está suspensa é um discurso tão difícil de pegar. Qual democracia? Que tipo de democracia?

Para o cientista político australiano Simon Tormey (2006), não é possível afirmar que há uma crise no conceito geral de democracia. Os golpes, principalmente na América Latina, no início do século XXI, apresentaram-se sob argumentos jurídicos, com forte papel da mídia hegemônica e de mobilizações das elites, com apoio das camadas médias. O modelo militarizado das ditaduras do século XX não ganha mais amplo terreno e legitimidade social, apesar da lógica militarizada estar cada vez mais presente nos territórios, notadamente periféricos, desses Países. Estaríamos, portanto, na era das democracias de baixa qualidade ou intensidade, que mantêm instituições sequestradas totalmente pelo neoliberalismo e contornam-se socialmente conservadoras. Como denomina Sousa Santos, configuram-se sociedades "politicamente democráticas e socialmente fascistas".

Um dos termômetros para analisar democracias de baixíssima qualidade, ou de baixa intensidade, é o surgimento de *outsiders* na política. E estes discursos e práticas reverberam tanto à direita quanto à esquerda. Mesmo que com a melhor das intenções – e o ditado já nos avisava –, reforçamos um distanciamento da política como cotidiano das pessoas ao dizermos, pela esquerda, que apresentamos candidatos que "não são da política". Outro elemento importante para perceber a apatia em relação à representação é a dificuldade, cada vez maior, de engajar as pessoas na relação direta com os partidos. Segundo a pesquisa sobre o Índice de Confiança na Justiça Brasileira, realizada em 2013 pelo Fórum Brasileiro de Segurança Pública, 95,1% da população brasileira não confia em partidos e em políticos. É um dos índices mais altos de desconfiança no índice da organização GfK Verein, que organizou a análise comparativa entre 27 Países em 2016. Para alguns teóricos, essa desconfiança tem relação direta com o histórico autoritário e de constante negação de direitos do Estado brasileiro. Este é um ponto preocupante, tendo em vista que os partidos são o ponto de mediação entre a sociedade e o Estado em uma democracia representativa. Como garantir essa mediação diante de tamanha desconfiança? As pessoas, geralmente, interessam-se pela política, apenas em momentos de escândalos envolvendo políticos. Segundo Tormey (2006):

> A própria palavra "político" tornou-se uma palavra para "corrupção", "egoísmo", "narcisismo" e "incompetência". Foram-se os dias em que "político" significava "servidor público" e quando o serviço público significava deixar de lado as próprias necessidades e interesses em favor do coletivo [tradução nossa].

Essa aversão aos políticos tem relação direta com o avanço de uma agenda populista da antipolítica, fazendo surgir e fortalecer partidos imensamente conservadores e que tratam a política como problema e a negam, apesar de exercê-la.

Mas ainda assim, apontar que haja, do ponto de vista de ideia hegemônica, um perigo à democracia seria alarmante demais. O que mais tem crescido são questionamentos à democracia representativa, um questionamento a parlamentos cada vez mais distantes dos seus representados, funcionando sob uma lógica de interesses alheios ao interesse de uma comunidade e do todo social. Aliás, do ponto de vista sistêmico, para o neoliberalismo e nos parâmetros da democracia liberal representativa, pouco importa o nível total de participação, desde que os interesses do 1% estejam assegurados e em pleno funcionamento.

Nesse sentido, é importante considerar e refletir em torno do pensamento do sociólogo camaronês Achille Mbembe[4] de que há um reordenamento sistêmico em curso que não prevê mais o controle sobre os corpos para que sobrevivam em condições mínimas, ou seja, uma política do "deixe viver". Mas, cada vez mais se aprofunda uma racionalidade na irracionalidade, de aparatos sendo reorganizados para operar a lógica do "deixe morrer". Ao cunhar o conceito de *necropolítica*, o sociólogo está apresentando o poder de ditar quem deve viver e quem deve morrer. É um poder de determinação sobre a vida e a morte ao desprover o *status* político dos sujeitos. A diminuição ao biológico desumaniza e abre espaço para todo tipo de arbitrariedades e inumanidades. No entanto, para o sociólogo há racionalidade na irracionalidade desse extermínio. Utilizam-se técnicas, desenvolvem-se aparatos meticulosamente planejados para a execução dessa política de desaparecimento e de morte. Ou seja, não há, nessa lógica sistêmica, a intencionalidade de controle de determinados corpos de determinados grupos sociais. O processo de exploração e do ciclo em que se estabelecem as relações neoliberais opera pelo extermínio dos grupos que não têm lugar algum no sistema, uma política que parte da exclusão para o extermínio. E esse reordenamento torna inviável a coexistência de democracia e capitalismo.

> Em seu núcleo, a democracia liberal não é compatível com a lógica interna do capitalismo financeiro. É provável que o choque entre estas duas ideias e princípios seja o acontecimento mais significativo da paisagem política da primeira metade do século XXI, uma paisagem formada menos pela regra da razão do que pela liberação geral de paixões, emoções e afetos. Nesta nova paisagem, o conhecimento será definido como conhecimento para o mercado. O próprio mercado será reimaginado como o mecanismo principal para a validação da verdade. Como os mercados estão se transformando cada vez mais em estruturas e tecnologias algorítmicas, o único conhecimento útil será algorítmico. Em vez de pessoas com corpo, história e carne, inferências estatísticas serão tudo o que conta. As estatísticas e outros dados importantes serão derivados principalmente da computação. Como resultado da confusão de conhecimento, tecnologia e mercados, o desprezo se estenderá a qualquer pessoa que não tiver nada para vender (MBEMBE, 2016).

---

4   Achille Mbembe (1957, Camarões francês) é historiador, pensador pós-colonial e cientista político.

Ao analisarmos esse trecho, torna-se inevitável relacionar as mudanças no Brasil com a aprovação das reformas da previdência e trabalhista. Em um mundo em que seres humanos só terão validade se venderem algo, ou seja, relações sociais estabelecidas em lógica de mercado, há uma necessária ofensiva sobre direitos trabalhistas e uma transformação de trabalhador assalariado para seres humanos como a própria *commodity*. Nesse sentido, é preciso que todos estejam em situação de superexploração e que sejam CNPJs. E aos corpos que não se adequarem a esse novo reordenamento, restarão morte social, encarceramento e extermínio.

Haverá resistência?

Nesse cenário e apresentação complexa de como estão sendo reestabelecidas sistemicamente as relações, também surgem resistências. Afirmar que há uma crise na democracia representativa demarca que, apesar desse questionamento maior, a representação e a participação em espaços institucionalizados e esvaziados de deliberação, diversas outras formas de organização e luta têm surgido.

Para Boaventura de Sousa Santos, exemplos e focos de resistência têm surgido dos Países do Sul global.[5] A partir do Brasil e dos Países latino-americanos, com a ascensão dos governos progressistas populares que surgiram experiências mesclando democracia representativa/liberal e democracia participativa/popular. O sociólogo entende nos movimentos sociais e ativistas do campo da esquerda os atores e atrizes capazes de repensar e refundar uma democracia mais participativa e popular. É nos Países do Sul global que o sociólogo percebe a potência para essa refundação democrática, respeitando, no entanto, a pluralidade e propondo radicalidade nos instrumentos de participação. Estes, contudo, não se encerram na multiplicidade de espaços institucionais, mas ampliando-se para canais de decisão em todas as esferas e instituições sociais, nos comportamentos e relações humanas e personalidades sociais. Ele afirma que "radicalizar a democracia significa intensificar sua tensão com o capitalismo" (SANTOS, 2016).

Outro ponto importante que dialoga e conflui nos apontamentos de diversos cientistas políticos e teóricos sobre essa necessária resistência é de que ela parte dos movimentos sociais, mas que, além disso, há marcadores fundamentais e estruturantes nesses movimentos: uma luta anticapitalista que se constitui a partir,

---

5 Aqui é importante entender o conceito de "Sul global" para além de uma ideia territorial-geográfica. países do Sul global são os que não estão no centro das engrenagens sistêmicas do capitalismo.

em grande parte, dos movimentos feministas, notadamente dos feminismos negro e interseccional.

    Feminismo é um movimento político e de transformação que disputa todas as esferas da vida e de poder. Não por acaso, feministas cunharam a expressão de que "o pessoal é político", tendo por objetivo lançar à esfera pública as desigualdades de gênero, bem como impulsionar, com isso, a defesa de uma sociedade igualitária. Nesse sentido, o feminismo é uma ideologia e, como tal, constitui e disputa um projeto de mundo que abarca todas as esferas, sejam elas filosóficas, sociológicas e econômicas. Contudo, devido às diversas vertentes, utiliza-se cada vez mais a expressão "feminismos" para garantir o caráter plural desse movimento. Mas ainda sim, é importante ressaltar os pontos-chave e de encontro dessas diversas vertentes: a luta pelo fim da subjugação das mulheres; a autonomia; o fim do patriarcado; a pluralidade de existências e atuações; e a defesa da igualdade.

    O pensamento feminista negro, por sua vez, se estabelece apontando, a princípio, esse elemento da pluralidade de existências e pautando-se contra universalidades. A socióloga afro-americana Patricia Hill Collins aponta as questões centrais desse pensamento. Uma das premissas é a de que o pensamento feminista negro não é um aditivo de outros feminismos, mas uma formulação a partir das necessidades, conhecimentos e formas de atuação política próprias das mulheres negras. Dos pontos defendidos pela intelectual, constituem-se alguns elementos centrais do pensamento feminista negro: a defesa de si conectada à defesa do outro, ou seja, o senso de humanidade indissociável da luta feminista negra, tendo em vista o processo de desumanização que corpos negros passaram, seja das populações negras em diáspora, seja da constante desumanização das populações negras em África; a interseccionalidade, que evoca a heterogeneidade; a disputa pelo poder, e não de identidades, como centro desse pensamento, tendo na luta anticapitalista sua forma, já que o capitalismo é um sistema indissociado das desigualdades e da dominação do outro visando ao lucro e acúmulo e à concentração de riquezas; e a descolonização dos corpos, mentes e espíritos negros, seja na noção metafórica, seja na noção literal e de entendimento de defesa da liberdade.

    Sendo o pensamento feminista negro constituído da disputa pelo poder; anticapitalista, pela oposição à dominação do outro; e da luta pela descolonização dos corpos, tendo como objetivo a liberdade e real emancipação, nos parece que a discussão em torno desse momento fundamental de "democratizar a democracia" (SANTOS, 2016) e construir alternativas sistêmicas passa por esse pensamento. A premissa da defesa de si como conectada à defesa do outro é constitutiva do feminismo negro. Nesse sentido, a alteridade se coloca como elemento central para possibilitar uma reorganização radical sobre cidadania e direitos construídos sob premissas multiculturais. Ou seja, a constituição da existência de si passa pela existência do outro. Essa premissa do feminismo negro se configura já como anticapitalista e radicalmente democrática, ao passo que nega relações de dominação sem apagar a autonomia e a existência do indivíduo e suas liberdades. Mas o faz no sentido de igualdade, coabitação e coexistência, se defrontando fortemente ao individualismo capitalista.

A heterogeneidade, a partir do conceito da interseccionalidade, é outro princípio do feminismo negro. Se queremos, na reconfiguração do conceito, em constante movimento e disputa, a democracia como uma construção radical de participação, atuação e pluralidades, bem como abarcando a multiplicidade de vozes, representações e autorrepresentações temos, então, outro princípio central que articula o pensamento feminista negro e as ideias democráticas.

Finalizo com a importante questão de que a construção de novas existências individuais e coletivas não é o ponto de diluição do contexto de luta histórico da classe trabalhadora como agente de transformação. Pelo contrário. Perceber e impulsionar essas novas existências, que questionam indissociavelmente as hegemonias capitalista, machista e racista, é compreender as mudanças no modelo de produção capitalista, inclusive nas suas relações.

Com a complexidade que o capitalismo tomou, ao articular-se indissociadamente das opressões de raça e classe, a partir do pensamento feminista negro, sempre de olhar interseccional, temos um enquadramento mais sofisticado para discutir essas existências e, portanto, garantir a multiplicidade de construções nas estruturas sociais e de embate sistêmico.

A igualdade como elemento para a uma democracia radical. O feminismo negro como o marco da imprescindibilidade da liberdade.

Referências

MBEMBE, Achille. *A era do humanismo está terminando.* [trad. André Langer]. 2016 Disponível em: <http://www.ihu.unisinos.br/78-noticias/564255-achille-mbembe--a-era-do-humanismo-esta-terminando>. Acesso em: set. 2017.

SANTOS, Boaventura Sousa. *A difícil democracia. Reinventar as esquerdas.* São Paulo: Boitempo Editorial, 2016.

TORMEY, Simon. *A crise contemporânea da democracia representativa.* Australia: University of Sydney, 2006.

Estado "democrático e de direito" para quem? Identidades para uma construção de democracia para a população negra no Brasil

Suelen Aires Gonçalves[1]

Democracia é uma aposta institucionalizada, segundo Guillermo O'Donnel (2013, p. 16), associada à universalização dos direitos humanos e no desenvolvimento, cuja base comum é o reconhecimento do ser humano como agente baseado na agência do ser humano. As experiências latino-americanas e brasileira nessa aposta eram recentes, iniciadas no final do século XX, e, no caso brasileiro, estávamos a passos tímidos na construção do projeto da universalização dos direitos e no reconhecimento da agência humana, com a nossa Constituição cidadã de 1988.

Esse processo de construção foi interrompido desde agosto de 2016, com o golpe contra a presidenta democraticamente eleita Dilma Vanna Rousseff (PT). As razões, causas e motivos do golpe encontram-se na insistência dessa aposta institucionalizada, referida por O'Donnel (2013); esse diagnóstico é, atualmente, um espaço comum na avaliação do surgimento do golpismo no Brasil. O programa democrático-popular protagonizado pelos governos petistas desde a eleição do primeiro trabalhador à presidência da República do País em 2002, Luiz Inácio Lula da Silva, foi o principal agente construtor dessa aposta de universalização dos direitos humanos, embora o fizesse dentro dos marcos liberais do capitalismo e do consumo.

Os últimos quinze anos desde a eleição do presidente metalúrgico podem ser traduzidos na busca de mudanças para a formação da sociedade definida na Constituição de 1988, mas nos quadros-limite do próprio desenvolvimento do

---

1 Suelen Aires Gonçalves se define como "preta, periférica, feminista e socióloga", e é moradora de uma ocupação urbana que com orgulho chama de "minha doce favela". Desde jovem se organiza no MNLM (Movimento Nacional de Luta pela Moradia), cujo objetivo central é a solidariedade pelo espaço urbano. Suelen é graduada e mestre em ciências sociais, e atualmente faz doutorado em sociologia e integra o Grupo de Pesquisa em Políticas Públicas de Segurança e Administração da Justiça Penal GPESC/PUCRS. Sua experiência e áreas de atuação tem enfoque em crime, violências racistas e de gênero e políticas públicas.

capitalismo pelo consumo. Não é por menos que, em analogia ao golpe de 1964, também em meio ao processo de desenvolvimento do capitalismo periférico no País, com certa elevação de bem-estar de setores populares, sobretudo urbanos, emergiu o que O'Donnel (LINZ et al., 1979, p. 28) denominou um modo de dominação "burocrático-autoritária".

Importante comentar que o próprio O'Donnel (LINZ et al., 1979) salienta que a emergência da dominação burocrático-autoritária é um fenômeno histórico das condições específicas dos países latino-americanos. Portanto, transplantá-lo para a atualidade poderia aparentar um equívoco conceitual. Mesmo assim, cabe indicar as similaridades do fenômeno analisado pelo cientista político argentino com a tragédia recente: a dominação burocrático-autoritária surge como reação das elites econômicas a uma suposta ameaça pela "forte ativação política do setor popular"; dirigidos por agentes com "carreiras em organizações complexas" (LINZ et al., 1979, p. 30) como Estado ou empresas. Essa dominação é despolitizante, ao passo que reduz questões políticas e sociais a problemas técnicos, objetivando o aprofundamento do capitalismo periférico e dependente do País.

O'Donnel (2013), em uma leitura latino-americana, insere no debate sobre democracia na região o aspecto do reconhecimento da agência do ser humano, o acesso aos direitos humanos e o desenvolvimento humano. Interpretação distinta de democracia que a reduz a um método de escolha de elites. Joseph A. Schumpeter (2003) analisa, de certo modo, o que ele compreende como democracia possível e, ao contrário do que ele denomina de teoria clássica, Schumpeter define a democracia como um método de escolha de lideranças. "[O] método democrático é um arranjo institucional para alcançar decisões políticas onde indivíduos adquirem poder de decidir por meios de competição o voto do povo" (SCHUMPETER, 2003, p. 269, tradução nossa). Afinal, segundo Schumpeter (2003, p. 262), "o cidadão típico cai para um menor desempenho mental assim que ele ingressa no campo político [...] [e]le torna-se primitivo novamente"[2] (SCHUMPETER, 2003, p. 262); apesar de, contraditoriamente, o referido "cidadão típico" de Schumpeter não cair para um menor desempenho mental no momento do voto de escolha de liderança.

Respeitadas as proporções, esses elementos que precedem e caracterizam a dominação burocrático-autoritária são, em partes, similares no episódio do golpe

---

2   Citação original: "the typical citizen drops down to a lower of mental performance as soon as he enters the political field. [...] [h]e becomes a primitive again".

de 2016. A forte ativação política do setor popular, em analogia, é substituída pelas sucessivas vitórias eleitorais do campo democrático-popular (2002, 2006, 2010, 2014), em detrimento da desmobilização desses setores fora dos mecanismos institucionais. A direção do golpismo, protagonizada por pessoas com carreiras em organizações complexas como Estado e empresas, dessa vez não é tomada pelos oficiais e comandantes das Forças Armadas, mas pelos magistrados, pelo próprio judiciário (tanto no ativismo político da força-tarefa da Operação Lava Jato, quanto na conivência e covardia dos ministros do Supremo Tribunal Federal, bem como empresários dos setores da construção civil, setor agropecuário e setor financeiro do País).

Todavia, por mais que possamos identificar as conquistas obtidas sob os governos democráticos populares como as razões, motivos e causas para o golpismo, o fato é que seu sucesso decorre, eminentemente, dos equívocos desses governos petistas e nas insuficiências da aposta institucional da democracia nos marcos do capitalismo periférico. Para tanto, chamo a atenção para um aspecto perturbador no reconhecimento do golpe perpetuado em 2016. A ideia que a democracia, enquanto universalização de direitos e no desenvolvimento do ser humano, nunca esteve presente, em nenhum momento da história desse País, ao alcance de setores historicamente marginalizados da sociedade brasileira – seja nos períodos de regimes autoritários e de exceção, seja no nosso interregno democrático. Refiro-me, portanto, à população negra, juvenil e periférica.

Quando nos perguntamos por que o afastamento da presidenta eleita foi um golpe, deparamo-nos com a argumentação centrada na justificativa de apontar a ausência de crime, bem como a fabricação de provas – esdrúxulas – como as "pedaladas fiscais", que culminam na condenação injusta do afastamento. Aspectos similares que se reproduzem na atuação da própria Operação Lava Jato, nas conduções coercitivas, prisões preventivas e "vazamentos" seletivos que desrespeitam as garantias legais resguardadas na Carta de 1988.

Todos esses aspectos de exceção ao estado de direito já eram presentes na suposta democracia, antes do golpe de 2016, que tem no fenômeno do encarceramento em massa da população negra o sintoma do estado racista no Brasil e das excussões produzidas pelo Estado, pelas polícias militares, com a justificativa dos "autos" de resistência. Ou seja, a juventude negra e periférica é tida como inimigo interno de uma polícia despreparada para viver em democracia. Sobre o tema, Sergio Adorno (1995) nos apresenta que o processo de constituição da igualdade no campo jurídico foi construído com o Estado moderno, com a pretensão de diálogo sobre a redução das desigualdades sociais, ou seja, pelo reconhecimento de sujeitos de direitos. Entretanto, de acordo com Adorno, essa experiência histórica foi restrita a sociedades que vivenciaram um estado de bem-estar social no final do século XIX e início do XX (ADORNO, 1995, p. 40).

Pensadores brasileiros como Adorno (1995), Paixão (1982) e Sinhoretto (2014) nos apresentam em diálogo com o campo de pesquisas sobre justiça criminal e segurança pública questionamentos no que tange às discriminações sociais e raciais, ao "não" acesso à justiça, às práticas das instituições de controle e punição e às seletividades do sistema de justiça no Brasil. Ou seja, apresentam-nos com nitidez a redução da dita "igualdade jurídica" que, em tese, é uma das bases de um estado democrático de direito.

Sobre o sistema carcerário, aciono Angela Davis que, em visita ao Brasil em agosto de 2017, argumentou sobre a necessidade de novas abordagens do movimento feminista e de mulheres sobre o sistema carcerário. Tema esse que exige uma reflexão maior sobre o papel dos movimentos populares no Brasil. Segue uma parte da fala de Davis sobre o tema em questão:

> Não reivindicamos ser incluídas em uma sociedade profundamente racista e misógina, que prioriza o lucro em detrimento das pessoas. Reivindicar a reforma do sistema policial e carcerário é manter o racismo que estruturou a escravidão. Adotar o encarceramento como estratégia é nos abster de pensar outras formas de responsabilização. Por isso, hoje faço uma chamada feminista negra para abolirmos o encarceramento como forma dominante de punição e pensarmos novas formas de justiça (DAVIS, 2017).

Sobre a realidade brasileira do sistema penitenciário, ao todo, são mais de 644 mil detentos e um déficit de 250 mil vagas. Sendo que, desse total, contamos com mais de 244 mil presos provisórios que são mantidos no sistema, mas ainda não foram condenados. Sobre o perfil dos apenados há uma prevalência de baixa escolaridade, o que indica que essa população estava em uma situação vulnerável ou marginalizada antes do cárcere. Pesquisas apresentam que dois em cada três detentos são negros e cerca de 56% deles são jovens, com 18 a 29 anos. Em relação ao tipo de crimes, 14% dos presos cometeram homicídio, 21% roubo e 27% estavam *envolvidos com o tráfico de drogas*. Ou seja, estamos encarcerando homens, jovens e negros.

No que tange ao recorte de gênero, gostaria de trazer alguns elementos para nossa reflexão. O mapa da violência de 2015 apontou que o feminicídio teve um aumento de 54% entre as mulheres negras (2003–2013), enquanto entre mulheres brancas diminuiu 9,8% em 10 anos. Isso significa que estamos sendo vítimas de uma ausência de políticas públicas com relação ao enfrentamento da violência contra as mulheres negras, um não estado para tal população. Sobre a questão da saúde das mulheres negras, segundo o Ministério da Saúde, a mortalidade materna da mulher negra está 65% acima daquela da mulher branca, e as negras também são as mais vitimadas por abortos clandestinos. A pesquisa Itinerários e Métodos do Aborto Ilegal, feita em cinco capitais brasileiras, mostrou que, para cada mulher branca internada em alguma instituição de saúde para finalizar um aborto, outras três negras também foram internadas. Sobre o sistema carcerário e as mulheres negras, de acordo com o Infopen/Ministério da Justiça, a maioria das mulheres presas no País (68%) é negra, enquanto 31% são brancas e 1% amarela.

A análise que convido todos a fazer, para compreendermos a presente conjuntura, reside no questionamento do significado de democracia – e não espero esgotá-lo aqui – e especialmente a necessidade do reconhecimento da identidade da população negra, das mulheres e juventudes. A compreensão dessas identidades somente pode ser percebida na compreensão da realidade material, simbólica e cotidiana dessa população. Sendo assim, qualquer nova aposta institucionalizada da democracia não pode prescindir do reconhecimento dessas identidades, bem como seu protagonismo para transformação efetiva desse estado permanente de exceção.

Entretanto, esta identidade não consiste em uma identidade orientada na diferenciação, mas, sim, no reconhecimento para promoção de igualdade entre os seres humanos. O não reconhecimento das identidades por parte da direita brasileira é esperado. Ela não se apropria das bandeiras de luta dos movimentos sociais centrados no aspecto de identidade – de reconhecimento, antirracista, antissexista, voltada ao empoderamento e quebra de hierarquias. Em outros termos, nem de perto temos o fenômeno que Nancy Fraser (2017) classificou como "neoliberalismo progressista", pelo simples fato de que o neoliberalismo no nosso País é de caráter conservador, ou seja, ele expressa uma aliança com a financeirização da economia com o reforço do racismo, sexismo e hierarquias patriarcais.[3]

---

3   A manifestação dessa convergência "neoliberal conservadora" está na própria face do golpismo. O Projeto de Emenda à Constituição (PEC) denominado "Teto dos Gastos", a famigerada Reforma da Previdência e a Reforma Trabalhista são, nada mais, que adequação institucional da economia brasileira ao projeto neoliberal, de financeirização da economia pela precarização das relações de trabalho. Ao mesmo tempo, todo o governo é composto por homens brancos que reproduzem um ordenamento heteronormativo – o usurpador Michel Temer, em discurso no Dia Internacional da Mulher, reitera o papel doméstico da mulher, quando diz "o quanto a mulher faz pela casa, o quanto

Nesse sentido, saliento que o ataque aos "movimentos identitários" são ataques nítidos à população negra, de mulheres, de LGBTs em todo o País. Materializa-se em nossa sociedade pelos exemplos que trouxe anteriormente sobre o conceito de estado democrático de direito, do acesso à justiça, do sistema carcerário brasileiro, do genocídio da juventude negra e do feminicídio de mulheres negras em solo brasileiro. Não é algo do abstrato, é uma realidade que temos que enfrentar na perspectiva de mudança estrutural. Em alguns espaços acadêmicos e inclusive na militância política dita de "esquerda", tais temas são secundarizados, ou melhor, tratados como menores frente à luta anticapitalista. Gostaria de alertá-los que a luta anticapitalista necessita de uma luta antirracista e antimachista ao seu lado. Do contrário, são parte de manutenção de subalternidade, disfarçada de anticapitalista, de democrática e de esquerda. Precisamos estar atentas a tais discursos. Sempre!

Referências

ADORNO, Sérgio. Crise no sistema de justiça criminal. *Ciência e Cultura*, São Bernardo do Campo, São Paulo, p. 50-51, 2002.

_____. Racismo, criminalidade violenta e justiça penal: réus brancos e negros em perspectiva comparativa. *Estudos Históricos*, Rio de Janeiro, v. 9, n. 18, p. 283-300, 1995.

BRASIL. Discurso do presidente da República, Michel Temer, durante Cerimônia de Comemoração pelo Dia Internacional da Mulher – Brasília/DF. *Portal Planalto*, 8 mar. 2017. Disponível em: <http://www2.planalto.gov.br/acompanhe-planalto/discursos/discursos-do-presidente-da-republica/discurso-do-presidente-da-republica-michel-temer-durante-cerimonia-de-comemoracao-pelo-dia-internacional-da-mulher-brasilia-df>. Acesso em: 22 jul. 2017.

O'DONNEL, Guillermo. Democracia, desenvolvimento humano e direitos humanos. *Revista Debates*, Porto Alegre, v. 7, n. 1, p. 14-114, jan.-abr. 2013.

LINZ, Juan et al. *O estado autoritário e os movimentos populares*. Rio de Janeiro: Paz e Terra, 1979.

PAIXÃO, Antônio L. A organização policial numa área metropolitana. *Dados. Rev. Ciências Sociais*, v. 25, n. 1, p. 63-85, 1982.

---

faz pelo lar, o que faz pelos filhos. E, portanto, se a sociedade de alguma maneira vai bem, quando os filhos crescem, é porque tiveram uma adequada educação e formação em suas casas. E seguramente isso quem faz não é o homem, isso quem faz é a mulher" (BRASIL, 2017).

SCHUMPETER, Joseph A. *Capitalism, Socialism and Democracy*. London: Routledge; New York: Taylor & Francis e-Library, 2003.

SINHORETTO, Jacqueline. Controle social estatal e organização do crime em São Paulo. *Dilemas: Revista de Estudos de Conflito e Controle Social*, v. 7, n. 1, p. 167-196, jan./fev./mar. 2014a.

_____. Seletividade penal e acesso à justiça. In: LIMA, Renato Sérgio; RATON, José Luiz; AZEVEDO, Rodrigo Ghiringhelli. *Crime, polícia e justiça no Brasil*. São Paulo: Contexto, 2014b. p. 487-497.

_____; SILVESTRE, Giane; SCHLITTLER, Maria Carolina. *Desigualdade Racial e Segurança Pública em São Paulo: letalidade policial e segurança pública*. Relatório de Pesquisa, Gevac/UFSCar, 2014.

Corpo, vida
e morte

CORPOREIDADES CRÍTICAS NA (INS)URGÊNCIA DESTE INSTANTE

Fernanda Martins[1]

É preciso ir ao encontro da vida para buscar forças para resistir!
(CARNEIRO, 2011).

É através da possibilidade de trilhar novos caminhos políticos que o recorte aqui enfrentado propõe encarar a situação de crise democrática do Brasil como uma possibilidade de *acontecimento*, como um evento singular passível de *luta radical e de resistência pela vida* diante da vulnerabilidade que marca nossos corpos neste instante.

Talvez, assim, seja a vez de quem sabe quem, e particularmente de quem questiona esse saber de alguém, descartar as verdades instauradas num corpo *necropolítico* (MBEMBE, 2011) opaco que buscamos representar como democrático enquanto desconectados com a materialidade das vidas vividas em corpos que urgem em aparecer na multiplicidade temporal e espacial do que chamamos de política. E se para estilhaçar as verdades racionalizadas de um projeto político de violência *falo-logocêntrica*[2] é necessário emitir notas especiais, para alcançar tim-

---

[1] Fernanda Martins é Professora na Universidade do Vale do Itajaí (UNIVALI). Doutoranda no Programa de Pós-Graduação em Ciências Criminais da PUC/RS e mestre em Teoria, Filosofia e História do Direito. Bacharela e Licenciada em História pela Universidade Federal de Santa Catarina (UFSC) e Bacharela em Direito pela Universidade do Vale do Itajaí (UNIVALI). Integrante dos Projetos de Pesquisa CNPq "Criminologia, Cultura Punitiva e Crítica Filosófica" (PUCRS), "As Fronteiras entre Tradição e Modernidade na Construção do Estado Brasileiro" (PUCRS) e "Bases para uma Criminologia do controle penal no Brasil: em busca da brasilidade criminológica" (UFSC) e colunista do site "Empório do Direito". Além disso, é organizadora das obras *Estudos feministas por um direito menos machista* - Volume I e *Estudos Feministas por um direito menos machista* - Volume II e autora da *A (des)legitimação do controle penal na Revista de Direito Penal e Criminologia (1971 - 1983)*: A criminologia, o direito penal e a política criminal como campos de análise crítica ao sistema punitivo brasileiro.

[2] *Logocentrismo*: "metafísica da escritura fonética que em seu fundo não foi mais – por razões enigmáticas mas essenciais e inacessíveis a um simples relativismo histórico – do que o etnocentrismo mais original e mais poderoso, que hoje está em vias de se impor ao planeta, e que comanda, numa única e mesma *ordem: o conceito de escritura; 2. A história da metafísica; 3. Conceito de ciência.*"

bres suficientemente capazes de fazer vibrar até o espesso maciço naturalizado das violências civilizadas, que seja este o nosso grito de ação.

O recalque dos fatos que nos assolam, na busca incansável por seus ecos, deve ser enfrentado através da *profanação do improfanável* (AGABEM, 2007), da memória restituída ao uso comum para além das mortes tomadas como sacrifícios legitimados pela lógica econômica da estabilidade política. Memória emergente como recuperação dos direitos aniquilados por esse processo de golpe de Estado, marcadamente constituído pela sucessão de práticas de extermínio produzidas pela negociação neoliberal desenvolvimentista.

Nesse sentido, apontar as constituições de uma sociedade dada pelo *masculino universal*, vértice de estruturas caracterizadas por formas de pensar hegemônicas e baseadas na colonialidade etnocêntrica, no racismo e no sexismo, na separação corpo/mente e na primazia do pensamento abstrato universalista tornou-se tarefa urgente. Desde um modelo filosófico, político, social e jurídico calcado em categorias identitárias fixas, consolidado e reverberado contemporaneamente, parece necessário questionar se não serão esses mesmos recalques apenas reflexos do profundo processo de emudecimento das vozes dos *subalternos* (SPIVAK, 2010) sempre presente nas ações genocidas, em especial sobre as populações negra (FLAUZINA, 2008; CARNEIRO, 2011; NASCIMENTO, 1978) e indígena (CARELLI; CARVALHO; TITA, 2017), do Estado brasileiro.

Propõe-se, portanto, neste espaço, uma leitura sobre o *político* como fissura às vozes silenciadas, para que se possa romper as angústias do recalque do lado obscuro de nós mesmos (ROUDINESCO, 2008), possibilitando, quem sabe, "uma releitura transversal, que nos [faça] compreender nosso tempo com a ajuda de fatos e gestos das [nossas] sociedades passadas" (MAFESSOLI, 2007, p. 147) como possibilidade de burlar a repetição autoritária e estabelecer a ética e a justiça como reais suportes do agir diante dos fatos políticos que nos atingem.

(DERRIDA, Jacques. *Gramatologia*. São Paulo: Perspectiva, 2006. p. 3-4). A ideia do feminismo como "toda crítica ao falogocentrismo é desconstrutiva e feminista, e toda desconstrução comporta um elemento feminista" (Idem. Entrevista com Cristina de Peretti. *Política y sociedad*, Madrid, n. 3, 1989. Falocentrismo: "A autoridade e a autonomia (mesmo se se submetem à lei, este assujeitamento é liberdade), são, por este esquema, mais próximos do homem que da mulher, e mais próximos da mulher do que do animal. E, bem entendido, mais próximos do adulto do que da criança. A força viril do macho adulto, pai, marido ou irmão pertence ao esquema que domina o conceito de sujeito (Idem. *Acts of literature*. New York; London: Routledge, 1992, p. 294)". Sobretudo, cf. Idem. *Esporas: os estilos de Nietzsche*. Rio de Janeiro: NAU, 2013.

Ademais, deve-se insistir desde logo como premissa, diante da marca masculina forjada sob sólidos pilares identificantes e anuladores da alteridade (BHABHA, 1998), que a assunção da *temporalidade* passa por reconhecer que ato e repetição (iterabilidade) constituem a *performatividade* de gênero, pois a "linguagem atua sobre nós antes que atuemos e continua atuando no mesmo momento em que atuamos" (BUTLER, 2015a). Ou seja, se a *vulnerabilidade* é estar "exposto à linguagem antes de qualquer possibilidade de formar ou formular um ato discursivo", aqui se entendendo o feminismo, ao menos em parte, como "um termo político, um questionamento do poder e da possibilidade de mudança, e não somente [como] uma questão de técnica" (SHIACH, 1989, p. 205) convoca-se uma peculiar reflexão sobre a repetição compulsiva no sentido de uma pulsão de morte – de si e do outro – como tradução da lógica permanente de repetições das práticas estatais que traduzem o *político brasileiro*.

Encarar o avanço conservador atual passa, noutros termos, por exigir o afastamento dos mitos de pureza e, principalmente, atravessar os olhos pelos debates feministas da política, instante subversivo que coloca em xeque as promessas da permanência de um *estado de injúria* (BROWN, 1995) representado pelo masculino heteronormativizador.

É nesse contexto de debate sobre as candentes questões do feminino que se compreende que falar *com* e *através* do debate feminista torna-se sempre um processo de "deslocamento" (sofridos pelos agentes ao longo da história) (KEHL, 2016, p. 20) ou de "resistência subversiva" (BUTLER, 2009) às concepções/papéis/atribuições de mulheres na construção da sociedade como possibilidade de *novos percursos*.

O desajuste dessa realidade de crise política que não representa as singularidades da população brasileira, e que possui como marca nevrálgica a eliminação da alteridade, pode ser pensado através da figura da *feminista ciborgue* (HARAWAY, 2002) como um agir de resistência feminista através da relação corpo-máquina, em que as concepções do natural determinado pelo *falologocentrismo* (DERRIDA, 2013) e pelo dualismo sempre presente nas definições de Homem e Política estão subordinadas à construção de um pensamento racionalizado pelo homem branco, colonialista e burguês.

Dessa forma, pensar as narrativas a partir daquilo que nos é mais material, corpo (não dócil), tocado pelas histórias daquele(a)s que sequer podemos dizer para aquele(a)s que sequer podemos prever (BUTLER, 2015b), é desconstruir e reconstruir a possibilidade de reconhecermos todas as vidas como vidas dignas de serem vividas, é assim fraturar a *consciência da exclusão* (HARAWAY, 2002, p. 232) presente no pensamento binário e na violência do patriarcado.

Essa fusão ciborgue em que a escrita e a fala são *ferramentas subversivas* (HARAWAY, 2002) que nos permitem *sobreviver,* o

> mundo ciborgue pode ter a ver com as realidades sociais e corporais realmente vividas, um mundo onde as pessoas não têm medo da sua afinidade e ligação com os animais e as máquinas, da sua identidade permanentemente parcial nem das posições contraditórias (HARAWAY, 2002, p. 231).

Assim, se nos personificarmos como sujeitos políticos de responsabilidade indisponível e intransponível através de nossos corpos como *corpos críticos,* marcados por tudo aquilo que nos toca, ocupando espaços tradicionalmente estabelecidos pelo dizer hierárquico através da dominação sempre presente de todos os laços político-sociais de um corpo insubmisso, podemos romper com as estruturas incalculáveis da violência que nos assola em tempos de "crise".

Corpos críticos que em seu estado de ambivalência permitem uma crise ainda mais profunda, (re)constituindo a possibilidade de novas trajetórias, *corpos críticos* que assinalam uma crítica possível e urgente através da sua objeção em permanecer inerte, em permanecer inanimado, em constituir-se como potência crítica de uma ordem impositiva daquilo que rompe como *possibilidade do impossível.*

Corpos críticos que recusam a instrumentalização da luta democrática, dos direitos sociais, das leis e dos movimentos sociais em prol da máquina perversa do neoliberalismo; *corpos críticos* em sua materialidade constitutiva de temporalidades e espacialidades múltiplas que urgem em reconhecer e resistir aos corpos em estado crítico de extermínio. *Corpos críticos* através da crítica às vidas tomadas pelas instituições como indignas de luto ou como baixas "acidentais" – contingências de um percurso administrável –, vidas descorporificadas pelo esquecimento diário de grupos silenciados.

Para não se alijar da politização da vida que captura o ser humano (DERRIDA, 1994), colocando-o como estratégia de governo, a proposta de se pensar novos caminhos da democracia hoje no Brasil faz-se marcada sob alguma radicalidade que merece ser vivida, e que deve passar a ser a de "redescrever as possibilidades que já existem, mas que existem dentro de domínios culturais apontados como culturalmente ininteligíveis e impossíveis" (BUTLER, 2009, p. 156), ou seja, a possibilidade de [re]escrevermos novas histórias sob certa configuração do impossível num encontro capaz de alterar os domínios humanos sobre a finitude.

Isto é, que essas novas possibilidades de leituras temporais, espaciais, de política, resistência, estrutura democrática e participação popular sejam encaradas como para além do local do senso comum, que já não dá mais conta de romper com os limites autoritários vestidos de *democracia* que hoje enfrentamos.

Sob essa ótica, pensar certo "Partido Imaginário" de corpos críticos feministas "não é nada especificamente; [mas] é tudo o que produz um obstáculo, que mina, que arruína, que desmente a equivalência". Se "há muito tempo os 'sujeitos revolucionários' só existem pelo poder", tornar-se "meramente" corpo crítico em estado de aliança (BUTLER, 2017) "é tornar-se imperceptível" através da "pura singularidade" (TIQQUN, 2014, p. 46).

Assim, se a tentativa de compreender para além de si mesma(o) como *corporeidades críticas* (TIQQUN, [s.d.], p. 11) permite reconhecer a potência da diferença instituída no distinto como marca de novos tempos, o ato político singular está na potência da multiplicidade em "prol da construção de um círculo virtuoso em que compartilhar igualitariamente a diversidade humana seja um princípio de enriquecimento para todos" (CARNEIRO, 2011).

Quem sabe a *estratégia da multiplicidade* possa ser pensada como

> estratégia, que não é mais a da guerra, mas sim a da guerrilha difusa, é o elemento próprio da Autonomia. [...] Não se trata mais, aqui, de se aglomerar num sujeito compacto para se opor ao Estado, e sim de se disseminar numa multiplicidade de lares, assim como as várias fendas da totalidade capitalista. A Autonomia é menos um agrupamento de rádios, de grupos, de armas, de festas, de manifestações e de squats, do que uma certa intensidade na circulação de corpos entre todos esses pontos (TIQQUN, 2014, p. 94).

Nesse sentido, o diálogo como ato político pode ser sentido como uma manifestação concreta dos sujeitos atravessada por todos os veículos conhecidos; trata-se de uma estratégia de *desidentificação* estabelecida nas complexidades sociais; faz-se, portanto, como encontro efetivo com aquilo que se pode chamar de *alteridade*.

Dessa forma, opera-se como a (ins)urgência desse instante indagar novas hipóteses para pensar hoje os marcos democráticos libertos das amarras institucionalizadas do *racional estatal* ou desse Estado racionalizado e constituído através de violência desumanizadora, pronto a dotar de suportabilidade o inaceitável em nome da própria concepção de democracia – em crise.

Reconhecer que o caso da hipótese democrática brasileira está revestido pelo manto *democrático constitucional* terá o mesmo respaldo que desmantela como regra os direitos sob o manto do discurso da liberdade, exterminando grupos vulneráveis pelo *igualitarismo repressivo* (ADORNO, 2015). Pensar a democracia como *agir permanente* que toma a sério a questão antissexista, antirracista, antifascista etc. é compreender que ela "parece destinada a ser mais um momento do que uma forma", em que "a liberdade é a própria coisa que impede que seja fundada" (BROWN, 1995, p. 8 [livre tradução]).

As lutas, os corpos, os encontros revelam que o que sobrevive não está no plano da instituição ou da permanência de um além-vida, mas está na sucessão de *sins* à vida em resistir às vulnerabilidades implicadas numa sociedade hierarquizada. É, portanto, *insurreição* (COMITÉ INVISIBLE, 2007) ao desvelar o direito à aparição e o direito à existência. É dizer *sim* a viver com a espectralidade, "é aprender a viver aprendendo não a conversar com o fantasma, mas a ocupar-se dele, dela, a deixar-lhe ou restituir-lhe a fala, seja em si, no outro, no outro em si" (DERRIDA, 1994, p. 234).

A potência desse instante em que *acontecimentos imprevisíveis* tenham talvez sua vez de *quiçá* questionar as certezas limitadas de quem sabe instrumentalizar a violência institucionalizada através da democracia, esteja em cada *corpo crítico aliado* dessas vidas que urgem na desconstrução como *teste* (RONELL, 2005) aberto a novas experiências. Nesse endereçamento de novas possibilidades *políticas* destinado aos sujeitos indizíveis, pulverizando *conceitos revolucionários de um talvez democrático* e radicalizando as táticas de enfrentamento à autoridade, a resistência rebelde que se proponha a encarar a igualdade, a liberdade e a democracia apenas fará algum sentido se tocada por um agir eticamente engajado desde sempre, local político urgente de subversão à tensão afirmativa das categorias identitárias.

Trata-se de resistir em tempos inóspitos à diferença, fascismos instrumentalizados por diversos matizes, em que misoginia privilegiada apenas é uma de suas formas de suas manifestações. Que se insista na passividade radicalmente subversiva da *escuta* e no *dizer* que sempre invoca a urgência do encontro. Que se rompa a falsa paz dos silêncios cúmplices na disposição justa ao *diálogo*, compreendido como "um mecanismo, um organismo, uma metodologia ético-política. [...] Nesse sentido, o diálogo é aventura no desconhecido. Ato político real entre diferenças que evoluem na busca do conhecimento e da ação que dele deriva" (TIBURI, 2015, p. 90).

Assim, se as "diferenças vitais que [...] têm de ser dissipadas vivendo" (FREUD, 2010, p. 165) são aquelas *indefinições fantasmáticas* (DERRIDA, 2001) que precedem qualquer identidade em que o corpo não é mais tomado como um "dado natural, mas como uma superfície politicamente regulada" (RODRIGUES, 2012, p. 150), um olhar feminista desessencializante, desregulamentador, desconstruinte será aliado fundamental neste *partido imaginário* implicado nas *táticas de guerrilha* de novas constituições políticas. *Insurgência* como energia potencial, cujo fluxo rompe temporalmente, em que o tempo torna-se meramente sendo diferencialmente; como impulso performático num percurso urgente de reconhecimento da força do *precariado* como *luta política de corpos críticos aliados* que insiste em manter-se viva.

REFERÊNCIAS

ADORNO, Theodor. Teoria freudiana e o padrão da propaganda fascista. In: _____. *Ensaios de psicologia social e psicanálise*. Trad. Verlaine Freitas. São Paulo: Unesp, 2015.
AGABEM, Giorgio. *Profanações*. São Paulo: Boitempo, 2007.
BHABHA, Homi K. *O local da cultura*. Belo Horizonte: UFMG, 1998.
BROWN, Wendy. *States of Injury*: power and freedom in late modernity. New Jersey: Princepton, 1995.
BUTLER, Judith. *Cuerpos aliados y lucha política*: hacia uma teoria performativa de la Asemblea. Canadá: Ediciones Paidós, 2017.
_____. *Relatar a si mesmo*: crítica da violência ética. Belo Horizonte: Autêntica, 2015a.
_____. *Repensar la vulnerabilidad y la resistência*. Conferencia impartida el 24 de junio en el marco del XV Simposio de la Asociación Internacional de Filósofas (IAPh), Alcalá de Henares, España, 2015b.
_____. *Problemas de gênero*: feminismo e subversão da identidade. Rio de Janeiro: Civilização Brasileira, 2009.
CARELLI, Vincent; CARVALHO, Ernesto de; TITA. *Martírio*. [S.l.]: Papo Amarelo e Vídeo nas Aldeias, 2017.
CARNEIRO, Sueli. *Racismo, sexismo e desigualdade no Brasil*. São Paulo: Selo Negro, 2011.
COMITÉ INVISIBLE. *La Insurrección que viene*. [S.l.]: La fabrique editions, 2007.
DERRIDA, Jacques. *Esporas*: os estilos de Nietzsche. Rio de Janeiro: NAU, 2013.
_____. *Gramatologia*. São Paulo: Perspectiva, 2006.
_____. *O monolinguismo do outro ou a prótese de origem*. Tradução de Fernanda Bernardo. Porto: Campo das Letras, 2001.
_____. *Espectros de Marx*: o estado da dívida, o trabalho do luto e a nova Internacional. Rio de Janeiro: Relume-Dumará, 1994.
_____. *Acts of literature*. New York; London: Routledge, 1992.

_____. Entrevista con Cristina de Peretti. *Política y sociedad,* Madrid, n. 3, 1989.

FLAUZINA, Ana. *Corpo negro caído no chão:* o sistema penal e o projeto genocida do Estado Brasileiro. Rio de Janeiro: Contraponto, 2008.

FREUD, Sigmund. *Obras Completas* (1917–1920). Rio de Janeiro: Companhia das Letras, 2010. v. 14.

HARAWAY, Donna. O Manifesto Ciborgue: a ciência, a tecnologia e o feminismo socialista nos finais do século XX. In: MACEDO, Ana Gabriela (Org.). *Género, identidade e desejo:* antologia crítica do feminismo contemporâneo. Lisboa: Cotovia, 2002.

KEHL, Maria Rita. *Deslocamentos do feminino:* a mulher freudiana na passagem para a modernidade. 2. ed. São Paulo: Boitempo, 2016.

MAFESSOLI, Michel. *O conhecimento comum:* introdução à Sociologia Compreensiva. Porto Alegre: Sulina, 2007.

MBEMBE, Achille. *Necropolítica.* Espanha: Editorial Melusina, 2011.

NASCIMENTO, Abdias. *O genocídio do negro brasileiro:* processo de um racismo mascarado. Rio de Janeiro: Paz e Terra, 1978.

RODRIGUES, Carla. Perfomance, gênero, linguagem e alteridade: J. Butler leitora de J. Derrida. Sexualidad, Salud y Sociedad. *Revista Latinoamericana,* n. 10, abr. 2012.

RONELL, Avital. *The test drive.* Chicago: University of Illinois Press Urbana and Chicago, 2005.

ROUDINESCO, Elisabeth. *A parte obscura de nós mesmos*: uma história dos perversos. Trad. André Telles. Rio de Janeiro: Jorge Zahar, 2008.

SHIACH, Morag. O "simbólico" deles existe, detém poder – nós, as semeadoras da desordem, o conhecemos bem demais. In: BRENNAN, Teresa. *Para além do falo:* uma crítica a Lacan do ponto de vista da mulher. Rio de Janeiro: Rosa dos Tempos, 1989.

SPIVAK, Gayatri Chakravorty. *Pode o subalterno falar?*. Belo Horizonte: UFMG, 2010.

TIBURI, Márcia. *Como conversar com um fascista.* Rio de Janeiro: Record, 2015.

TIQQUN. *Como fazer? Contribuições para uma Guerra em curso.* [S.l.]: [s.n.], [s.d.].

_____. *Isso não é um programa.* Tradução de Daniel Lühmann. [S.l.]: Edições Aurora, 2014.

"Mayara morreu três vezes": feminicídio e consenso autoritário na crise brasileira

Daniela Mussi[1]

Consenso autoritário e crise

No final dos anos 1970, Stuart Hall publicou na Inglaterra uma pesquisa sobre o assalto violento [*mugging*] no imaginário político da população inglesa. Realizada em conjunto com alguns colegas – Chas Critcher, Tony Jefferson, John Clarke e Brian Roberts –, *Policing the crisis: mugging, the State, and law and order* [algo como "Policiando a crise: assalto, Estado, lei e ordem"] anunciava dois propósitos: o primeiro era apresentar o complexo processo de construção de um imaginário político e cultural na Inglaterra dos anos 1970, resultado da combinação entre crise econômica, ação repressiva da polícia, sensacionalismo conservador dos meios de comunicação de massa e a perspectiva moralizante e paternalista das políticas públicas. No mesmo sentido, o segundo propósito, de natureza epistemológica, estava em evidenciar esse imaginário como ponto de partida possível para a reflexão mais geral sobre a crise da sociedade inglesa.

Quando a pesquisa começou a ser feita, em 1973, o tema do assalto não estava em alta nos meios acadêmicos e *"mugging"* era uma expressão de conotação pejorativa emprestada do inglês norte-americano pelos meios de comunicação para servir como palavra-chave – ou gatilho – para o tema do aumento do número de assaltos de rua. Hall e seus colegas começaram a investigar o assunto depois de um julgamento que condenou a sentenças de dez e vinte anos de reclusão – sob uma agressiva cobertura da imprensa – três jovens de origens étnicas periféricas por um assalto violento na região de Handsworth (na cidade de Birmingham) (HALL et al., 1978, p. viii).

---

[1] Daniela Mussi é doutora em Ciência Política pela Unicamp e atualmente pós-doutoranda na mesma área na USP. É especialista no pensamento de Antonio Gramsci e atualmente desenvolve projeto na área de história do pensamento político brasileiro no período do final da ditadura. É autora do livro *Política e Literatura*: Antonio Gramsci e a crítica italiana (Alameda, 2014). É editora da *Revista Outubro* (www.outubrorevista.com.br) e colabora com o Blog Junho (www.blogjunho.com.br).

A partir daí, a pesquisa decompôs a imagem do "assalto violento" em três temas: o crime, a juventude e a raça (HALL et al., 1978, p. viii). Essa decomposição permitiu a visualização dos componentes do perfil do assaltante [*mugger*] que repercutia nos discursos da imprensa, da polícia e dos políticos. A marginalização econômica, geracional e étnica estava na base de um processo habilidoso e sistemático de construção de um estigma, o do criminoso jovem e imigrante e, com ele, da formação de um *consenso autoritário* generalizante e abstrato sobre as razões, circunstâncias e consequências da violência. Um consenso que tinha por consequência favorecer opiniões xenofóbicas, repressivas aos jovens e antipopulares. Em um contexto de desmoronamento de estruturas, costumes e tradições da sociedade inglesa, de frustração em relação às expectativas alimentadas no pós-1945, esse estigma caía como uma luva no espaço aberto pelos dilemas subjetivos e de um capitalismo que se transformava internacionalmente.

Essa pesquisa sobre o lugar do assalto, do assaltante, da política pública e da lei conduziu Hall e seus colegas à reflexão a respeito dos processos de modelagem e cultivo das relações econômicas, políticas e culturais ao longo do tempo. O surgimento do "*mugger*" no imaginário e no léxico, a seu ver, acompanhava a transformação profunda do próprio Estado e da nação ingleses (HALL et al., 1978, p. 208-209). O estigma não era uma forma de "excluir" socialmente certos indivíduos e grupos sociais, mas, ao contrário, uma maneira de *incluir subordinando*.

Inspirados também pelas ideias de Antonio Gramsci sobre a hegemonia e de Karl Polanyi (2000, p. 143 e 168) a respeito das ideias e da política do liberalismo econômico como "credo militante", como "princípio de garantia da lei e ordem", Hall e seus colaboradores concluíram que a crise estatal inglesa poderia levar a uma situação que não seria resolvida de "forma excepcional", por meio de uma ditadura aberta ou um regime explicitamente excludente, como o fascista ou nazista. Na Inglaterra dos anos 1970, notavam, a crise econômica levava a uma crise de hegemonia das classes dominantes expressa na forma de "momentos excepcionais", situações em que os mecanismos da democracia liberal sobreviviam e conviviam com a escalada de intervenção coercitiva do Estado nas diversas esferas da vida da população.

Justamente para que essa situação paradoxal – a convivência da democracia com o autoritarismo – pudesse ser equilibrada é que a construção de novos *consensos* passava a ter um papel central. A democracia liberal, nesse caso, era mantida não mais como "governo da vontade do povo", mas se degradava progressivamente em "capacidade conectiva" dos interesses dominantes com as classes subalternas. Não se tratava de uma solução pela força ou pelo consentimento – entendido aqui como equilíbrio entre formas ativas e passivas de consenso no qual as primeiras prevalecem –, mas pela *fraude* – ou seja, uma solução na qual o equilíbrio do consenso é coordenado pela passividade.

A evolução do "*mugger*" no imaginário inglês era bastante significativa nesse sentido. Do ponto de vista das classes dominantes, a solução para a crise do capitalismo tardio dos anos 1970 deveria ser buscada em uma reforma da subjetividade nacional-popular conduzida de cima para baixo, de caráter antidemocrático, mas capaz de subsistir sob um regime e instituições democrático-liberais. A essa reforma deram o nome de *consenso autoritário*, cuja principal característica seria a de permitir ao Estado a intervenção repressiva na vida dos indivíduos, o que, ao contrário do que poderiam imaginar os intelectuais progressistas, levaria à derrocada dos princípios reguladores desse Estado como *vigia noturno* e provedor do *bem-estar* (HALL et al., 1978, p. 214). Essas constatações, por sua vez, sinalizavam para uma transformação profunda nas dinâmicas políticas populares.

À medida que o Estado ampliava sua capacidade de intervenção coercitiva cotidiana, ou seja, sua capacidade de normalizar a presença do "momento excepcional" no interior das instituições democrático-liberais, cresceria em importância o momento da conquista da legitimidade dessa operação. Como centro e "desafio último" da política no capitalismo tardio, indicavam Hall e seus colegas, a conquista do consenso levaria ao abalo e à desagregação profundos das práticas, instituições, formas de luta e organização subalterna (HALL et al., 1978, p. 215). Desacostumadas em relação à mutabilidade do campo político onde os conflitos simbólicos e por legitimidade operam, bem como relativamente lentas em relação à circulação de informações e opiniões, as organizações das classes subalternas enfrentariam grandes dificuldades para as quais não estavam preparadas.

O FEMINICÍDIO COMO LABORATÓRIO DE CONSENSOS

Por seu alto valor teórico, analítico e político, as reflexões da pesquisa coletiva encabeçada por Hall sobreviveram ao tempo. Isso se deveu ao fato de que o trabalho se propôs a pensar a crise cultural, econômica e política dos anos 1970 como um fenômeno aberto e novo. Se a crise poderia ser compreendida como processo cíclico, gerado por contradições especificamente capitalistas, seu desenvolvimento e resultados não poderiam ser compreendidos sem a análise cuidadosa das especificidades da vida popular e de sua relação com as classes dominantes e as instituições. Em outras palavras, por assumirem a crise como um momento pertinente para a reflexão política, explicações economicistas ou mecânicas dos acontecimentos são insuficientes.

Semelhante a quando Stuart Hall, Chas Critcher, Tony Jefferson, John Clarke e Brian Roberts escreveram suas reflexões, os tempos atuais são de profunda transformação econômica, cultural e política em escala global. Uma crise aguda e ainda sem desfecho, exatamente como no início dos anos 1970. Tampouco nessa nova crise a polarização clássica entre força e consenso, autoritarismo e democracia, parece representar plenamente as formas de conflito em que esse processo se desenrola. Ao menos não até o presente momento. Se, então, ocorrem mudanças profundas nas sociedades capitalistas, seria possível captar, no momento atual e no Brasil, dinâmicas de construção de consensos e legitimidade semelhantes àquelas identificadas por esses pesquisadores na Inglaterra dos anos 1970?

Para realizar um exercício semelhante – e considerando o caso brasileiro, possivelmente pertinente para outros Países da América Latina –, partimos de um termo que emergiu nas últimas décadas no léxico político e cultural dos debates sobre a vida das mulheres nos diferentes Países: *o feminicídio*.[2] Nos últimos anos em particular, vimos ascender no debate público brasileiro o problema grave e cotidiano do assassinato de mulheres. Por força da presença – organizada e espontânea – de uma nova onda de protestos e movimentos feministas no Brasil e no mundo, estruturada no fluxo instantâneo de informações e contatos gerado pelas redes sociais virtuais, os assassinatos de mulheres passaram a ser denominados e caracterizados de maneira específica, como parte de uma cultura misógina de subalternização e extermínio de mulheres. O tema do feminicídio ganhou espaço nas reflexões acadêmicas, de políticas públicas, nas artes e também – ainda que

---

2   Ou "femicídio". Uma busca rápida no sistema *Google Books* permite perceber a entrada do termo "feminicidio" no *corpus* hispânico de livros (o *corpus* em português não está disponível para consulta) a partir dos anos 1970, com crescimento expressivo e progressivo do uso a partir de 1994 até os dias atuais. Disponível em: <https://goo.gl/LyLM9k>. Acesso em: set. 2017. O termo semelhante "femicidio" possui uma trajetória semelhante, aparece em 1975 e tem uso crescente até 1983, quando cai drasticamente para ser retomado em 1985. Disponível em: <https://goo.gl/MG5ZBw>. Acesso em: set. 2017. Em inglês há uma quantidade expressiva de registros do termo "feminicide" (sem que se possa confirmar o sentido com que era usado) entre 1820-1920, e depois seu retorno também a partir dos anos 1970, mas com menor frequência. Disponível em: <https://goo.gl/yf8dK5>. Acesso em: set. 2017. O termo "femicide", por sua vez, com o sentido aqui discutido, aparece com força a partir dos anos 1970 com uso crescente até 1995, quando cai drasticamente para retomar um crescimento a partir de 1997. Disponível em: <https://goo.gl/3RNMUb>. Acesso em: set. 2017.

de maneira contraditória – nos veículos da grande imprensa comercial.³ Em 2013, o relatório final de uma Comissão Parlamentar Mista de Inquérito (CPMI) sobre "violência contra a mulher" concluiu:

> O feminicídio é a instância última de controle da mulher pelo homem: o controle da vida e da morte. Ele se expressa como afirmação irrestrita de posse, igualando a mulher a um objeto, quando cometido por parceiro ou ex-parceiro; como subjugação da intimidade e da sexualidade da mulher, por meio da violência sexual associada ao assassinato; como destruição da identidade da mulher, pela mutilação ou desfiguração de seu corpo; como aviltamento da dignidade da mulher, submetendo-a a tortura ou a tratamento cruel ou degradante.⁴

Apesar desses avanços, o embate público a respeito do feminicídio – e, mais em geral, do feminismo – não pode ser considerado vencido ou concluído. Vistos de perto, os diversos momentos desse processo revelam um conflito agudo e permanente ao redor dos *consensos de valores*, da linguagem e do desenvolvimento das soluções não apenas para a violência contra as mulheres, mas para a crise política, econômica e cultural generalizada em que o País se encontra. Nas discussões sobre o feminicídio está contido o embate irredutível a respeito das subjetividades populares que conformam nada menos do que a base das alternativas de longo prazo para a sociedade brasileira.

Para que essa discussão fique mais clara, nada melhor do que analisar um caso concreto. Em 24 de julho de 2017, a violonista Mayara Amaral foi brutalmente assassinada em Campo Grande (Mato Grosso do Sul) por três homens em um quarto de motel, sendo um deles uma pessoa com quem Mayara possuía relações pessoais, Luis Alberto Barbosa. A notícia do desaparecimento e da morte de Mayara, bem como versões do que aconteceu, repercutiu rapidamente nos veículos de imprensa comerciais e redes sociais, em geral reproduzindo a narrativa de que Mayara teria ido ao motel para consumir drogas, de que teria feito sexo "consensual" com os três homens, sendo em seguida assaltada e espancada até a morte. Em muitos veículos, a versão divulgada chegou a reproduzir a versão oferecida pelo depoimento de Luis Alberto Barbosa à polícia quando este foi preso.⁵

---

3   Ver também o projeto: <http://feminicidionobrasil.com.br/>. Acesso em: 15 ago. 2017.
4   "Relatório Final, CPMI-VCM, 2013". Disponível em: <https://goo.gl/KrQAbK>. Acesso em: 15 ago. 2017.
5   Ver Para amenizar pena, assassino de Mayara apela para entrevista nacional. *Campo Grande News*, 5 ago. 2017. Disponível em: <https://goo.gl/i4Y76>. Acesso em: 15 ago. 2017.

Poucos dias depois, em 27 de julho, a irmã de Mayara, Pauliane Amaral, fez um desabafo nas redes sociais intitulado "Quem é Mayara Amaral?".[6] Nele dizia:

> Minha irmã caçula, mulher, violonista com mestrado pela UFG e uma dissertação incrível sobre mulheres compositoras para violão. Desde ontem Mayara Amaral também é vítima de uma violência que parece cada vez mais banal na nossa sociedade. **Crime de ódio contra as mulheres, contra um gênero considerado frágil e, para alguns, inferior e digno de ter sua vida tirada apenas por ser jovem, talentosa, bonita... por ser mulher.**
> [...]
> **Às vezes tenho a sensação de que setores da imprensa estão tomando como verdade a palavra desses assassinos.** O tratamento que dão ao caso me indigna profundamente. Quando escrevem que Mayara era a "mulher achada carbonizada" que foi ensaiar com a banda, ela está em uma foto como uma menina. Quando a suspeita envolvia "namorado" hiperssexualizam a imagem dela. Quando a notícia fala que a cena do crime é um motel, minha irmã aparece vulnerável, molhada na praia.
> Pela memória da minha irmã, e pela de outras mulheres que passaram por esta mesma violência, não propaguem essa mentira! **Confio que a Polícia e o Ministério Público não aceitarão esta narrativa covarde, e peço a solidariedade e vigilância de todos para que a justiça seja feita.**
> [...]
> Eu vou dedicar o meu luto à memória da minha irmã, e a não permitir que ela seja vilipendiada pela versão imunda de seus algozes. Como tantas outras vítimas de violência, a Mayara merece JUSTIÇA – não que isso vá diminuir nossa dor, mas porque só isso pode ajudar a curar uma sociedade doente, e a proteger outras mulheres do mesmo destino. [grifos nossos].

O desabafo foi bastante divulgado e gerou comoção nacional e a mobilização de redes de organizações e ativistas feministas, recolocando na pauta jornalística a palavra "feminicídio". Mayara fora assassinada "por ser mulher", e esta deveria ser a única versão a prevalecer. O único "consenso" possível. O texto de Pauliane também revelou uma estratégia discursiva ambígua muito comum entre os subalternos – e da qual o movimento feminista partia. Essa ambiguidade residia na maneira como o texto associava a relação entre as causas da violência e as fontes de justiça. Por um lado, o texto acusava o discurso sensacionalista e conservador da cobertura pela imprensa sobre o assassinato de Mayara; por outro, não apontava as causas institucionais (policiais, jurídicas etc.) da violência. O assassinato de Mayara aparecia retratado como resultado do "ódio às mulheres" e, ao

---

[6] Ver Quem é Mayara Amaral. *Facebook*, 27 jul. 2017. Disponível em: <https://goo.gl/Vkgqph>. Acesso em: 15 ago. 2017.

mesmo tempo, da ação de "monstros", de indivíduos destituídos de humanidade. Nele, o feminicídio foi apresentado como violência de *certos* indivíduos contra as mulheres e, nesse sentido, uma violência contra o próprio Estado, a quem caberia punir os "monstros".

No pensamento e cultura feministas, o feminicídio não é entendido como violência de certos indivíduos, mas sim como uma forma sistemática e socialmente estruturada de agressão e silenciamento. Aqui, o Estado não está "fora", não é entendido como agente externo ao qual as mulheres recorrem sem reservas para sua defesa. Disto, alguém poderia concluir que o feminismo não é capaz de estabelecer uma afinidade ou mesmo identidade política com a denúncia de Pauliane. A ambiguidade à qual nos referimos, contudo, desautoriza essa conclusão taxativa. Como denúncia pública na internet, aquilo que no desabafo de Pauliane pode parecer à primeira vista como uma defesa do Estado é também uma forma de autodefesa. A narrativa da "confiança" na polícia e no judiciário para alcançar a "justiça" expõe também seu oposto: o medo dessas mesmas instituições e a insegurança sobre os sentidos de uma justiça que "não pode diminuir a dor" e tende, ao contrário, a aumentá-la.

Essa ambiguidade fica ainda mais evidente nos trechos de uma entrevista concedida pouco depois por outra irmã de Mayara, Giseli Amaral Rosa, e publicados em 31 de julho por um jornal da imprensa comercial local de Campo Grande:[7]

> Eles queriam o carro do meu marido, mas quando viram que ela estava com o Gol, decidiram continuar com o plano do mesmo jeito. **Respeitamos a bandeira de quem luta pela causa, mas não acreditamos que foi feminicídio. Independente do gênero, minha filha era um ser humano.**
> [...]
> **Escreveram que mataram minha irmã duas vezes, mas na verdade mataram três. Primeiro quando tiraram a vida dela, depois quando tiraram nosso direito de tocar e ver ela pela última vez, com um velório digno. Agora, temos que conviver com comentários e reportagens com coisas que nunca dissemos.**
> [...]
> Nós nunca condenamos a polícia, pelo contrário, nós elogiamos o que eles fizeram, reconhecendo o corpo e prendendo os culpados com rapidez.
> [...]

---

7   Ver Para os pais, interesse de assassinos de Mayara era outro carro da família. *Campo Grande News*, 31 jul. 2017. Disponível em: <https://goo.gl/LHPMUE>. Acesso em: 15 ago. 2017.

> **Eu choro pela polícia** ao ver as matérias que estão saindo sobre o trabalho deles. São eles que vão salvar outras Mayaras. Essa bandeira do feminicídio tomou uma proporção que não temos mais como impedir. Nós respeitamos a luta, mas não queremos que a história da Mayara vá por esse lado. [grifos nossos].

Na entrevista, concedida no contexto da polêmica sobre o feminicídio nas redes sociais, Giseli afirmou discordar do termo feminicídio e subscreveu em parte a hipótese da polícia de que Mayara teria sido assassinada em uma tentativa de assalto. A defesa da atuação da polícia apareceu também. O que chama atenção, no entanto, é a ideia das "três mortes"[8] de Mayara: a primeira, física, pelos seus assassinos; a segunda, institucional, pela falta de um velório digno com seus restos mortais; e a terceira, simbólica, pela exposição do caso de maneira sensacionalista pela mídia e nas redes sociais, "com coisas que nunca dissemos".

A imagem das "três mortes" de Mayara funciona como um mosaico, uma espécie de mapa para o mecanismo que opera na construção de um *consenso autoritário* a respeito do feminicídio, negando-o para impedir que a memória da vítima "tenha paz": a violência privada, a violência estatal e a violência da desfiguração da imagem. Como forma sistemática e estruturada de extermínio e subalternização das mulheres, o feminicídio se realiza não apenas como uma, mas como várias violências encadeadas e que se reforçam entre si, transformando o assassinato em um espetáculo público de dores privadas. Um espetáculo em que todas as personagens são "culpadas" e "culpáveis" à exceção da força da ordem que regenera a degradação moral e existencial dos indivíduos, punindo com severidade os assassinos e advertindo com igual severidade as vítimas.

Apontamentos

A pesquisa de Hall, Critcher, Jefferson, Clarke e Roberts iniciada em 1973 destacava a emergência do termo *"mugging"* no léxico político e midiático inglês, bem como dos arranjos culturais que o estruturavam no interior de um consenso autoritário nascente. Este seria fundamental para conformar a base política da eleição de Margaret Thatcher como líder da oposição, em 1975, e do surgimento do "movimento de uma direita radical saída das margens para o centro, erigida

---

8 Giseli elaborou esta ideia em diálogo com um artigo feminista publicado à época, de Maria Martín, "Mayara Amaral, a violonista de Campo Grande morta duas vezes", *El País*, 29 jul. 2017. Disponível em: <https://goo.gl/jKyJxb>. Acesso em 15 ago. 2017.

na ideologia da lei e da ordem para avançar uma estratégia de fuga em relação ao consenso do pós-guerra" que se encontrava em crise (HAYDER, 2016).

No exercício de pensar de maneira análoga os sentidos do feminicídio na opinião pública e nas interpretações populares sobre a violência contra as mulheres no Brasil recente, percebemos um aspecto novo. A natureza da mudança de léxico – com a emergência do termo "feminicídio" – não é conservadora, mas uma operação realizada "de baixo para cima", resultante da capacidade de as lutas de mulheres e os movimentos feministas se conectarem profundamente com o coração dos sensos comuns populares. A percepção da misoginia como base para a violência física, institucional e simbólica é fundamental nesse sentido. Dessa forma, o conflito pela "verdade" de Mayara – de sua vida e de sua morte – é revelador da capacidade dessa nova onda feminista, tanto na sua flexibilidade para lidar com as formas rápidas de comunicação em rede, como de reagir como alternativa a antagonismos e contradições que aceleram o esfacelamento de uma "normalidade" institucional e discursiva no Brasil.

Nesse processo, portanto, em que "o Estado é tragado progressivamente na arena da luta", o feminismo emerge como linguagem de contestação da autoridade cultural e da direção política estabelecida (HALL et al., 1978, p. 217). Nessa situação complexa e difícil, aliás, a reação conservadora não poderá deixar de buscar sua força nos espaços abertos pelo pensamento e política feministas. Ao consenso profundamente democrático contido na cultura feminista, deverão apresentar uma alternativa "feminina", uma caricatura fraudulenta de uma verdade trágica.

Por esse motivo, não foi nem será possível avançar na elaboração de um consenso democrático, capaz de confrontar a confluência perversa em que degenera do Estado brasileiro, com a morbidez que lhe é peculiar, sem as ideias e as lutas feministas. Essas ideias e práticas, especialmente quando próximas do movimento negro, indígena, LGBTQ, de comunidades periféricas e grupos marginalizados, são o substrato atual de um futuro democrático e inclusivo para o Brasil. E para quem achar que nessa fórmula falta a classe, não se esqueça daquilo que está na base de todo consenso verdadeiro: o número.

Referências

HALL, S. et al. *Policing the crisis*: mugging, the State, and law and order. London/Basingstoke: The Macmillan Press, 1978.

HAYDER, Ad. A arte da política. *Blog Junho,* 3 ago. 2016. Disponível em: <http://blogjunho.com.br/a-arte-da-politica/>. Acesso em: 15 ago. 2017.

POLANYI, K. *A grande transformação: as origens da nossa época.* Rio de Janeiro: Campus, 2000.

Crise política e as esquerdas

Linna Ramos[1]

Se olharmos para o Brasil a partir da composição da raça, teremos uma visão diante do cenário de intensificação da precarização do trabalho e da vida, em que as mulheres negras seguem no topo das desigualdades. Desde o período colonial, período de expansão e desenvolvimento do sistema capitalista sustentado pelo trabalho escravo de milhares de negras e negros trazidos à força pela dominação colonialista.

Pesquisas revelam que ano após ano uma política genocida da população negra produz cada vez mais vítimas. São décadas, séculos desde que fomos impostos ao regime. As mesmas mãos que colheram o algodão, matéria-prima da indústria têxtil na revolução industrial do século XIX, são em maioria as que hoje colhem, costuram, lavam, transportam e vendem no comércio ambulante em condições de trabalho seguidamente precários. O grupo populacional que plantou e colheu a cana-de-açúcar, base da economia brasileira dos séculos XVI a XVIII, é o mesmo que morre pelos maiores índices de diabetes atualmente.[2]

O racismo é estruturante desse sistema, e as mulheres negras estão na base da estrutura que prende a classe trabalhadora às necessidades do capital. Nossa raiz de opressão tem ligações profundas com o desenvolvimento e a sustentação

---

1   Linna Ramos é "Nordestista" formada em Educação Física pela Universidade Estadual do Pará, participou ativamente do Movimento Estudantil e atuou na comissão de reformulação do Projeto Político Pedagógico, com trabalho de conclusão de curso relacionando a formação do MST e Educação Física. Especialista em Metodologia do Ensino e da Pesquisa em Educação Física Esporte e Lazer pela Universidade Federal da Bahia. Graduou-se mestra em 2013 na mesma Universidade debruçando-se sobe o tema da formação de professores para o campo. Atuou como docente substituta da Universidade Estadual de Feira de Santana entre 2013 e 2017 na área de prática pela disciplina curricular Estágio no Ensino Médio. Foi candidata a vereadora pelo Partido Socialismo e Liberdade nas eleições de 2015 com a pauta antiproibicionista contra o genocídio e encarceramento do povo negro. Atualmente debruça-se sobre os estudos das relações étnico-sociais na educação, especialmente na formação de professores. Militante feminista e antiproibicionista, contribui com a discussão sobre a condição do povo negro diante a política de Guerra ás Drogas, especialmente as mulheres negras.

2   BRASIL. Ministério da Saúde. Indicadores de saúde. 2012. Disponível em: <http://portalsaude.saude.gov.br/index.php?option=com_content&view=article&id=15580&Itemid=803#doencas>. Acesso em: set. 2017.

do sistema capitalista, portanto, se ele está em crise aguda e precisa exaurir mais a condição de vida e trabalho para se reproduzir, será com base na dominação e exploração das mulheres negras, pois o racismo não permite a visibilidade dos seus problemas como problemas coletivos, ficando ainda na esfera do privado. Tal situação mantém o País nos piores índices de desigualdades sociais.

Saqueadas e trazidas à força da África, continente diverso e invisibilizado quanto a seu patrimônio e potencial filosófico-científico em que as mulheres cumpriam responsabilidade ímpar na sua produção, preservação e transmissão (MACHADO, 2014), as mulheres africanas escravizadas foram rebaixadas a sub-humanas por serem negras. Elas, assim como os homens negros, não pertenciam ao gênero humano e, dessa forma, seguiram para os postos de trabalho escravo na produção e colheita dos engenhos que abasteciam o sistema capitalista em plena expansão. A condição de sub-humano que lhes foi imposta serviu de justificativa para os maus-tratos recebidos pelos senhores de engenho através da garantia do direito de propriedade sob o negro.

As mulheres negras trabalhavam de igual ou maior rendimento que os homens negros, mas o elemento sexista de dominação impunha a seus corpos a violação pelo estupro sequente dos homens brancos e castigos violentos das sinhás enciumadas. Eis a raiz da falta de empatia para com os problemas da mulher negra, e a dominação pelo estupro constitui uma das formas mais cruéis de dominação por onde se sustentou a base do sistema escravocrata.

> A escravidão se sustentava tanto na rotina do abuso sexual quanto no tronco e no açoite. Impulsos sexuais excessivos, existentes ou não entre os homens brancos como indivíduos, não tinham nenhuma relação com essa verdadeira institucionalização do estupro. A coerção sexual, em vez disso, era uma dimensão essencial das relações sociais entre senhor e escrava. Em outras palavras, o direito alegado pelos proprietários e seus agentes sobre o corpo das escravas era uma expressão direta do seu suposto direito de propriedade sobre pessoas negras como um todo. A licença para estuprar emanava da cruel dominação econômica e era por ela facilitada, como marca grotesca da escravidão (DAVIS, 2016 p. 180).

Tal marca grotesca da escravidão segue nos padrões dos índices sociais de desigualdade do século XXI. A falta de empatia aos problemas das mulheres negras se dá pelo fato de suas questões não serem encaradas como problemas coletivos de uma sociedade, mas sim como elemento subjetivo e individual da vida privada da mulher negra. Nesse sentido, a força da mulher negra é romantizada ao averiguar os índices sociais das diferenças entre raça e gênero. As mulheres negras são exaltadas pela sua resistência, mas são esquecidas no momento em que a resistência não significa transformação da situação. Sobrevivemos. Mas precisamos alterar a nossa realidade. Tal feito será protagonismo nosso, mas não sozinhas.

Para a mulher negra, o inimigo pela sua condição histórica não é o homem por ser homem, pois alia-se aos homens negros para lutar contra o racismo. Da mesma forma não é a pessoa branca por ser branca, pois alia-se às mulheres brancas para lutar contra o machismo e patriarcado. Entretanto, como ressalta Bell Hooks (1981), há um desafio gigantesco nesta tarefa histórica onde

> Nós parecemos ser unanimemente eleitas para sermos instaladas nos locais que as mulheres brancas abandonaram. [...] Nenhum outro grupo na América tinha a sua identidade tão socializada fora da existência como tinham as mulheres negras. Éramos raramente reconhecidas como um grupo separado e distinto dos homens negros, ou como uma parte presente de um grupo maior de "mulheres" desta cultura. Quando o povo negro é falado o sexismo milita contra o reconhecimento dos interesses das mulheres negras; quando as mulheres são faladas o racismo milita contra o reconhecimento dos interesses das mulheres negras. Quando o povo negro é falado a tendência é focada nos homens negros; e quando as mulheres são faladas a tendência recai sobre as mulheres brancas (HOOKS, 1981 p. 8).

Essas reflexões nos convidam a traçar um panorama da situação de disparidade no acesso a direitos entre mulheres a partir da cor/raça num período de crise estrutural profunda do sistema capitalista. Os indicadores sociais de violência, genocídio e encarceramento do povo negro fazem parte da luta diária da mulher negra na resistência à criminalização da sua existência, bem como as lutas contra as reformas trabalhistas, intensificação do trabalho terceirizado/precarizado e cortes de verbas públicas confluem contra uma teia de relações que a mantém na condição mais precária da classe trabalhadora, de modo que naturalize o fato de as trabalhadoras domésticas terem conquistados seus direitos apenas em 2015, por exemplo.

Lélia Gonzales (1987)[3] chamava atenção para o racismo por omissão, que tem suas raízes em uma visão de mundo eurocêntrica e neocolonialista da realidade onde, apesar do feminismo, "esquecia" o conteúdo racial para apontar suas lutas estratégicas. Encontramos um elo entre o que diz Lélia Gonzalez e bell hooks

---

3   Disponível em: <https://edisciplinas.usp.br/pluginfile.php/271077/mod_resource/content/1/Por%20um%20feminismo%20Afro-latino-americano.pdf>. Acesso em: set. 2017.

quando analisamos os dados referentes à ocupação das mulheres no último período e identificamos que essa estrutura de dominação que articula sexismo e racismo deu historicamente para a mulher negra o lugar das tarefas domésticas e da esfera privada, não pública e, da mesma maneira considera sua condição específica como um problema particular.

Pois quando verificamos o resultado de pesquisas sociais que levam em consideração o fator raça/cor e gênero, as relações de trabalho e a condição de violência da mulher negra ainda se encontram na esfera dos problemas da vida particular, sem ganharem as proporções de visibilidades e preocupações necessárias. Há uma ausência de políticas públicas efetivas para reverter o quadro da condição das mulheres negras em relação ao alto índice de violência; contra o aumento consideravelmente absurdo do encarceramento da mulher negra; contra o índice de mortalidade das mulheres negras trans; contra o índice de mortalidade materna e de mortalidade por abortos clandestinos; contra o topo do índice das que ganham menos e das que têm os trabalhos mais precários e informais, ao mesmo tempo que são a maioria das chefes de família; das que têm menos tempo de acesso à educação e ingressam precocemente no mercado de trabalho, sem esquecer que são as que estão no topo do alto índice de desemprego atual, compondo massivamente o exército de reserva para o mercado extrair com mais intensidade a mais-valia.

Destarte, o movimento feminista possui importante contribuição na reflexão do papel da luta das mulheres contra o sistema patriarcal, pois

> Ao centralizar suas análises em torno do conceito do capitalismo patriarcal (ou patriarcado capitalista), evidenciou as bases materiais e simbólicas da opressão das mulheres, o que constitui uma contribuição de crucial importância para o encaminhamento das nossas lutas como movimento. Ao demonstrar, por exemplo, o caráter político do mundo privado, desencadeou todo um debate público em que surgiu a tematização de questões totalmente novas – sexualidade, violência, direitos reprodutivos etc. – que se revelaram articulados às relações tradicionais de dominação/submissão. Ao propor a discussão sobre sexualidade, o feminismo estimulou a conquista de espaços por parte de homossexuais de ambos os sexos, discriminados pela sua orientação sexual (GONZALEZ, 1987, p. 13).

Entretanto, ao não relacionar o elemento racial na opressão da mulher negra invisibilizamos o resultado dessas análises que apresentam a raiz na colonização e utilização do trabalho e corpo da mulher negra como propriedade de outrem, ideologia muito compatível com o que intelectuais como Abdias Nascimento (2016) denunciaram num processo de racismo mascarado pelo mito da democracia racial de Gilberto Freyre (1930) e que encoberta a política genocida do povo negro operado pelo Estado e seus aparelhos de dominação.

São as mulheres negras a base do sistema capitalista, e isso não é um jargão esquerdista. São as mais afetadas pelas políticas de corte de direitos e desmonte do serviço público, portanto as primeiras afetadas e geralmente invisibilizadas pela sua condição de mulher negra, naturalizada a aguentar todo tipo de opressão e dificuldade. Querem uma heroína negra forte sempre na condição de subalterna. É essa a ideologia dominante que impera nesse processo de esquecimento da pauta racial da mulher negra.

Sendo assim, tal estrutura também garantiu/garante que as tarefas domésticas e privadas sigam realizadas/invisibilizadas, ao passo que o feminismo avança na conquista das mulheres brancas nos espaços de trabalho; na autonomia financeira frente ao marido; na família; na liberação da mulher para lutar por melhores condições de trabalho, ocupando a política e os sindicatos; contra a violência no trabalho; e várias outras lutas feministas importantes. Mas infelizmente esses poucos direitos não chegam próximo aos que as mulheres negras têm que conquistar. Essas conquistas não são individuais e só serão possíveis à medida que também seus pais, filhos, irmãos, tios e amigos não morram pela insistente perseguição do genocídio que faz uma vítima a cada 23 minutos em pleno século XXI.

Segundo o dossiê *Mulheres Negras* do IPEA (2013, p. 28), há um crescimento de lares unipessoais chefiados por mulheres, onde a menor frequência é entre as mulheres negras, ou seja, as mulheres brancas possuem mais condições de arcarem com os custos de um lar próprio e manter a vida individual. Entretanto, dos lares chefiados por mulheres com filhos, as mulheres negras exercem mais a maternidade do que as brancas, sendo a distribuição de 55,2% a 44,8% (IPEA, 2009). Além desses fatores, as mulheres negras estão entre aquelas que chefiam a família até a faixa dos 44 anos, enquanto para as mulheres brancas essa faixa é a partir dos 45 anos, segundo o dossiê Mulheres Negras (IPEA, 2013).[4]

A cada 100 mulheres ocupadas, 15 são trabalhadoras domésticas, totalizando 15% das ocupações das mulheres no Brasil. O trabalho doméstico tem o pior rendimento no recorte ocupacional e é majoritariamente composto por mulheres negras. O tipo de trabalho é em maior número de diaristas, no qual apesar de obterem um vínculo mais profissional e que lhes garante mais vantagens como

---

4   Disponível em: <http://www.ipea.gov.br/portal/index.php?option=com_content&view=article&id=20978>. Acesso em: set. 2017.

o rendimento imediato, é também o vínculo mais informal onde a precarização com a sobrecarga na jornada não protege de riscos como acidentes em ambientes de trabalho, como também não garante direitos básicos como férias, 13º salário e licença-maternidade.

Mesmo com a luta pelos direitos trabalhistas, as trabalhadoras domésticas não foram incluídas na CLT em 1943 e apenas em 1972 houve o reconhecimento da profissão com possibilidade de registro na carteira de trabalho. Finalmente em 2015, passado mais de um século após a abolição da escravidão, a profissão foi regulamentada pela Lei Complementar 150/2015.[5] Sendo assim, as políticas que o presidente Michel Temer aprofunda como garantia de manter os padrões de lucro das empresas envolvidas em corrupção, como a Reforma Trabalhista e Previdenciária, afetam em primeira instância as mulheres negras, geralmente invisibilizadas pela negligência dos postos de trabalho que ocupam.

O trabalho precário, informal e terceirizado foi protagonizado pela população negra desde os primeiros momentos. A abolição da escravidão não aboliu as diferenças sociais entre a massa negra e a minoria branca. Sabemos que um dos fatores condicionantes para a ocupação de postos de trabalhos mais precarizados é o acesso à educação. Vastas são as produções que fazem uma relação direta entre educação e trabalho e identificam que o nível e o grau de escolaridade são condicionantes para possibilidades de melhores condições empregatícias e de permanência com o vínculo.

Logo, a crítica de intelectuais e movimentos sociais e negros sobre a organização da educação brasileira, segundo a qual os que acessam o ensino público nas séries iniciais e no ensino médio são os que menos conseguem entrar nas universidades e menos ainda nas universidades públicas. Do contrário, os que acessam a educação particular nas séries iniciais e ensino médio são os que conseguem entrar no ensino superior e em maioria nas universidades públicas. Daí que a luta pelas cotas raciais provoca tamanha revolta. Expõe o racismo institucional que a sociedade do mito da democracia racial não quer abrir mão.

No cenário de crise política onde o interesse da maioria da população não está representado na institucionalidade, as reformas e o desmonte dos serviços púbicos afetam em cheio a vida das mulheres negras em toda sua magnitude. Os ataques sistemáticos tiveram marco na conjuntura após junho de 2013, quando

---

5   Boletim observa gênero. Brasil. 2015. Disponível em: <http://www.observatoriodegenero.gov.br/menu/publicacoes/boletim-observa-genero-edicao-no-48-ano-7-agosto-2015-1/at_download/file>. Acesso em: set. 2017.

um grande levante popular questionou o investimento de bilhões nas construções de estádios que desalojavam famílias pobres, enquanto a saúde e a educação eram sucateadas. Palavras de ordem como "Da copa eu abro mão, quero saúde, transporte e educação" anunciavam o interesse do povo em defender e melhorar os serviços públicos já deteriorados. Foi nesse cenário de lutas que a Lei Antiterrorista foi sancionada, responsável por prender Rafael Braga, jovem negro, por portar uma garrafa de desinfetante e ser considerado um terrorista. Fica nítida a tentativa de retaliar e criminalizar ainda mais a população negra que está ocupando ainda minoritariamente espaços de domínio predominantemente branco.

Já em 2015, as mudanças nos direitos trabalhistas e as regras para o acesso ao seguro-desemprego e a outros benefícios foram os duros golpes sofridos pela maioria da população, em especial a população jovem que acabara de entrar no mercado de trabalho. Ao aumentar as possibilidades de terceirização, a PEC 4330 amplia a precarização do trabalho e a dificuldade ao acesso de conquistas trabalhistas para atender ao rombo das dívidas dos banqueiros. O raciocínio sempre é tirar mais de quem ganha menos. Essa é a lógica colonial de dominação para manter trabalhadores negros reféns de seus interesses.

Como aponta a pesquisa do Sindicato das Empresas de Asseio e Conservação do Estado do Rio de Janeiro, a população negra compõe a maioria dos postos de trabalho terceirizados nos setores da limpeza, com 62% de participação. A maioria desses postos é ocupada por mulheres, como as mais de 90 demitidas em março de 2016 por uma empresa terceirizada que encerrou o contrato com a Universidade Estadual de Feira de Santana na Bahia por falta de verba devido aos cortes da educação pública promovidos pelo governo do estado.

Vale ressaltar que, no cenário econômico de crise de representação e corrupção da casta política, Salvador, a capital mais negra fora da África, supera o índice de desemprego do País com 17,4% em comparação com a média nacional de 11,3% segundo os dados do IBGE (2016).[6] Essa é a realidade para a população que tem em sua composição histórica as tataravós e avós que viveram sob o regime escravocrata no Brasil. As marcas da escravidão estão estampadas diariamente nas capas de jornais e livros, escondidas através de "dados" e "resultados de pesquisas" que em nada se comprometem na inversão do quadro de profundo desemprego e trabalho precarizado no País, como também nas taxas de genocídio do jovem negro e encarceramento da juventude negra, culpabilizada pela condição social

---

6 Disponível em: <http://g1.globo.com/bahia/noticia/2016/08/taxa-de-desemprego-em-salvador-e-maior-do-pais-aponta-ibge.html>. Acesso em: set. 2017.

imposta. Lido socialmente como criminoso ou objeto de exploração de trabalho e/ou desejo sexual apenas devido à cor da pele. Marcas da "democracia racial" que a classe dominante brasileira não quer mexer, onde já se viu racismo no Brasil?

O genocídio em curso da população negra e a invisibilidade para a questão racial dessa situação mantêm a mulher negra na esfera de dominação do Estado a partir da negação de direitos, da violência e do encarceramento em massa. São as mulheres negras as mais afetadas pela Reforma Trabalhista do governo Temer. Ao alterar que se valide e reconheça o acordo individual com o patrão, em detrimento do que está garantido em lei trabalhista, e ao permitir-se que mulheres grávidas trabalhem em condições insalubres e precárias, aponta-se para as mulheres negras, bem como para como essa democracia as quer sub-representadas, e também para o que são capazes de fazer com vidas negras os herdeiros da casa-grande, que seguem dominando e operando a política.

A violência como instrumento de dominação vai desde o acesso da mulher negra ao SUS, ao não receber cuidados básicos no momento do parto e serem as que lideram o *ranking* da violência obstétrica, até o momento do assédio e coerção dos policiais que prendem, batem e matam seus filhos. Evidentemente estamos fazendo uma generalização, haja vista que a vivência das mulheres negras é em rede, onde a criação e os cuidados com as crianças são muitas vezes compartilhados com vizinhos, "as tias e tios" que cuidam enquanto os pais trabalham. Ou a mãe trabalha eo pai está preso. Ou morto. Ou abandonou.

A política de guerra às drogas foi fundamental para criminalizar a população negra e garantir que a ideologia que o povo negro é naturalmente violento e propício para o crime fosse enraizada no período pós-abolição. Tanto nos Estados Unidos como no Brasil, essa política foi responsável pelo encarceramento em massa dos negros. Nos Estados Unidos, realizam trabalho escravo e garantem lucros de grandes empresas ampliados no processo de privatização dos presídios. No Brasil, são a terceira maior população carcerária do mundo; amontoados em presídios lotados e altamente insalubres, morrem por falta de acesso a condições básicas de higiene, como roupa e utensílios de banho; pela ausência de cuidados básicos, como alimentação no prazo de validade; pela falta de acesso a medicamentos para escabiose e outros problemas de pele adquiridos pela convivência com ratos e baratas.[7]

---

[7] Matéria disponível em: <https://noticias.uol.com.br/cotidiano/ultimas-noticias/2017/08/14/massacre-silencioso-mortes-por-doencas-trataveis-superam-mortes-violentas-nas-prisoes-brasileiras.htm>. Acesso em: set. 2017.

Os dados revelados pelo levantamento de Informações Penitenciárias (Infopen) demonstram que a maioria dos encarcerados são jovens negros, presos em flagrantes como supostos traficantes e que ficam em situação de cárcere sem julgamento, que pode levar até mais de 6 anos para acontecer. Revelam ainda que as mulheres dominam o *ranking* do alto índice de encarceramento na última década por relação ao tráfico de drogas. A situação para a população negra piorou após a Lei de Drogas em 2006, que coloca para o policial em exercício dizer se o jovem é ou não traficante sem ter nenhum tipo de protocolo em relação à quantidade de drogas encontrada. E a realidade é que Rafael Braga é condenado a 11 anos de prisão por supostamente portar 6 gramas de maconha e 9 gramas de cocaína.

Como ficam as mães desses jovens? As irmãs, namoradas, primas que estão no mercado de trabalho desde cedo para contribuir com a renda familiar e que serão atingidas pela Reforma da Previdência e terão que esperar até 65 anos para se aposentar? Onde estão as creches para as mães trabalhadoras? Onde estão os postos de delegacia para denunciar o assédio e estupro dos policiais nas favelas? Onde estão os postos de trabalhos para as mulheres ex-presidiárias? Onde estão as creches e auxílio para as filhas e filhos das mulheres encarceradas? E a saúde mental de uma família que perdeu mais um? Onde estão os domingos das crianças trabalhadoras?

Tudo parece muito bem orquestrado para que as mulheres negras em sua diversidade de vivência sejam coagidas e silenciadas. Invisibilizadas para que estejam dentre as que mais sofrem violência, enquanto os números sobre as mulheres brancas diminuem no mesmo índice. A bala perdida que sempre encontra o endereço da pele preta mata mais que o uso de qualquer droga. E as condições precárias e sub-humanas dos presídios matam mais do que a violência em tempos de rebeliões. A quarta onda do feminismo está aí para questionar algumas verdades, para que a unidade na diversidade seja garantida na luta contra o sistema capitalista, patriarcal e racista. Estado democrático de direito nunca houve para a população negra. E são as mulheres negras que estão sustentando as festas que elas são convidadas a participar para cozinhar e limpar.

Cada mulher negra que chegou onde chegou tem por sua trajetória histórica um conjunto de mulheres negras lutadoras que foram ousadas o suficiente para mudar leis e fazer revoluções. A Lei Áurea não foi concedida pela Princesa Isabel. Foi uma resposta às várias e constantes insurreições dos negros contra o regime da escravidão (MOURA, 1988). Dandaras e Aqualtunes fazem parte de nossa história.

O feminismo da quarta onda com a primavera feminista e negra coloca como central a necessidade de racializar as questões das mulheres negras. Quanto mais buscamos a raiz da opressão, mais identificamos nossas relações de subordinação ao sistema capitalista patriarcal e racista. O feminismo instrumentaliza as mulheres para a luta coletiva à medida que significa sua situação de opressão não como um problema particular individual, mas fruto de um conjunto de relações que pode ser alterado, e alça as mulheres para conquistarem outros espaços que não apenas do trabalho doméstico.

Portanto, as mulheres negras são as que mais sofrem com o conjunto de ataques contra os direitos sociais e trabalhistas. As que mais morrem, as que menos têm acesso ao produto do desenvolvimento científico e social, as que mais trabalham, as mais violentadas e desacreditadas para sustentar com suas vidas num sistema que enriquece os descendentes e representantes dos que arrancaram seus familiares e os escravizaram. O sistema treme e retalia com força a ousadia das mulheres negras. Pagam literalmente com a vida. Querem manter a mulher negra como dado indiferente da consequência trágica e dramática de um *modus operandi* que, para poucos terem muito, muitos têm muito pouco.

Quando falam em "humanizar" o capitalismo, é levar em consideração que a situação das mulheres negras pode permanecer precária para que outros grupos sociais tenham êxito. É considerar assumir como possível para si um projeto de sociedade que desconsidere a vida e sua condição de existência. Esse projeto é incompatível com a história das mulheres negras. Precisamos racializar e descolonizar cada vez mais o feminismo.

> O racismo sempre encontrou forças em sua habilidade de encorajar a coerção sexual. Embora as mulheres negras e suas irmãs de minorias étnicas tenham sido os alvos principais desses ataques de inspiração racista, as mulheres brancas também sofreram. Uma vez que os homens brancos estavam convencidos que podiam cometer ataques sexuais contra as mulheres negras impunemente, sua conduta em relação às mulheres de sua própria raça não podia permanecer ilesa. O racismo sempre serviu de estímulo ao estupro, [...]. Esta é uma das muitas maneiras pelas quais o racismo alimenta o sexismo, tornando as mulheres brancas vítimas indiretas da opressão dirigida em especial às suas irmãs de outras etnias (DAVIS, 2016, p. 181).

Quando as mulheres negras tiverem direitos, então todas terão. Portanto, essa somatória de ataques aponta as mulheres negras para uma perspectiva privilegiada de ataque e enfrentamento ao regime, por trazer consigo a somatória dos elementos que desumanizam para explorar a classe trabalhadora e render lucro aos capitalistas. O feminismo, quanto mais radical, mais negro, mais feminista, mais classista. Os enfrentamentos contra as políticas de cortes de direitos, como as Reformas Trabalhista e Previdenciária, possuem melhores condições de revogação à medida que incorporam as mulheres negras em suas fileiras, pois seu instrumento de luta é um feminismo que leva em consideração a totalidade da condição do povo negro no sistema capitalista e repercute de modo geral nas necessidades de melhores condições de produção e reprodução da vida. A condição da mulher negra não deve ser apenas preocupação das mulheres negras por necessidade objetiva, mas de todas e todos que lutam por uma sociedade verdadeiramente democrática, onde vidas negras importem para todos.

"Hoje somos festa, amanhã seremos luto": políticas culturais e sobrevivências em tempos de crise

Adriana Facina[1]

O verso que dá título a este artigo está na música "Vida bandida", um funk proibidão composto por Praga.[2] Conhecido no meio do funk como Caneta de Ouro, Praga é nascido e criado na Vila Cruzeiro, uma das favelas mais antigas do bairro da Penha, situado na zona norte do Rio de Janeiro. Encravado na região da Leopoldina, uma das áreas culturalmente mais importantes da cidade, o bairro costuma aparecer nos jornais como lugar de violência armada. A Vila Cruzeiro ficou famosa em 2002, com o assassinato de Tim Lopes, repórter da TV Globo.

---

1   Adriana Facina é antropóloga, professora do Museu Nacional/UFRJ, coordenadora da Universidade da Cidadania e professora do PPCULT da UFF. Pesquisa produção cultural e trajetórias de artistas em contextos de sobrevivência, com ênfase no funk carioca. Feminista, militante do PSOL, atua na área da Cultura e dos Direitos Humanos. É antipunitivista e antiproibicionista. Possui interesse no debate sobre direitos dos animais e sobre direitos da natureza. É mãe da Giulia e do Raul, casada com Abel, tutora do Brancaleone. Adoro cozinhar, cuidar de plantas e acha que amamentar os filhos foi a melhor coisa que já fez na vida. Os botecos de Vila Isabel são sua segunda casa. Ela se define como uma intelectual de rua.

2   Segue abaixo a letra completa, transcrita por Carlos Palombini, acrescida dos improvisos feitos ao vivo pelo MC Smith, intérprete da canção (disponível em: <http://www.proibidao.org/vida-bandida-na-chatuba/>):

Byano! tu não lançou porque tu esperou eu chegar. Já tomam o Chapadão, já tomam o Jorge Turco, breve, breve *vamo pa* Mineira, breve, breve *vam po* Acari, breve, breve, tá, nós *vamo vermelha* a porra toda, meu irmão!
Quem é Comando Vermelho levanta a mão e grita "eu"!
(Mais uma do Byano)
Partia *pos* baile de briga, pegava carona e roupa emprestada, era um dos mais *falado*, era brabo na porrada. Mas ninguém vive de fama, queria grana, queria poder, se envolveu no artigo 12 pela facção CV.
(FB, se liga só)
Mas olha ele – quem diria? –, ninguém lhe dava nada, tá fortão na hierarquia, *abaland'a* mulherada. É o rasante do falcão em cima da R1, a grossura do cordão tá causando zum-zum-zum.
Mas é *várias mulher, vários fuzil* a sua disposição, o batalhão da área comendo na sua mão. Ele tem disposição para o mal e para o bem, mesmo rosto que faz rir é o que faz chorar também.
Nossa vida é bandida e o nosso jogo é bruto, hoje somos festa, amanhã seremos luto. Caveirão não me assusta, nós não fuge do conflito, nós também somos *blindado* no sangue de Jesus Cristo.

Foi divulgada pela emissora a versão, contestada pelo inspetor de polícia responsável pelas investigações,[3] de que o jornalista investigava a exploração sexual de menores de idade em um baile funk. A favela retornou aos noticiários nacionais quando as Forças Armadas invadiram os Complexos da Penha e do Alemão, em novembro de 2010. Correu o mundo a cena de homens armados em fuga desesperada por uma estrada de terra que ligava os dois complexos de favelas.

Em "Vida bandida", lançado em 2009, Praga relata a história de um bandido e seu cotidiano. Denominados "traficantes" pela imprensa corporativa, são os comerciantes varejistas de drogas ilícitas que fazem parte das complexas e delicadas relações de poder nos territórios de favelas cariocas. Na música de Caneta de Ouro, o sentido de urgência e incerteza da vida se manifesta no verso: "hoje somos festa, amanhã seremos luto". Mesmo diante da possibilidade concreta da morte, há festa, há comemoração, há alegria. Com algumas variações, ouvi inúmeras frases semelhantes em meus nove anos de pesquisas de campo nas favelas e bairros populares da cidade. Elas nos falam sobre a experiência da sobrevivência, de estar permanentemente entre o viver e o morrer. E isso não é algo vivido apenas por quem porta fuzis, mas sim parte do cotidiano dos pobres e negros na cidade.

A partir dessas falas, é possível perceber essa experiência de sobrevivência como algo que se constitui nas margens do Estado, no sentido desenvolvido por Veena Das e Deborah Poole. Para elas, as margens não são somente espaços periféricos, mas sim locais onde o Estado é permanentemente reconfigurado nos processos cotidianos. Se, por um lado, são espaços de exceção onde são produzidos

---

Nossa vida é bandida e o nosso jogo é bruto, hoje somos festa, amanhã seremos luto. Caveirão não me assusta, nós não *foge* do conflito, nós também somos *blindado*...

É que a BMW voa, nós *mantemo* o pé no chão, o nosso bonde zoa, nós só *chega* de patrão. Só desfolha, só *pacão*, as *piranha passa* mal, nós só *anda trepadão* de Glock, rajada, G3, Parafal.

Nós estamos no problema, nós não *rende* pra playboy, nós não podemos ir na Zona Sul, a Zona Sul que vem até nós. Estampado no jornal, toda hora, todo instante, patricinha sobe o morro só *pa da pa* traficante.

Nós não *somo embriagado* nem em fama e nem sucesso porque dentro da cadeia todos somos de processo. Tem que ter sabedoria pra poder viver no crime porque bandido burro morre no final do filme.

Nossa vida é bandida e o nosso jogo é bruto, hoje somos festa, amanhã seremos luto. Caveirão não me assusta, nós não *foge* do conflito, nós também somos *blindado* no sangue!

3 Os detalhes do caso, tal como relatados pelo inspetor, podem ser conferidos aqui: <http://www.professordanielgomes.com/index.php?option=com_content&view=article&id=96:o-noivo-que-matou-a-noiva-por-casa-do-seguro&catid=40:investigacoes&Itemid=50> (acesso em: 12 set. 2017).

corpos matáveis, por outro são também locais de reconfiguração conflituosa desse mesmo Estado, marcada por resistências, mas sobretudo por rearranjos e reacomodações permanentes. É o que as autoras chamam de criatividade das margens, forjada na necessidade de sobrevivência:

> Paradoxically, these spaces of exception are also those in which the creativity of the margins is visible, as alternative forms of economic and political action are instituted. To suggest that margins are spaces of creativity is not to say that forms of politics and economics on the margins, often fashioned out of the need to survive, are not fraught with terrible dangers. It is, however, to draw attention to the fact that though certain populations are pathologized through various kinds of power/knowledge practices, they do not submit to these conditions passively (DAS; POOLE, 2004, p. 19).

Em vez de enfatizar as resistências em momentos críticos, as autoras focam a análise na vida cotidiana, em processos nos quais as fronteiras conceituais do Estado são estendidas e refeitas nas lutas por justiça ou por assegurar sobrevivência. Se elas se concentram em criatividades políticas e econômicas nessa busca de sobreviver, podemos pensar em direção semelhante no que diz respeito à criação artística. Um de meus principais interlocutores de pesquisa, MC Calazans, cria[4] do Complexo do Alemão, relaciona a criação cultural nesse contexto ao que ele chama de "cultura de sobrevivência" (FACINA, 2014, p. 39-48). A especificidade dessa criação produz uma arte que tem uma relação particular com o tempo e o território. Nas suas palavras:

> A arte não sai do nada, ela precisa ser provocada. Aqui na favela ela é provocada por uma série de razões. A mais forte que eu vejo é a razão de dar traços artísticos a uma realidade que é muito dura, de sobrevivência mesmo. Eu acho assim, na favela a gente tem muito claro que viver e morrer é uma linha tênue que separa as coisas. [...] Viver e morrer aqui é muito... sabe? É o tempo inteiro esse confrontamento. Como que eu vou inventar arte do nada vivendo nisso? Como que a minha arte vai sair de uma abstração que eu tive vendo a favela da Grota, o teleférico e aí do nada sai? Impossível, impossível. Eu não consigo entender uma parada dessas.[5]

Estar entre viver e morrer. Esse é o estado da sobrevivência, do perigo de que falam Das e Poole. É a partir desse lugar que a arte é criada. Em uma música

---

[4] Cria é o termo utilizado por moradores de favelas e bairros populares do Rio de Janeiro para designar aqueles que nasceram e cresceram no território.
[5] Entrevista concedida a mim em fevereiro de 2012.

que se tornou símbolo das violações de direitos que as Unidades de Polícia Pacificadora (UPPs) representaram para movimentos sociais de favelas no Rio de Janeiro, o MC articula essa experiência de liminaridade em forma de poesia:

> Cantar funk é uma oração
> *Prá* que a paz não venha de caveirão
> Que sobre isso, não venha mais cantar
> Favela de dor, mas não para de criar.[6]

A arte criada a partir da cultura de sobrevivência acaba tensionando o próprio conceito de arte, em analogia ao que ocorre com o Estado em suas margens, conforme argumentamos acima. Tanto na fala do MC, quando se recusa a produzir arte "do nada", quanto em sua música, quando afirma "que sobre isso não venha mais cantar" e quando contrasta "dor" e "criar", a criação artística é resposta para a vida em ameaça permanente e para a precariedade de direitos. Não é a finalidade sem fim kantiana. Mas também não é o pragmatismo da indústria cultural. Ela tem validade em si, porém como atividade necessária, que não se contrapõe, portanto, às dimensões práticas da vida. Ela exerce importantes funções sociais – a principal delas, gerar força para o sobreviver. E a força é tão grande que o cantar funk é oração que cria música e imagina uma realidade na qual "a paz não venha de caveirão". A arte "do nada" fica como horizonte para um mundo a conquistar, para um devir no qual a sobrevivência não seja mais necessária. No instante presente, o que há é dor cotidiana e a necessidade de transmutá-la em criação estética, com o objetivo de mudar (ou afirmar a possibilidade de mudança) do estado de coisas que gera essa dor.

O sentido político manifesto na cultura de sobrevivência é importante, mas não se expressa por meio da linguagem explícita do engajamento. A história das culturas populares, entretanto, nos permite afirmar que onde tem dor tem festa, onde tem festa tem luta.

No Brasil, o tempo livre e autônomo dos de baixo foi historicamente construído como ameaça à ordem. Imediatamente após a lei de 13 de maio de 1888, a Câmara dos Deputados iniciou um debate sobre a repressão da ociosidade. Era consenso entre os deputados que a abolição podia trazer desordem e caos social. Educar os libertos para o trabalho era uma maneira de evitar isso, promovendo a regeneração moral dos mais pobres. O conceito de vadiagem é elaborado como

---

6   Música "Polícia passa e fica a dor", disponível em: <https://soundcloud.com/calazansmc/calazans-mc-passa-e-fica-a>. Acesso em: 12 set. 2017.

oposto à concepção do trabalho dignificante. Após a proclamação da República, em 1889, a questão permanece. O que fazer com os trabalhadores urbanos, libertos e homens pobres livres, perambulando pela cidade, se juntando em rodas de batuques e pernadas, jogando conversa fora em botequins e quiosques? A modernização capitalista exigia que eles vendessem sua força de trabalho, e a manutenção da ordem burguesa dependia da regulação de suas sociabilidades. Herdeiro dos debates parlamentares de 1888, o Código Penal de 1890, em seu capítulo XIII, criminaliza "vadios e capoeiras". Na caracterização do vadio, o não trabalho não é o problema em si. O alvo é aquele que não trabalha e não tem meio de subsistência. O castigo? Prisão, colônias penais e trabalhos forçados (CHALHOUB, 2012).

Esse é o quadro histórico em que artistas e coletivos culturais das favelas, periferias e bairros populares do Rio de Janeiro são forjados. A criminalização de negros e pobres é também a criminalização das culturas populares. Dizendo de outro modo, a criminalização das sociabilidades populares e das criatividades do povo é ferramenta de controle e disciplinamento. Levada ao extremo, é o princípio que pavimenta o caminho do cortejo fúnebre, do genocídio da juventude negra. O fio delicado em que caminha a juventude popular, delimitado pela escassez de direitos, tece as tramas que enredam criação artística e território. "Cada beco daqui tem uma certa identidade", explica MC Calazans.[7] O sentido está na obra e no seu território. Produzir cultura é produzir cidade. Sobreviver não é esperar a morte, mas inventar a vida. É desafiar a efemeridade e buscar permanências no tempo.

Em oposição a essa tradição histórica das culturas populares, há um certo senso comum de que a cultura é vista como algo da ordem do supérfluo. Quando toda a existência está resolvida, quando a barriga está cheia, tratamos de cultura, arte, estética. Um exemplo: em momentos de crise econômica se dão extinções de Ministério ou secretarias de Cultura, redução de verbas destinadas à produção cultural ou ao incentivo à fruição artística. Reivindicar 1% do orçamento público para políticas culturais é, dependendo do contexto, exigir o impossível. Fora do rol das coisas essenciais, a produção cultural é, a um só tempo, elevada como alimento do espírito e rebaixada como o luxo que não mata a fome. A perspectiva conservadora é ainda mais enfática quanto à inutilidade da cultura. Os ataques recentes do MBL (Movimento Brasil Livre) e outros grupos de extrema-direita contra a Lei Federal de Incentivo à Cultura, conhecida como Lei Rouanet,

---

7   Entrevista concedida a mim em fevereiro de 2012.

acusando artistas que recebem verbas públicas de vagabundos, são exemplos dessa posição política.[8]

Na última década, políticas culturais estatais começaram a dialogar com dinâmicas criativas que desafiam esse senso comum. Ainda que tímida, a democratização das políticas públicas de cultura tornou visível uma miríade de modos de fazer das culturas populares e periféricas, bem como estimulou o surgimento de grupos culturais, coletivos artísticos e, o mais importante, demandas. No contexto da cultura de sobrevivência, Estado é sinônimo de repressão e criminalização, de cerceamento da liberdade de criar e fruir. Como dizem os funkeiros, "se o Estado não atrapalhar já ajuda", frase que ouvi em minhas pesquisas de campo. Ainda assim, artistas, produtores e coletivos de funkeiros participaram de editais culturais, demandando verbas públicas e reconhecimento público da legitimidade de suas práticas.

Esse processo foi parcialmente interrompido com o golpe que destituiu Dilma Rousseff da presidência da República. Digo parcialmente porque, apesar do amesquinhamento do Ministério da Cultura,[9] com redução de recursos e funções, algo foi disparado e segue em andamento. Trabalhadores da cultura permanecem buscando viver de sua arte, coletivos culturais continuam a inventar novos fazeres, artistas das periferias descobrem a cada momento novas formas de autogestão de suas iniciativas. Criação estética inventando caminhos, ocupando espaços, desafiando conservadorismos e procurando meios de perdurar no tempo.

O tempo é categoria que consagra a arte hegemônica, que deve permanecer, durar, tornar-se clássica. Nada mais distante da ideia de sobreviver, em que o momento presente é a única certeza, tal como o verso que deu título a este texto. O ato é o que permanece, a experiência histórica comum em que a certeza da morte libera a celebração diária da vida. Não há garantias, adiamentos, planejamentos. Sobreviver transborda o viver e o morrer, "suplementando-os com sobressalto e *sursis*, parando a morte e a vida ao mesmo tempo" (DERRIDA, 2003, p. 38) Essa suspensão é o tempo da festa, como o carnaval popular, em que mundos existentes

---

[8] Em sua página do Facebook, o MBL publica vários posts contra a Lei Rouanet. Um desses posts pode ser visto neste link: <https://www.facebook.com/kataguiri.kim/videos/vb.833053646745836/1650204285030764/?type=2&theater>. Acesso em: 12 set. 2017.

[9] Logo após assumir a presidência da República, o golpista Michel Temer anunciou a extinção do Ministério da Cultura. Diante da forte reação dos artistas, em particular a expressividade do movimento Ocupa MinC, que ocupou as sedes do ministério nas principais capitais do País, Temer recuou e recriou o Ministério da Cultura. Entretanto, o Ministério da Cultura, cujo ministro em setembro de 2017 é Sergio Sá Leitão, encontra-se semiparalisado, funcionando de modo precário.

são subvertidos e novos mundos inventados (BAKHTIN, 1993). Esse tempo suspenso não dura, mas permanece como espécie de espírito coletivo subterrâneo, emergindo, submergindo, criando conexões entre épocas e territórios distantes, em fluxos de diáspora.

Em momentos de crise, o que se pode aprender com essa experiência? Para quem sobrevive, a crise é permanente, bem como a necessidade de invenção. E a reinvenção na urgência não é o que fazem cotidianamente os artistas populares e os coletivos de cultura ocupando ruas, praças, becos, vielas, lonas culturais, escolas públicas da cidade? Centenas de agentes culturais populares nas periferias urbanas do País não estão sinalizando para outras possibilidades políticas? Ou ainda, constituindo, na contramão das políticas culturais ameaçadas pela falência do Estado, um outro fazer político na cultura, ou a partir da cultura? Nesse caso, afirmar a centralidade da cultura não se limitaria a lutar contra a extinção de secretarias ou ministérios.

Em permanente ameaça e frequentemente destruídas, as manifestações culturais produzidas nas margens do Estado, no contexto da cultura de sobrevivência, são obrigadas a inventar as formas de sua permanência. Como um rio que muda, mas permanece o mesmo em seu fluxo constante, a cultura de sobrevivência nas favelas e periferias depende de criatividade e persistência, de uma continuidade resistente. Mas essa cultura tem limites para sua eficácia e para sua perpetuação. De acordo com MC Calazans, esse limite é o do extermínio, gestão última e radical de corpos que deixa pelo caminho 60 mil assassinados por arma de fogo no Brasil a cada ano. Como matáveis prioritários, os jovens, negros e pobres (MAPA DA VIOLÊNCIA, 2016). A consciência de viver permanentemente em risco de vida tem como drama a "arma apontada para a cara", experiência comum entre jovens de favelas e periferias. Ao abordar um artista da favela que tinha "entrado para o tráfico", com o objetivo de trazê-lo de volta ao grupo artístico ao qual pertencia, o MC ouviu a pergunta que resume numa frase esse drama: "Você quer que eu morra atirando ou dançando?".[10] Quando a morte é certa, a luta pela sobrevivência se esvazia de sentido, não há nada que se possa fazer. Interrompido o fluxo da cultura da sobrevivência que, ainda que acossada pelo imediato tece possibilidade de devir, o que resta é um desesperador agora.

Pensar políticas públicas de cultura no Brasil hoje, do ponto de vista de quem luta por sobreviver, é assumir um compromisso radical com o tempo da

---

10   Conversa informal em outubro de 2014.

vida, com a interrupção desse pacto sinistro de morte, em favor da permanência da festa e do bem viver. Interromper esse cortejo fúnebre é suspender a produção de monumentos de cultura que são também monumentos de barbárie. (BENJAMIN, 1993, p. 255) Aprender com os conhecimentos, estéticas e saberes produzidos na experiência da sobrevivência pode ser a nossa maneira de, benjaminianamente, escovar a história a contrapelo.

Referências

BAKHTIN, Mikhail. *A cultura popular na Idade Média e no Renascimento. O contexto de François Rabelais*. São Paulo/Brasília: Hucitec, EdUnB, 1993.

BENJAMIN, Walter. Sobre o conceito de história. In: _____. *Magia e técnica, arte e política*. Obras escolhidas. São Paulo: Brasiliense, 1993. p. 222-232.

CHALHOUB, Sidney. *Trabalho, lar e botequim*. O cotidiano dos trabalhadores no Rio de Janeiro da *belle époque*. Campinas: Editora da Unicamp, 2012.

DAS, Veena; POOLE, Deborah (Ed.). *Anthropology in the Margins of the State*. New Mexico: School of American Research Press, 2004.

DERRIDA, Jacques. *Sobreviver/Diário de Borda*. In: FERREIRA, Elida. *Jacques Derrida e o récit da tradução: o Sobreviver/Diário de Borda e seus transbordamentos*. Tese (Doutorado) – Unicamp, Campinas, 2003.

FACINA, Adriana. Sobreviver e sonhar: reflexões sobre cultura e "pacificação" no Complexo do Alemão. In: PEDRINHA, Roberta Duboc; FERNANDES, Márcia Adriana (Org.). *Escritos transdisciplinares de criminologia, direito e processo penal: homenagem aos mestres Vera Malaguti e Nilo Batista*. Rio de Janeiro: Revan, 2014. p. 39-48.

MAPA DA VIOLÊNCIA 2016. *Homicídios por arma de fogo no Brasil*. FLACSO BRASIL, 2016. Disponível em <http://www.mapadaviolencia.org.br/pdf2016/Mapa2016_armas_web.pdf>. Acesso em: set. 2017.

A CRISE, A VIOLÊNCIA NO RIO DE JANEIRO E A GRANDE MÍDIA

Laura Astrolabio[1]

> "Libertei mil escravos.
> Poderia ter libertado outros mil
> se eles soubessem que eram escravos"
> (Harriet Tubman)

São muitos os problemas que o Brasil precisa enfrentar neste momento crítico, e sabemos que a violência é um dos que mais crescem e preocupam. Mas a violência tem suas raízes, não é um problema que nasce do vácuo, muito menos que anda só. Infelizmente, a sociedade não é levada a pensar sobre os motivos das violências, não é questionada a respeito de seus preconceitos, muito menos é sabedora do sentido da criação de certas regras que visam exercer o controle social. O que sempre predominou no Brasil foi um deixar-se levar pelos ideais daqueles que dominam através do poder político e econômico.

É preciso organizar metas de conscientização da sociedade a respeito das raízes dessa violência que sempre nos assolou, e que no atual cenário tende a piorar de forma a nos deixar ainda mais reféns da sorte. Essa consciência só irá surgir a partir de diálogos e da disseminação de informações que confrontem o senso comum que a grande mídia luta bravamente para manter e cegar a população. Fazendo, oportunamente, uma releitura da escritora nigeriana Chimamanda Ngozi Adichie em *O perigo da história única*, não é possível usar a concessão pública para o serviço radiodifusão para fins de incutir no povo uma única versão dos fatos. Podemos dizer que essa mesma mídia é a que conta com jornalistas especialistas em generalidades e que, usualmente, ao criticarem condutas desviantes, cometem, também, condutas desviantes – como, por exemplo, quando se pronunciam com discursos de ódio, em total inobservância à lei e à ordem que tanto

---

[1] Laura Astrolabio Dos Santos é graduada em Direito e pós graduada em Direito público. Atua como advogada no Sindicato dos Trabalhadores em Educação da UFRJ. Ela é também palestrante, pesquisadora e ativista das causas do feminismo negro interseccional, e professora convidada na disciplina "Populações e grupos oprimidos, relações étnico-raciais e políticas de Estado" do curso de graduação em Defesa e gestão estratégica internacional da UFRJ.

alegam respeitar. Isso não precisa ser revisto? Isso não precisa ser discutido? E não é toda a sociedade que precisa estar envolvida nas discussões sobre temas como esse? As grandes mídias estão cumprindo o papel social responsável assumido quando recebem a concessão pública? Não? Então, repito, é toda a sociedade que precisa debater isso. Como envolver toda a sociedade no debate? Como fazer com que todos participem desse debate? Não seria com um trabalho de disseminação de informação? E quem vai fazer isso? Quem pode fazer? Podemos contar apenas com o brilhante trabalho já realizado por mídias alternativas? Podemos contar apenas com o advento da internet?

Quando muito jovem escutei de uma pessoa "bem-sucedida" (financeiramente), e pouco inclinada para ajudar o próximo, que "quem detém a informação detém o poder, por isso vocês não devem sair por aí falando tudo que sabem". A pessoa estava se referindo a não ensinar o que sabemos para os que de alguma forma seriam melhores se soubessem também. Lembro que pensei sobre aquele ser humano ser exatamente alguém com quem eu jamais gostaria de parecer.

A crise institucional brasileira, que passa pela violência e segue arranhando nossa jovem democracia, precisa ser freada, e não é uma novidade que o processo precise começar pela fiscalização das concessões públicas, como no caso de mídia que manipula o povo. Somos nós, o povo, que devemos atuar nesse processo, de preferência votando de forma consciente, atentos às propostas de governo de nossos candidatos. Mas antes disso é preciso desenvolver consciência coletiva, e que pouco importe o discurso de uma minoria detentora de amplo conhecimento de questões que dizem respeito a todos. Como fazer a maioria da sociedade chegar a esse patamar de consciência, a ponto de ser possível uma participação efetiva do povo na tomada de decisões? Urge a disseminação de informações cruciais. E devemos cobrar e lutar para que o dito quarto poder faça o que deveria ser feito, que é informar realmente. O País tem uma sociedade que vive no ostracismo proporcionado pelo consumo exagerado de notícias sobre violência que a grande mídia impõe, objetivando instaurar a cultura do medo. Ocorre que, ao divulgar violências, a mesma grande mídia falha em informar a sociedade sobre os reais motivos delas. Com isso, deixa de fazer o papel social que deveria ser obrigada a desempenhar, visto a concessão pública que recebe do poder estatal.

É importante, nesse momento, fazer um recorte especial em torno do estado do Rio de Janeiro, cuja capital foi sede das Olimpíadas de 2016 e abrigou diversos jogos da Copa do Mundo de 2014, e cujo ex governador, hoje, está preso pela acusação de corrupção envolvendo mais de 400 milhões de reais. Quando tivemos a oportunidade de ver a grande mídia noticiar a violência sem creditar na falta de segurança pública o motivo dessa crise que foi maquiada pelas chamadas UPPs – Unidades de Polícia Pacificadora? Pacificadoras pra quem? Quantas vezes nos proporcionaram assistir em horário dito nobre que os crimes cometidos por policiais em comunidades sequer são noticiados nos órgãos competentes por motivo de medo, das vítimas, de ainda mais violência policial? E quantas vezes foi amplamente divulgada a prática de vitimização secundária que o cidadão sofre nas agências controladoras ao terem a intenção de noticiar crimes? Quantas foram as vezes em que a grande mídia se empenhou em levar a sociedade a refletir sobre o fato da desigualdade social crescer em patamares alarmantes no Brasil, e sobre isso ter fundamento no histórico escravocrata e numa abolição malfeita, que dizimou muitos e condenou outros tantos a viverem o restante de suas vidas sem a garantia de tratamento e dignidade humanos? Quantas foram as vezes em que presenciamos a grande mídia tratando do racismo como ele deve ser tratado, dando enfoque ao racismo institucional, apontando para o fato de que no Brasil classe tem cor? Quando a grande mídia se empenhou em mostrar outras perspectivas, abordando a questão da violência relacionada à tamanha desigualdade social? Quando a mídia comunica que com a manutenção da tamanha desigualdade social nem toda a polícia do mundo será capaz de nos proteger?

Por que falar da grande mídia ao invés de focar no bom trabalho que mídias independentes vêm fazendo? Ora! Quem atinge a maioria da população? É a mídia alternativa? É todo brasileiro que tem acesso à internet, à TV por assinatura, a revistas e bons livros? Não! É a grande mídia que alcança a massa usando privilégio da concessão pública[2] para alienar e, efetivamente, desinformar, induzindo, assim, o cidadão ao erro. Essa mídia colabora com o projeto político das elites de manter a sociedade no ostracismo, na ignorância, sem condições de exercer de forma plena a cidadania a que tem direito num Estado dito democrático. E é essa mídia que precisa ser ressignificada em caráter de urgência no Brasil.[3] A retomada da democracia passa, também e principalmente, pela ressignificação

---

2   Art. 222 e 223 da Constituição da República Federal de 1988.
3   O delito é um dos objetos mais antigos de preocupação da humanidade. Já presente nos primórdios da narrativa bíblica com o homicídio praticado por Caim em face de Abel, ou nos escritos da Grécia Antiga, passando por diversos autores da Idade Média, não há dúvida de que o assunto crime angustia e movimenta a sociedade. Isso é claramente demonstrado hoje pelos jornais populares, tanto da televisão como da mídia impressa, que acumulam seus lucros narrando a ocorrência de crimes violentos e bizarros. Cf. CALHAU, Lélio Braga. *Resumo de Criminologia*. Niterói: Impetus, 2006. p. 30.

do que temos hoje em matéria de mídia, que deve cumprir o papel social de bem informar, de fazer múltiplas abordagens, de conscientizar, de mostrar lados e humanizar, e não o contrário, como temos assistido ao longo de tantos anos, tendo se intensificado ultimamente. É preciso levar a sociedade para uma reflexão, para um debate sério e comprometido. Não é mais possível que a massa seja mantida fora dos debates, obrigada a acreditar, por exemplo, sobre ser o aumento de pena e o aumento do policiamento as únicas práticas possíveis de resolução de conflitos sociais, principalmente porque somos ensinados a olhar o outro em estado de vulnerabilidade como vagabundo, criminoso, mesmo que essa pessoa sequer tenha cometido algum desvio.[4]

Em 2014, o Conselho Nacional de Justiça apresentou um diagnóstico que mostra o *ranking* das 10 maiores populações carcerárias do mundo, e o Brasil ocupa o quarto lugar, perdendo tão somente para EUA, China e Rússia. Podemos notar que mesmo com o superencarceramento a violência não diminui.[5] A mentalidade da sociedade precisa mudar, o cidadão brasileiro precisa ser estimulado a pensar além do que lhe é apresentado como verdade absoluta por quem tem nas mãos poder e visibilidade. Esses poderes e visibilidades precisam ser usados de forma honesta, e falta muita honestidade intelectual no processo de disseminação de notícias, informações e conhecimento pela grande mídia, que tem o maior poder de alcance. Não podemos achar normal pensar que gastar 2 mil reais por mês com uma pessoa presa por ter cometido o desvio de roubar seja melhor do que investir a mesma quantia no aprimoramento da dignidade para esse ser humano. Mas como essa opção, típica de um forte Estado de bem-estar social, pode chegar até as massas para que possam pensar a respeito? Sabemos quem tem o verdadeiro poder de alcance para que as informações cheguem até aqueles que precisam de conhecimento, mas quem tem esse poder faz a política das elites – e as elites não têm o mínimo interesse em promover uma sociedade informada.

---

4 Há outro elemento na análise de Hughes que podemos tomar emprestado com proveito: a distinção entre *status* principal e subordinado. Alguns *status*, em nossa sociedade como em outras, sobrepõem-se a todos os outros e têm certa prioridade. Raça é um deles. O pertencimento à raça negra, tal como socialmente definida, irá sobrepujar a maior parte das outras considerações na maioria das outras situações; o fato de alguém ser médico, ou de classe média ou do sexo feminino não o protegerá contra o fato de ser tratado em primeiro lugar como negro, e depois como qualquer um desses aspectos. BECKER, Howard S. *Outsiders*: estudos da sociologia do desvio. Rio de Janeiro: Zahar, 2001. p. 37, e-book.

5 Disponível em: <http://s.conjur.com.br/dl/censo-carcerario.pdf>. Acesso em: set. 2017.

São tantas perguntas que exigem respostas imediatas, e essas respostas precisam partir de reflexões em que todos sejam inseridos no contexto de pensamentos diversos, que devem ser otimizados de forma ampla e não restrita como se pratica. A segurança pública no estado do Rio de Janeiro é pensada de forma amadora, empurrando o cidadão para o desvio, o mesmo cidadão que é vítima do sistema e acaba por vitimar outras pessoas.[6] Não são os mestres e doutores os únicos que devem pensar tais questões, tampouco os temas aqui abordados devem ser reservados apenas para essas pessoas. O objetivo de se fazer pensar para fora dos portões das universidades é uma realidade a ser conquistada, e muito dessa responsabilidade é dos comunicadores sociais – das mídias. E para conquistarmos um País plural, também por isso devemos lutar.

Referências

ADICHIE, Chimamanda Ngozi. O perigo da história única. Julho, 2009. Disponível em: <https://www.geledes.org.br/chimamanda-adichie-o-perigo-de-uma-unica-historia/?gclid=EAIaIQobChMIno61nKrs1wIVxgeRCh3KGgjHEAAYASAAEgLu0fD_BwE>. Acesso em : 02 de dezembro de 2017.

BECKER, Howard S. *Outsiders*: estudos da sociologia do desvio. Rio de Janeiro: Zahar, 2001 (e-book).

CALHAU, Lélio Braga. *Resumo de Criminologia*. Niterói: Ed. Impetus, 2006

CARNEIRO, Sueli. *Racismo, sexismo e desigualdade no Brasil*. Ed. Selo Negro, 2011.

CNJ. *Novo diagnóstico de pessoas presas no Brasil*. 2014. Disponível em: <http://s.conjur.com.br/dl/censo-carcerario.pdf>. Acesso em: 22 jul. 2017.

---

[6] Empirismo não é achismo. O método empírico é árduo e pouco íntimo dos profissionais do meio jurídico (juízes, promotores de justiça, delegados e advogados) e lamentavelmente muitas pessoas se apresentam como criminólogos, emitindo opiniões totalmente sem fundamentos científicos e com base em entrevistas pessoais, sem nenhuma observação rigorosa do método científico e emitindo juízos de valor (acho isso, acho aquilo etc.). Existe muito disso no ambiente criminológico que investiga a segurança pública, onde o amadorismo do Estado ainda perde em qualidade e quantidade, frente às formas modernas de criminalidade (crime organizado, ataques de *hackers* pela internet, delinquência transnacional, crimes contra o sistema financeiro). Cf. CALHAU, Lélio Braga. *Resumo de Criminologia*. Niterói: Impetus, 2006. p. 26.

A RECONSTRUÇÃO DO MÍNIMO: FALSA ORDEM DEMOCRÁTICA E EXTERMÍNIO

Suzane Jardim[1]

Antes de iniciar a escrita que segue, perguntei-me algumas dezenas de vezes sobre os porquês de ser uma das convidadas para compor este trabalho e, principalmente, por que minha visão sobre a atual crise e conjuntura política deveria importar. Não sou cientista política, não dou aulas em universidades prestigiadas nem tenho um nome público relevante nesse setor, sou só uma historiadora distante do meio acadêmico que preferiu atuar na educação de jovens enquanto tem energia para tal. Na verdade, não tenho mesmo nada de novo a acrescentar ao debate em si, afinal, tudo o que escreverei a seguir já foi dito e escrito por diversos outros autores em diversos outros meios. A resposta à minha pergunta simplesmente não apareceu e por diversas vezes me senti inclinada a rejeitar o convite, inclusive ensaiando modos de o fazer.

Foi quando percebi que esse receio e essa negação tão grande em aceitar que talvez eu pudesse ter uma opinião a ser considerada tinham raiz em dois fatores principais: o primeiro diz respeito ao fato de que cresci sabendo quais eram os padrões entre os que sempre foram convidados para esse tipo de iniciativa. Para pertencer a essa publicação teria então de tomar muito cuidado com minhas palavras, pedir licença para entrar e dizer a fim de que ninguém reparasse a bagunça. Precisaria abusar das referências, mostrar que fiz leituras elaboradas, que conheço conceitos que me qualificariam a usar termos que ninguém em minha família sabe o que significam (e que não fariam a menor diferença na vida cotidiana caso soubessem). Talvez fosse preciso até mentir que li uma obra ou outra no original – em francês ou alemão –, mesmo sendo incapaz de ler qualquer texto em inglês sem o auxílio de um bom dicionário. Isso porque, caso não siga esse roteiro, qualquer pessoa corre o risco de ser desqualificada e lida como o intruso alívio cômico

---

[1] Suzane Jardim é bacharela e licenciada em História pela Universidade de São Paulo e pesquisadora em dinâmicas raciais com particular interesse na área da criminologia. Foi articuladora e participante ativa das Ocupações Pretas na USP, assim como uma entre as diversas pessoas que se mobilizaram para a criação da campanha 30 Dias por Rafael Braga. É educadora e atua em diversas regiões periféricas.

que se instalou em meio à reunião da intelectualidade feminina brasileira convocada para pensar a reconstrução da democracia nacional. O segundo elemento dessa negação interna estava então ligado exatamente a essa tal preocupação com a reconstrução da democracia nacional.

Quando recebi o convite e notei que era sobre essa questão que deveria me debruçar, percebi que já tínhamos um primeiro problema posto – eu não quero que a "democracia" brasileira seja reconstruída, por que daria sugestões para que isso fosse feito? Sim, essa afirmação pode assustar, mas, como já avisei, não sou a única a ver tendências nefastas no que nos acostumamos a chamar de democracia e, na verdade, posso até mesmo dizer que o discurso que liga a democracia a um sistema político dedicado aos interesses do povo e a uma forma de governo que tem como compromisso promover a igualdade entre os cidadãos é uma imensa de uma farsa. Posso porque outros fizeram antes de mim e porque, ao dizer isso, apontarei para esse fato. Caso fosse eu, Suzane, dizendo isso em meio à outra roda de conversa universitária sobre como mudar o mundo, seria posta contra a parede com uma série de acusações sobre vitimismos, radicalismos utópicos sem propostas concretas ou desconhecimento e desqualificação de toda a luta feita pela democracia e toda aquela argumentação que nos faz voltar ao primeiro ponto.

Mas, perdoem-me por tamanha digressão justificadora de minhas inseguranças e do meu possível modo não tão acadêmico assim de escrever, e sigamos em direção ao nosso tema – a atual crise e os caminhos para a reconstrução da democracia nacional.

Quando clamamos por democracia, pelo que exatamente estamos clamando?

Talvez essa pergunta soe óbvia para alguns, mas insisto na necessidade para que de início se reconheça que o conceito democracia não é fixo, não tem essência e é também não absoluto, sendo seu significado alterado de acordo com o tempo, espaço e interesses dominantes – e porque confesso que escrever para convertidos me entedia, então parto do básico para que seja possível me acompanhar sem conhecimentos prévios, caso contrário, consideraria tudo isso de uma inutilidade imensa. Basta lembrar que, diante das ditas ameaças comunistas do período pós-guerra, o discurso norte-americano promoveu toda uma narrativa em que as ditaduras latino-americanas seriam então mais democráticas e desejosas do que modos de governo pautados em lógicas não capitalistas.

Uso a palavra *democracia* por diversas vezes em meu cotidiano, seja na hora de pensar em um tema de trabalho com uma turma em sala de aula, seja na hora de dividir o último pedaço de lasanha com minhas irmãs no almoço de domingo. Usamos, é comum e geralmente quando o fazemos estamos nos referindo a um momento em que todos poderão ter voz diante de um certo tópico, em que todas as vozes envolvidas poderão ser ouvidas para a tomada de uma decisão. Entretanto, aqui falamos de política, e chega a ser ligeiramente canalha permanecer tratando de regimes democráticos de gestão do Estado como se estivéssemos falando do modo em que repartimos ou não o último pedaço de lasanha com nossos familiares. O modo dicionarizado do termo e as narrativas políticas e midiáticas permanecem citando *democracia* como sinônimo de um governo em que a soberania é exercida pelo povo; logo, partindo dessa concepção, é possível afirmar que vivemos atualmente em uma ruptura grave da lógica democrática, dado que o voto da maioria foi recentemente desrespeitado em um processo de *impeachment* que beirou o absurdo e que trouxe resultados mais absurdos ainda. Porém, reforço que essa análise é possível apenas quando partimos dessa concepção e ignoramos algumas questões que, como historiadora, não posso me permitir ignorar.

A historiadora marxista Ellen Wood afirma categoricamente que, para ela, "o capitalismo é –em sua análise final – incompatível com a democracia, se por 'democracia' entendemos tal como o indica sua significação literal, o poder popular ou o governo do povo" (WOOD, 2007, p. 418). Para a autora, essa incompatibilidade vem do fato de que não existe a possibilidade de um capitalismo em que o desejo popular seja privilegiado diante das necessidades do ganho, do lucro e da manutenção de uma lógica na qual o acesso ao poder é cedido de modo prioritário para os comprometidos com essas necessidades. Para Wood, a democracia representativa nasce do esforço para legitimar um governo sem qualquer pretensão de que o povo exerça soberania – sendo aqui *o povo* entendido como a massa, o coletivo que inclui a maioria da população –, existindo apenas para limitar os poderes do Estado, garantindo assim direitos individuais de cidadãos passivos que exercem participação nesse jogo apenas periodicamente, durante o voto. Assim sendo, *democracia* é um regime de governo confinado apenas às esferas políticas e jurídicas, para que não exista alteração na estrutura de classes e que depende de um povo despolitizado e desconectado do processo de decisão para se manter. Creio que essa é uma leitura que boa parte da esquerda anticapitalista poderia concordar sem maiores problemas, porém, minha sugestão é ir mais além: a democracia não é só incompatível com uma sociedade capitalista, mas é também impossível e mortífera dentro de uma sociedade racista e punitivista – fato que compromete e torna falha sua missão de garantir direitos individuais a todos e que é desconsiderado nos discursos sobre a necessidade de manutenção da ordem democrática.

Concordo com as análises que enxergam nas democracias capitalistas implantadas em sociedades racistas de passado colonial duas faces gerais – uma que supostamente promove direitos básicos ao cidadão protegendo sua individualidade como sujeito, e outra que extermina uma parcela da população sob o pretexto de que violar direitos como o da vida é parte de um conjunto de ações necessárias para a manutenção da mesma ordem que possibilita a promoção de direitos básicos para a proteção da individualidade. Uma ambiguidade de atuação, em que os poderes estatais atuam marginalmente em desacordo com a estrutura jurídica formal posta para manter o funcionamento da mesma estrutura, contradição que legitima e mantém a autoridade estatal (DAS, 2004). Em meus anos como aluna em uma universidade pública ouvi muitos discursos, li muitos textos, assisti a diversas aulas e ouvi dezenas de palestras em que essa dualidade e esse poder de conquista da legalidade baseada no terror e no extermínio apareciam como típicos de ordens ditatoriais, condenáveis e não democráticas – era o imperialismo norte-americano, era a lógica da guerra, os campos de concentração e o modo de ação das ditaduras. A *necropolítica* de Mbembe, modo de governar que depende da gestão do terror e da morte (MBEMBE, 2017), parecia um conceito genial para o debate sobre a Alemanha nazista, a ordem colonial ou a ocupação na Palestina; entretanto, toda a intelectualidade acadêmica que tentava refletir sobre o mundo ao seu redor debatia essas lógicas com um distanciamento que sempre soou como uma reafirmação de que ali não era o meu lugar. Lembro e sempre menciono a professora que usou parte da aula para nos alertar sobre os perigos que corria nossa democracia diante da ameaça do *impeachment*: segundo ela, éramos jovens e não tínhamos noção do quanto precisávamos lutar pela democracia para não corrermos o risco de voltar aos terrores da época da ditadura militar, quando era comum existir sob vigilância, correr o risco de desaparecer, ter sua liberdade comprometida, ser encarcerado sem motivos, agredido pela polícia sem ter direito à defesa... E eu simplesmente me senti pasma ao ver a conivência de meus colegas de classe com aquele discurso. De fato, eu era a única pessoa pobre ali e só eu sabia que a rotina descrita pela professora era atual e cotidiana em meu bairro e tantos outros, ou havia naquele espaço um acordo implícito em que meu bairro, meus vizinhos, eu mesma e outros iguais não fazíamos parte da montagem de um discurso político oficial sobre o Brasil?

Falar dos excluídos dos discursos políticos oficiais neste País é invariavelmente falar sobre a população negra, que permanece como maioria entre os mais pobres, então seria impossível para mim concluir este texto sem invocar o debate de raça. Charles Mills denuncia em *The Racial Contract* o fato de que o caráter estrutural do racismo impede o exercício pleno de fundamentos básicos da democracia como a liberdade e a igualdade, ao mesmo tempo que aponta a existência de um *contrato racial* na ordem democrática que faz que exista uma evasão e negação das realidades raciais, sendo a realidade do branco, o signatário desse contrato, a única realidade considerada na montagem das teorias para uma análise social (MILLS, 1997). Partindo desse pressuposto, não é surpreendente observar como a aclamação acrítica da defesa de um suposto do estado democrático de direito se dá sem que se pense no quanto o conceito é em si limitado. Em 1940, no meio de uma guerra mundial e da vida em uma Europa hitlerista, foi possível para Walter Benjamin constatar que "a tradição dos oprimidos nos ensina que o 'estado de exceção' em que vivemos é na verdade a regra geral" e apontar para a necessidade de "construir um conceito de história que corresponda a essa verdade" (BENJAMIN, 1993, p. 226). O ano é 2017 e ainda é chocante perceber como a verdade ainda se mascara a partir de negações e de uma não confessa irrelevância conferida às existências alheias.

Já em 1935, ao analisar a história da população negra norte-americana, W. E. B. Du Bois concluiu que a democracia foi negada ao negro no mesmo momento em que foi prometida – na abolição da escravidão (DU BOIS, 1956[1935]). Os negros deixaram de ser escravos para se fixarem como a parte da população mais pobre e precária do País, fato que, somado aos já postos discursos sobre uma suposta predisposição à violência e inclinação para a delinquência, jogou-os na vala da criminalidade, fazendo que perdessem novamente a liberdade em prisões ou a vida nos linchamentos que eram comuns na primeira metade do século XX e quase sempre justificados diante da alegação de que as vítimas haviam cometido crimes. Por se tratar de uma análise que versa sobre a realidade norte-americana, talvez seja possível ainda construir uma leitura que não permita que se vejam as aproximações com a realidade brasileira – isso se dá graças ao legado do discurso de outra democracia que é igualmente uma farsa: a racial.

O passado norte-americano de convivência com a segregação reforça a impressão de que no Brasil os negros não tiveram privações institucionalizadas que impedissem seu avanço, e ainda hoje é possível encontrar quem se comova com a morte de negros promovida pelas polícias dos estados ao norte do continente, mas que não aceite que o negro baleado na favela ou a vítima da chacina na periferia é, de algum modo, vítima do mesmo racismo. Em nosso País, a segregação dos negros nunca esteve posta em uma placa que separava bebedouros, bancos de ônibus e restaurantes, entretanto, é inegável o fato de que ao negro brasileiro foram legados espaços específicos: o espaço do trabalho mal remunerado, da mão de obra precária, do trabalho doméstico, da favela, do morro e das prisões. São esses espaços específicos que denominarei aqui de *territórios negros*, e são esses territórios negros os espaços onde essa democracia do povo, que se encontra sob ataques, nunca chegou de modo efetivo. Farei uso desse recurso da territorialidade exatamente para rebater as críticas prontas que sei que virão – não é só o negro que é pobre neste País, não é só o negro que está no crime, que vive nas periferias e lota nossas prisões. De fato, em uma sociedade que usou a miscigenação e o embranquecimento para apagar o negro de sua composição, seria até mesmo utópico querer a unidade negra em um espaço que seja, entretanto, não há como negar que todos os espaços citados foram ocupados a partir do pós-abolição brasileiro por uma parcela majoritariamente negra da população. O negro liberto se apresenta como um problema a ser eliminado, um empecilho ao avanço da ordem republicana – se precariza sua existência, limitam-na aos locais menos nobres do País e se negam as condições materiais necessárias a uma sobrevivência digna, ao mesmo tempo que se difunde socialmente que a precariedade de condições nada tem a ver com ações políticas – eis o sujeito que vive em pobreza porque quer, que vive nas periferias porque quer e que se torna um criminoso porque quer. Temos a construção do inimigo público, o *homo sacer* concebido por Agamben, aquele cuja vida é descartável – os homens matáveis. Se você é identificado como parte da mesma comunidade que um *homo sacer*, sua vida vale tão pouco quanto a dele – sua morte ou as violações de seu direito sempre poderão ser lidas como atitudes tomadas visando à segurança geral da nação e à manutenção pacífica de uma ordem que ainda insiste em se denominar democrática.

Apesar desse aparente esquecimento de parcela significativa da população, estão os negros e pobres sempre presentes nas falas daqueles que tentam pensar em como lidar com os acontecimentos políticos pós-2014. O ano de 2015 se torna então um marco da falta de democracia por supostamente ser a efetivação de um acordo entre as classes alta e média que jamais se conformaram em ver o aumento do poder de consumo das classes mais baixas e, devido a isso, resolveram tramar para que o garoto da favela não possa mais comprar um iPhone, para que o porteiro não possa mais viajar de avião, para que a juventude da periferia não entre mais em *shopping centers*. As elites do País estariam então reagindo para exterminar o governo que deu direitos trabalhistas para as empregadas domésticas, comida para o povo que tinha fome, cotas raciais para os negros. Transforma-se o povo que habita os territórios que menciono acima em uma massa passiva: direitos básicos deixam de ser conquistados para se tornarem frutos da bondade vinda do coração de governantes justos que, de modo benevolente e lutando contra a ordem vigente, permitiram que a massa pudesse comer, estudar, morar e comprar. E, veja bem, sou uma mulher negra e pobre, primeira na família a ter acessado a universidade, ou seja, a narrativa já cansada de que estou desdenhando do quão incrível é dar "ao pobre" poder de consumo por escrever do alto de minha branquitude ou de minha conta no banco recheada não funcionará dessa vez, nem tente. A questão é apontar a disseminação de discursos que desconsideram os jogos de poder que sustentam nossa democracia, substituindo-os por um épico maniqueísta, no qual representantes que têm sua atuação política minimamente voltada para o bem-estar social são tidos como heróis e onde direitos e chances de sair de um estado de extrema penúria se transformam em dádivas como que sagradas, impossibilidades que quando alcançadas por certo setor da população beiram um milagre digno de louvores semelhantes aos escritos elogiosos direcionados aos reis do passado para apontar seus grandes feitos. Se o bem popular mínimo é assim tão excepcional, então que democracia é essa e qual o papel do povo dentro dela? Se tudo depende na verdade de os nossos governantes terem ou não um bom coração, para que insistir então na luta política e na comoção popular? Para que então serve essa democracia e por que reconstruí-la?

Para Angela Davis, quando a democracia perde todo e qualquer significado substantivo que deva ter e se limita à formalidade de exercer o direito ao voto, cria-se uma noção limitada de democracia que exclui conceitos como justiça e igualdade (DAVIS, 2009, p. 100). Tem-se falado muito sobre o perigo de alimentar desconfianças quanto à política institucional, pois esse processo pode levar à ascensão de alternativas que se apresentam como não políticas, geralmente aliadas ao conservadorismo e ao retrocesso. Peço perdão se até aqui soei como se quisesse endossar essa possibilidade, mas a questão é que de fato há de se admitir que a política institucional tal qual é dada atualmente não funciona. O sistema falhou e as desconfianças quanto à política institucional de fato possuem base e não são delírios de um pobre povo incapaz de agir politicamente, como acredita a *CartaCapital*, que preferiu culpar a ignorância das massas em vez de admitir que talvez algo tenha dado errado na viagem pela estrada democrática (ed. 926, nov. 2016). Acostumamo-nos a chamar de democráticas gestões de Estado que dependem da despolitização do povo, sobrevivem do fato de que a população tem pouco poder de decisão além do voto, se mantêm com base em acordos espúrios e que se apoiam em instituições que perpetuam lógicas de domínio de uns sobre os outros, exclusão e morte – fatos que permanecem no campo do "erro" e do "mal menor" quando surge um governo disposto a fazer o mínimo. Acostumamo-nos com o mínimo, e é o mínimo que pedimos de volta. Que tempos tristes de serem vividos...

Neste momento você deve estar se perguntando o que tenho de concreto para propor. É sempre assim, toda crítica a um sistema falho acaba abafada pelos gritos de quem nos chama de utópicos ou de pessimistas incorrigíveis, acusando-nos de não dialogar com a realidade política quando dizemos que essa realidade é, na verdade, um grande mal a ser combatido. Não sou do time dos que denunciam as contradições e problemas acreditando que não há nada a ser feito, visto que me dou o direito de permanecer sonhadora e acreditando que um mundo melhor é possível – se não fosse assim, este texto e boa parte de minha vida não passariam de exercícios intelectuais egoístas e fechados em si. Apesar dos prognósticos em que a ordem democrática não está posta para atender a nós, que fazemos parte do povo, creio que é de fato época de nos mobilizarmos, porém, essa mobilização não deve clamar pela reconstrução de uma necropolítica de manutenção de liberdades individuais para poucos, mas sim por uma nova ordem que atue na promoção de amplos direitos e na inclusão dos que sempre foram excluídos da festa. Aceitar o mínimo às custas da barbárie não deve ser nosso norte; aceitar que o voto seja nosso momento de maior envolvimento com a ordem política ou apenas aguardar a época em que um coração puro conseguirá tirar a espada cravada na pedra do retrocesso, tal qual uma versão progressista do Rei Arthur, tampouco. Assim sendo, não, não desejo a reconstrução da democracia, mas desejo sim o reconhecimento de que nunca no Brasil a democracia foi praticada, sendo a crise atual um desdobramento do sistema que aprendemos a aceitar e não uma aberração surgida dentro dele. Insistir em uma reconstrução do que existiu até então é concordar com uma política de morte, extermínio e privação de direitos que aparentemente nunca foi um problema, pois sempre esteve operando sob conivência daqueles que conseguiram usufruir da proteção individual e jurídica que a democracia representativa diz em seu discurso promover.

Que nessa etapa de busca por soluções para a crise nos atentemos para que o mal menor não se converta no mal necessário e que as lógicas de exclusão e terror não se mantenham como a parte que se costuma relevar quando se faz "voto crítico" para a eleição do "menos pior".

Referências

AGAMBEM, Giorgio. *Homo Sacer:* o poder soberano e a vida nua I. 2. ed. Belo Horizonte: UFMG, 2010.

BENJAMIN, Walter. *Obras escolhidas. Magia e técnica, arte e política.* São Paulo: Brasiliense, 1993.

DAS, Veena. The Signature of the State: The Paradox of Illegibility. In: _____; POOLE, Deborah. *Anthropology in the Margins of the State.* Santa Fé: School of American Research Press, 2004. p. 225-252.

DAVIS, Angela Y. *A democracia da abolição:* para além do império das prisões e da tortura. Trad. Artur Neves Teixeira. Rio de Janeiro: Difel, 2009.

DU BOIS, W. E. B. *Black Reconstruction in America:* An Essay Toward the History of the Part Which Black Folk Played in the Attempt to Reconstruct Democracy in America, 1860-1880. New York: Russell & Russell, 1956 [orig. 1935].

MILLS, Charles W. *The Racial Contract.* Ithaca, NY: Cornell University Press, 1997.

MBEMBE, Achille. Necropolítica. *Arte & Ensaios*, [s.l.], n. 32, mar. 2017.

WOOD, Ellen Meiksins. Capitalismo e Democracia. In: BORON, Atílio A.; AMADEO, Javier; GONZALEZ, Sabrina. *A teoria marxista hoje.* Problemas e perspectivas. 2007.

Crise, imaginação, sentido e saídas

O LONGO CAMINHO DE VOLTA

Catarina Brandão[1]

No "Abecedário" (L'ABÉCEDAIRE..., 1995), série de entrevistas que Gilles Deleuze dá à jornalista Claire Parnet em 1988, na qual apresenta definições, por ordem alfabética, de diversas palavras previamente escolhidas pela entrevistadora, um dos momentos mais interessantes é o que corresponde à letra "g", de *gauche* (esquerda, em francês). Ao explicar o que é ser de esquerda, Deleuze contrapõe os conceitos de maioria e minoria. Segundo ele, a maioria é ninguém, porque representa o poder estabelecido, um padrão vazio: homem, branco, adulto, originário de um País desenvolvido. A maioria é uma caricatura de quem manda no mundo, um ajuste praticamente perfeito à nossa injusta realidade social. Por isso, a maioria é ninguém. Os que pertencem à minoria, diz Deleuze, têm um devir, um processo de tornar-se algo, de construir uma identidade. A minoria são, por exemplo, mulheres, LGBTs, imigrantes, crianças, negros. Portanto, ao contrário da maioria, que é padronizada, a minoria é específica, com questões e demandas próprias, fruto de uma maneira única de existir na sociedade. A minoria é todo mundo. A partir dessa dualidade, Deleuze define "ser de esquerda" como uma espécie de altruísmo político, uma preocupação com o impacto das decisões dos governos sobre as minorias, dentro e fora dos limites nacionais.

Pertencer à maioria ou à minoria, como nos termos propostos por Deleuze no "Abecedário", depende, sobretudo, de um sentimento de identificação, o qual advém da consciência política. Esse processo de conscientização, como sabemos, não se forma no vácuo, mas em meio a cenários, muitas vezes, desafiadores, e acaba sendo, em grande medida, condicionado por eles. Nesse sentido, o diálogo entre movimentos e partidos políticos e suas bases tem papel fundamental. Mas é justamente essa capacidade de comunicação que tem faltado aos movimentos e partidos de esquerda, no mundo todo.

---

1 Catarina Brandão é diplomata desde 2007. Atuou na área comercial e educacional do Itamaraty. Foi chefe dos setores culturais e de imprensa na Embaixada do Brasil em Quito, no Equador. Atualmente, trabalha em Brasília e no livro ela faz uma reflexão sobre o distanciamento dos setores progressistas de sua base popular.

Quando se fala na crise da esquerda, logo surge a pergunta: em que momento a esquerda começou a perder a conexão com as classes mais pobres? Que a esquerda tem perdido apoio entre os setores sociais mais carentes, não se discute. Basta olhar os resultados recentes de eleições mundo afora. Mas, se esse distanciamento da cúpula da esquerda em relação à sua base popular é claramente identificável, as suas causas são menos fáceis de apontar. Em uma análise rápida, a primeira causa que costuma surgir é o efeito sucesso: ao ocuparem cargos eletivos ou funções importantes na estrutura do governo, os antigos dirigentes de movimentos populares de esquerda se distanciam do cotidiano dos setores que representavam e vão perdendo, gradualmente, a confiança política deles. Associado ao efeito sucesso, há o efeito riqueza: com o aumento da renda, esses mesmos antigos dirigentes adquirem novos hábitos de consumo e passam a frequentar outro meio social, aprofundando o fosso entre a antiga e a nova vida. Paulatinamente, os representantes deixam de ser vistos como "nós" e passam a ser vistos como "eles".

No limite, esse processo de desidentificação entre representados e representantes se converte em apatia, deixando, como resultado, uma abordagem da política desprovida de ideais, puramente utilitarista. Ao não se sentir ouvida e representada pela esquerda que se pretende sua defensora, as minorias tendem, especialmente em momentos de dificuldade econômica, a ceder ao discurso da maioria, que promete ganhos imediatos em troca do abandono de medidas "generosas", como, por exemplo, maior investimento social e concessão de benefícios a imigrantes.

Em seu livro *Retour à Reims* (Retorno a Reims, 2009, ainda não publicado no Brasil), um misto de autobiografia e análise social, o filósofo e sociólogo francês Didier Eribon narra sua visita à cidade onde nasceu após trinta anos de ausência. A mágoa declarada que fez que Eribon ficasse tanto tempo distante de sua terra natal era a homofobia que ele havia sofrido lá, dentro e fora de casa. Em Paris, pôde viver sua sexualidade de forma aberta e tornou-se um intelectual renomado. Mas ainda havia outro "armário" do qual ele precisava sair, e é isso o que ele resgata ao longo da obra: seu passado pobre. Ao revisitar suas lembranças, fica claro que, na mudança para Paris, a identidade sexual veio à tona, mas não a identidade social. Afinal, em um meio de intelectuais, quase sempre pertencentes à mesma classe, não é a questão da sexualidade que causa tanto estranhamento, mas sim a da pobreza. Mais que qualquer outra coisa, era isso que o tornava realmente diferente dos seus pares.

A primeira cena do livro se passa na casa da mãe de Eribon, num bairro periférico de Reims, pouco depois da morte de seu pai. A experiência de rever a casa de sua adolescência é descrita pelo autor como uma melancolia do "*habitus* clivado", expressão já utilizada por Pierre Bourdieu no seu "Esboço de autoanálise" para descrever o sentimento incômodo de contradição entre a infância humilde e o reconhecimento público como intelectual.

Da Reims que Didier conhecera na juventude, onde começara sua vida como operário e militante de uma organização trotskista, não restava nem sombra. Seus familiares e antigos colegas de trabalho que há trinta anos engrossavam o rol de filiados do Partido Comunista tinham se convertido, ao longo do tempo, em eleitores da extrema-direita, apoiando a Frente Nacional, de Jean-Marie e Marine Le Pen. O antigo proletariado, agora em processo de tornar-se precariado, abraçava o conservadorismo radical na tentativa desesperada de ser, enfim, reabsorvido pelo sistema capitalista.

De todas as lembranças ruins que alguém possa guardar do passado, a pobreza é certamente uma das primeiras que se quer apagar. Ao contrário do que dizem algumas letras de sambas antigos, não há nada de belo ou edificante em ser pobre. No caso do Brasil, a verdade é que, ao longo da história, a questão da pobreza foi bastante estudada pelos intelectuais, mas muito pouco enfrentada pelo poder público. A pobreza sempre foi uma ferida exposta que fingimos não ver. Se política, religião e futebol não se discutem, pobreza é um assunto que mal se menciona.

Os governos do PT tiveram o indiscutível mérito de, pela primeira vez, formular políticas públicas de grande escala com foco na redução da pobreza e na eliminação da pobreza extrema. Do ponto de vista estatístico, o programa Bolsa Família foi um enorme êxito ao tirar 36 milhões de brasileiros da miséria entre 2003, quando foi criado, e 2015. Mas a ampliação do acesso dos pobres ao mercado de consumo não foi acompanhada de outras medidas que possibilitassem, de fato, maior autonomia social.

Tomemos como exemplo o caso da educação. Se, por um lado, passou-se a exigir dos beneficiários do programa a frequência escolar dos filhos como condição para o recebimento do benefício, por outro, a qualidade do ensino público básico e médio permaneceu sofrível. Da mesma forma, as políticas de capacitação de beneficiários do Bolsa Família para o mercado de trabalho foram praticamente inexistentes.

Já no início do segundo governo Dilma, o modelo neodesenvolvimentista dava fortes sinais de esgotamento e ameaçava as tímidas conquistas das classes mais pobres. Após o processo de *impeachment* e a recente adoção, pelo governo Temer, de uma agenda político-econômica de viés crescentemente neoliberal (o que se verifica também em outros Países da região sul-americana), tem ficado cada vez mais claro que o enfrentamento da pobreza perderá relevância no conjunto das políticas públicas brasileiras.

Mesmo após mais de uma década de governos petistas e políticas razoavelmente bem-sucedidas de enfrentamento da pobreza, o famigerado "povo" continua ausente da mesa dos grandes debates da esquerda. Mas há uma diferença fundamental entre o "povo" de tempos atrás e o "povo" de hoje: o acesso à informação. A visão antiga e preconceituosa da massa de economicamente excluídos como um conjunto amorfo e sem ideias próprias, facilmente manipulável, embora ainda seja bastante comum, não se sustenta quando confrontada com a realidade. O tempo dos "bestializados" já passou. Não se ignoram os pobres impunemente, mas a esquerda parece não se lembrar disso.

No ambiente atual, de grande incerteza econômica e profunda desilusão política, a maioria do eleitorado brasileiro se divide, segundo as pesquisas eleitorais mais recentes, entre Lula e Bolsonaro. Curiosamente, apesar das bandeiras defendidas pelos dois, nem todos os eleitores de Lula podem ser, a rigor, classificados como "progressistas", e nem todos os de Bolsonaro como "reacionários". O eleitorado estimado de Lula, majoritariamente feminino, adulto, nordestino e de baixa renda, teme o aprofundamento do retrocesso social que se tem evidenciado no pós-*impeachment*. Lula encarna a lembrança de tempos melhores e a esperança de revivê-los. É interessante notar que parte expressiva do contingente que declara voto em Lula também diz que não votaria em nenhum outro candidato. Ou seja, tudo indica que esse eleitorado não está necessariamente optando por uma candidatura de esquerda, mas sim pela figura de Lula.

O eleitorado potencial de Bolsonaro, majoritariamente masculino, jovem, do Sudeste e de renda mais alta, é o reduto da antipolítica – e do antilulismo. Com sua retórica tosca e fascistoide, Bolsonaro se apresenta como a promessa de solução dos problemas do Brasil pela via autoritária, um remédio contra a "doença do esquerdismo". No último mês de junho de 2017, o jornal *Valor Econômico* realizou um teste com eleitores que declararam intenção de voto em Bolsonaro. Os eleitores responderam a diversas perguntas sobre questões polêmicas, como a legalização das drogas, e suas respostas, no geral, eram muito mais progressistas que as posições defendidas pelo deputado carioca (MENDONÇA, 2017). Ou seja, os eleitores de Bolsonaro não necessariamente endossariam, na prática, um governo retrógrado, apesar de simpatizarem com um candidato identificado com a extrema-direita.

É possível se questionar, no caso brasileiro, se a fronteira ideológica entre esquerda e direita habitaria apenas o imaginário dos intelectuais. Mas o fato é que, no mundo todo, essa fronteira tem se tornado cada vez mais tênue.

Na Reims da juventude de Eribon, em plena Guerra Fria, havia uma sociedade que funcionava sob a lógica do keynesianismo, do compromisso de classes, do estado de bem-estar social e do modelo de produção fordista, com famílias de núcleo patriarcal bem definido. O modelo social que veio depois, consolidado na década de 1990 (tanto no centro quanto na periferia capitalista do mundo), consagrou o neoliberaliberalismo, a globalização, o fortalecimento de bandeiras identitárias em detrimento das bandeiras de classe, a inserção das mulheres no mercado de trabalho e os novos arranjos familiares. Ainda que a clássica divisão entre esquerda e direita tenha ficado menos marcada após o declínio da antiga URSS, continuaram a existir, nos Países capitalistas, disputas ideológicas entre partidos identificados com um certo tipo de esquerda ou um certo tipo de direita, mesmo que o conteúdo desse embate não fosse o mesmo do período anterior.

A disputa do segundo turno das últimas eleições francesas foi surpreendente não apenas pela presença de Marine Le Pen, mas também pela de Macron. A esquerda, mesmo a mais moderada, ficou ausente da disputa final, o que não se via há quase 50 anos. Entre centro e extrema-direita, o eleitor francês optou, por enquanto, pelo primeiro.

Muitos veem em Macron uma espécie de "terceira via" ao estilo Tony Blair, economicamente liberal e social-democrata nas políticas públicas. A ascensão política dessa chamada "terceira via", que se evidenciou na década de 1990, não cumpriu a promessa de superação da dicotomia entre esquerda e direita. Para a esquerda, ela significou, na prática, a submissão a alguns princípios básicos da globalização e do liberalismo. Para a direita, representou o reconhecimento da necessidade de algumas políticas sociais. Esse aumento da zona de convergência entre a centro-esquerda e a centro-direita não anulou as diferenças entre os programas partidários dos dois lados, mas as tornou menos marcantes. Enquanto o aparente "consenso" entre esquerda e direita moderadas era atacado apenas pela esquerda mais radical, que sempre teve muito mais força nas universidades e nas mídias do que nas urnas, a divisão continuou a existir. Mas, quando a direita nacionalista ganhou força eleitoral e passou a atacar todos os fundamentos desse "consenso", as diferenças entre os programas começaram a parecer menores. Para os descontentes com o sistema, o extremismo passou a encarnar a única possibilidade real de rompê-lo.

Entre 2012 e 2017, Marine Le Pen ampliou seu eleitorado em 20%, e há razões para acreditar que possa crescer ainda mais. Com propostas que convergem para um nacionalismo xenófobo que culpabiliza os imigrantes e demoniza a integração regional europeia, Le Pen tem se beneficiado do ambiente de crise e solidificado sua influência ao longo dos últimos anos. O que inicialmente parecia uma risível caricatura do extremismo nacionalista francês ganhou peso e densidade e lança sua sombra sobre o futuro do País. Não é absurdo imaginar que tenhamos um cenário parecido no Brasil. Mesmo com propostas mal elaboradas e mal articuladas, nosso ex-capitão do Exército tem saído rapidamente da condição de bufão para a de candidato potencialmente competitivo. Se obtiver o beneplácito do grande capital, Bolsonaro pode decolar e conquistar uma parte expressiva do eleitorado liberal de direita em uma eventual disputa contra Lula. E talvez nem precise moderar o discurso tanto assim, já que seus simpatizantes não se apegam às ideias e aos projetos que ele propõe, mas sim às ideias e aos projetos aos quais ele se opõe. Resta saber quanto retrocesso seriam capazes de tolerar em nome do combate à "doutrinação esquerdista" e à "ditadura do politicamente correto".

Caso Lula seja impedido de concorrer às eleições de 2018, é possível que algum nome da "terceira via" brasileira, como Ciro Gomes ou Marina Silva, canalize boa parte dos votos do líder petista. A dúvida é se esse nome teria força para se eleger contra uma eventual candidatura de direita, seja em sua versão mais extrema, com Bolsonaro, ou em sua versão mais "centrista", com Alckmin ou João Doria. Com ou sem Lula, o fato é que não existe no horizonte eleitoral brasileiro, até o momento, nenhum indício de que teremos um projeto claramente de esquerda disputando o próximo pleito com chances de vitória. Tal como na França, os partidos mais ao centro aparentam mais concordâncias que dissidências, cabendo apenas à esquerda mais radical e à direita mais extremada, cada uma à sua maneira, apresentarem-se como alternativas à hegemonia do "consenso". Até aqui, a extrema-direita parece levar vantagem.

Afundada em denúncias de corrupção, divergências internas e disputas de poder que impedem a formulação de uma pauta mínima capaz de mobilizar as ruas e fazer frente ao crescimento do conservadorismo, a "grande esquerda" não tem sido capaz de apresentar soluções convincentes para a crise que vivemos. E nem tem se mostrado disposta a tentar novos rumos.

Em entrevista recente ao jornal *El País* (BETIM, 2017), o escritor Anderson França, carioca, filho de imigrantes nordestinos e morador do subúrbio do Rio, diz que a esquerda brasileira se tornou "uma bolha acadêmica que fala apenas para o cara da classe média que teve acesso ao privilégio de entender a leitura". Promover discussões restritas a pequenos grupos letrados, em linguagem pouco acessível, longe da massa do público de menor estudo e renda, só contribui para reduzir a esquerda, seja ela de que matiz for, a essa estéril condição de "bolha". Bolhas não influenciam o mundo à sua volta. Bolhas são o refúgio da maioria, não das minorias. Enquanto a esquerda não voltar a falar a língua das classes mais baixas, não poderá contar com seu apoio. É preciso cumprir a vocação minoritária para além do discurso, retomar o contato direto com as periferias. Para avançar, é preciso fazer o caminho de volta.

Referências

BETIM, Felipe. Anderson França "Dinho": "Virei cronista porque tinha medo de morrer". *El País*, 28 jul. 2017. Disponível em: <https://brasil.elpais.com/brasil/2017/07/24/cultura/1500923170_092241.html>. Acesso em: 9 ago. 2017.

BOURDIEU, Pierre. *Esboço de autoanálise*. Tradução, introdução, cronologia e notas de Sergio Miceli. São Paulo: Companhia das Letras, 2005.

CARVALHO, J. M. *Os bestializados*. O Rio de Janeiro e a República que não foi. São Paulo: Companhia das Letras, 1987.

ERIBON, Didier. *Retours à Reims*. Paris: Fayard, 2009.

L'ABÉCÉDAIRE de Gilles Deleuze. Direção: Michel Pamart. Produção: Pierre-André Boutang. Paris: Arte, 1995. 1 DVD.

MENDONÇA, Ricardo. Eleitor de Bolsonaro suas opiniões ao pé da letra, diz estudo. *Valor Econômico*, 5 jun. 2017. Disponível em: <http://www.valor.com.br/politica/4992164/eleitor-de-bolsonaro-nao-leva-suas-opinioes-ao-pe-da-letra-diz-estudo>. Acesso em: 9 ago. 2017.

ZUQUIM, Rodrigo. Bolsonaro cresce e encosta em Lula na corrida presidencial de 2018. *Poder 360*, 15 jul. 2017. Disponível em: <https://www.poder360.com.br/datapoder360/bolsonaro-cresce-e-encosta-em-lula-na-corrida-presidencial-de-2018/>. Acesso em: 11 ago. 2017.

As opiniões emitidas no texto são de inteira responsabilidade da autora, não coincidindo necessariamente com as posições do Ministério das Relações Exteriores. A autora assumirá plena responsabilidade pelo texto e suas eventuais repercussões.

Onde foi parar sua imaginação?
A crise da cultura, da arte e do teatro
e as potenciais saídas

Jussilene Santana[1]

A cena começa assim: ele é um cientista inteligente. Ele não é mau. Dedicou-se por décadas aos mais variados conhecimentos. Sua curiosidade desconhecia fronteiras entre as disciplinas, entre os países. Mesmo tendo estudado tanto, visto tanto, sabido de tanto, ele se encontra deprimido e desiludido. A angústia o faz considerar a fuga ou mesmo o suicídio. Melancólico, anda pela aldeia perguntando-se se para tal sofrimento haveria saída.

A cena prossegue com ele dialogando com seu pai, um médico "das antigas", não tão cientificista quanto ele, que então disseca um cadáver. Enquanto presencia o pai revirando literalmente as tripas do morto, ele se pergunta em voz alta: "Não dá para ver a alma... Ela estava aí dentro? Cadê a alma?".

Para quem não sabe, essa é – com certa condensação poética – a cena de abertura de *Fausto*, filme de Alexander Sukurov (2011), baseado no *Dr. Fausto*, de Goethe. Não é indiscriminadamente que começo um ensaio sobre a crise da cultura, das artes, sobre a crise política e, enfim, sobre suas potenciais saídas, lembrando esse personagem, um mito, contado e recontado pela literatura, pela música, pelo teatro e pelas artes visuais praticamente em toda a Era Moderna e naquela que se diz Pós.

Em *Fausto*, a ação dramática começa efetivamente quando Mefistófeles, encarnação do Diabo, aparece ao doutor e lhe faz uma proposta: satisfazer-lhe todas as necessidades materiais e hedonistas na Terra e, em troca, possuir-lhe a alma

---

[1] Jussilene Santana é atriz e está criando o Instituto Martim Gonçalves. É pós-doutora pela Queen Mary University of London, onde chegou através do Prêmio Capes de Tese, e desenvolve pesquisa de pós-doutorado na UFRJ. A partir da reunião de 20 mil documentos sobre teatro, arte e história da cultura brasileira, que coletou em viagens pelo Brasil e nove países, ela pretende promover o legado e a perspectiva teatral do diretor pernambucano, esquecido pela nossa historiografia. Baiana de origem pobre, criada no bairro de São Caetano, em Salvador, Jussilene é mãe, professora e jornalista premiada. Escreveu o livro *Impressões Modernas*: Teatro e Jornalismo na Bahia, e já participou de três longa-metragens e vinte espetáculos.

por toda a eternidade. Fausto, pouco crédulo da existência de céu e inferno, aceita o pacto, assinando-o com o próprio sangue. E desafia o demônio. Ele duvida de que possa ser algum dia satisfeito materialmente por Mefistófeles a ponto de dar por encerrada a aposta, afirmando a "senha": "Para momento. Tão belo que és!".

É claro que daqui poderíamos começar falando sobre a crise mais imediata e local, a econômica e política brasileira. Afinal, a gente presencia a realidade de que, após 13 anos do primeiro governo de esquerda no maior País da América Latina, após termos visto ser atendido o sonho de consumo da imensa maioria de pessoas, facilitando-lhes a aquisição de TV e geladeira, após termos visto os limites ético-morais de um governo ativamente cúmplice das forças mais reacionárias do País, após o Golpe dessas mesmas forças no andamento da democracia, após termos sido sede da Copa e das Olimpíadas, após o Carnaval, após tudo isso e muito mais, sob a pregação da "Vinda do Progresso, da Felicidade do Homem Comum e da Distribuição de Renda", e por mais passos que tenham sido dados para a frente (ou para o lado, num samba esquizoide), o Brasil não reduziu seu abismo social, o Brasil não satisfez as necessidades primárias de seu povo, o Brasil melancolicamente esquece seu codinome, e não imagina seu futuro.

Prefiro, portanto, iniciar falando sobre a "crise da cultura" como tratada pela história das mentalidades, quando da ascensão da burguesia, dos séculos XVI ao XVIII. Tal crise não se fez sentir de uma hora para outra, fez-se gradualmente, legando profundas implicações sociais e políticas. Num primeiro e estrutural momento, desprezou tudo aquilo que não possuísse valor material e utilidade imediata. A fé nos deuses das religiões, logicamente. Mas também nos semideuses e nos mortais titânicos. Em seguida, o processo monopolizou a arte, convertendo a cultura em um simples meio para se fazer a revolução ou salvaguardar poderes já estabelecidos.

Tal instrumentalização da cultura para a progressão social e para a educação das classes (independentemente de quais seriam elas) acabou levando os objetos culturais e artísticos a se resumirem a um "valor de troca". Perdeu-se o seu valor único e arrebatador. Num momento posterior, o objeto acessível, pois massificado, é apenas uma coisa entre as demais. Coisa entre as coisas, excesso, excedente e mesmo lixo. Encontramo-nos, então, num mar de produtos desunificados, naufragados, buscando uma viva alma, uma identidade. Na época da reprodutibilidade técnica, curiosamente, o objeto, a "coisa" ÚNICA, irreprodutível, é a própria pessoa, o artista, e talvez resida aí uma chave extra para os estudos sobre o fanatismo e os delírios ao indivíduo-criador (criador de quê? Majoritariamente de si mesmo). Aqui Camille Pagglia mostra que leu Hannah Arendt, que Arendt leu Walter Benjamin, que leu os clássicos. E, eu, que vim depois de todos eles, faço o que com minha própria angústia e inquietação?

Desde o Romantismo, a arte, a cultura, é cobrada que seja política. A retórica que sustenta demandas como essa é muito comum e bastante ativa no senso comum, inclusive no senso de quem gesta políticas culturais. Mas se compreendemos, com os gregos, que política é tudo que concerne à vida organizativa da pólis, da cidade, a arte não há como não ser política, ela é política de nascença, assim como todas as demais atividades o são, como a educação, a saúde e o comércio da carne, não há fora da pólis, não há fora da política. Seu dimensionamento político vem de seu relacionamento com a pólis e não de uma procedência interna sua. Política é um modo de estar na pólis.

E se pensarmos com Michel Foucault que o poder não é algo que alguns humanos possuem e outros não, superando uma antiga concepção de política, mas se acreditarmos com ele que o poder é uma prática social expressa por um conjunto de relações, como "algo" que molda nossas atitudes, nossos comportamentos, mais ainda enfatizamos essa natureza intrinsecamente "política" da arte, com meu particular apreço às formas artísticas teatrais, voltadas exatamente para a mimese do comportamento, das falas e das atitudes humanas.

O que Foucault termina descortinando através da Filosofia e Sociologia é que o poder não está apenas em quem ordena. Há algum poder na resposta, posto que é possível, sim, não obedecer a uma ordem. Ou mesmo silenciar. Lembra-nos do poder altamente subversivo que há no silêncio. Há certa agressividade em dizer "quem cala consente". Calma! Ele pode estar gestando o futuro. O poder latente e subversivo do silêncio vai eclodir numa leitura feminista do final do século XIX: "Se eu não sou quem você diz que eu sou, você também não é quem você pensa que é. E eu não vou fazer o que você quer de mim". Foi assim que Nora, de Ibsen, saiu daquela casa de bonecas que era sua vida conjugal.

Uma primeira saída que proponho para "essa" crise é que a arte e a cultura sejam mais o que são e menos o que desejariam que fossem. Dito de outra forma: se existe uma dimensão política em toda e qualquer agremiação artística, isso não significa dizer que existe uma dimensão artística em toda agremiação "política". E, muitas vezes, essa lição primitiva não foi e não é observada no Brasil, e os reducionismos grassaram e grassam no campo cultural. Não é arte o que fazem.

Junto a isso uma lição que definitivamente precisa ser salvaguardada e exercitada: a de que o *pensamento ficcional*, específico da arte, tanto é mais potente quanto funciona com seus próprios métodos. Se querem que ele seja "útil" ao funcionamento de uma sociedade, se querem que ele aponte "saídas", pois que o permitam ser o que é: a construção de um "universo paralelo", que, ao ser montado, revela elementos ou essências do nosso mundo "real" e que muito nos ajuda a lidar com este. Essa é uma lição – as notícias se acumulam – para ser aprendida pela esquerda e pela direita. Precisamos exercitar a imaginação! É uma das falas de Fausto.

Noto que o campo cultural, a área teatral em particular, trava nesse intuito pois está atravessado por perguntas mal colocadas. Por exemplo: "Como vocês da cultura podem mudar a realidade?". Daí é realmente essencial diferenciar conceitos de realidade, real e realismo, recorrentes no discurso de quem debate sobre o tema. A arte – e proponho sempre o teatro como um fractal, posto que é a linguagem que me interessa e onde atuo – não tem compromisso com o "real" como estamos acostumados a falar sobre isso no senso comum.

O real é múltiplo, acessado de inúmeras formas e, em última instância, inatingível em sua "totalidade". O teatro desmascara incessantemente o real ao mostrar sua variedade e não permanência. Não pode haver para a espécie humana "lição educacional" mais formidável do que essa. Já a realidade, ou o que costumamos chamar de realidade, são as formas discursivas que usamos para poder acessar esse real que sempre esquiva, que nunca pode ser compreendido integralmente. O real é dinâmico e maior do que qualquer um de nós pode conceber, o real é o passado, o presente e o futuro que provoca os discursos. Quanto ao realismo, é um estilo consolidado nas artes dos séculos XIX e XX sob a crença de, ao registrar-se o real (o que, na verdade, é apenas uma manifestação deste), poder-se modificá-lo. E assim percebemos porque algumas correntes políticas lhe têm especial apreço.

O teatro, por suas qualidades inerentes, que são muito similares às qualidades do próprio viver em sociedade, tem sido utilizado com diferentes propósitos, sendo a educação e a política alguns deles (mas poderia listar também os usos para o campo da saúde, do assistencialismo e da propaganda). Seguindo essa vertente mais instrumentalizadora, o teatro oferece formas poderosas e complexas de comunicação entre os humanos, contribuindo para fortalecer as relações de cooperação, ajudando a promover – ou mesmo ensinando – o diálogo.

Para construirmos uma saída coletiva da crise, também é importante aprender que a arte, a cultura não são políticas antes de tudo pelas "mensagens" que por acaso transmitam, nem pela forma com que representam as estruturas sociais, os conflitos políticos e as identidades (étnicas, sociais e sexuais). Ela é política, como nos lembra Jacques Ranciere, pela maneira como configura um dado *sensorium* espaço-temporal, que determina maneiras de estar junto ou separado, dentro ou em face a um problema. É política enquanto destaca e recria esse espaço-tempo numa experiência específica. Existem, digamos assim, obras cujo "conteúdo" parece ter uma mensagem revolucionária, mas que são montadas acionando estruturas "reacionárias". E isso não está na estética da obra, está para além, nas estruturas de poder que são ativadas. Não existem novas ideias com velhos métodos. É preciso ter critério e sensibilidade para perceber essas diferenças, que também são mutáveis ao longo da história.

E falemos em critério e sensibilidade. Tenho certeza de que muitos outros ensaios que compõem este livro já estão tratando da necessidade de autocrítica das esquerdas, sobre a ascensão rumorosa de anti-intelectualismos e de anti-cosmopolitismos de um ou de outro lado. Não haveria nada mais contrário à dinâmica da cultura e da arte que a sua prisão em nacionalismos primários, que o impedimento do espírito reflexivo livre ou mesmo de obstáculos a processos individualistas. A história da arte e da cultura é a história da passagem do bastão. Da conexão milenar. Entre indivíduos. O liberalismo histórico apadrinhou a ciência, a pesquisa e, enfim, ajudou o conhecimento a circular pelo globo terrestre cada vez mais rápido a partir das Grandes Navegações. Reconhecer, com clareza, o quanto já somos (que país está fora?) frutos da mistura é só o primeiro passo.

Outra crise mais persistente e mesmo anterior à atual crise econômica e política é a noção de crise de público da cultura. "O brasileiro não consome cultura", ouvimos. Mas é algo que no teatro pode ser retoricamente – e espero que isso não seja um desserviço – relativizado. Nunca existiram tantos pequenos grupos de teatro em atividade pelo Brasil, com tantas pessoas realmente dedicadas a isso, pessoas ensinando e fazendo universidades – que se multiplicaram pelos rincões do Brasil – tantos cursos, tantas pós-graduações, tantos eventos, tanto-tantos.

A noção de crise de público aparece se nos perguntarmos se esse tipo de fazer que listei busca aquele público conhecido pela literatura, apesar das contradições intrínsecas, de "público burguês", que grosso modo é o público de desconhecidos dos trabalhadores daquela obra e que pagam por um serviço artístico. A verdade é que um certo fazer teatral cresceu muito na última década, aquele que eu chamo de "Teatro de Subsistência". Tal como a "agricultura familiar de subsistência", esse teatro tem como principal objetivo garantir a sobrevivência apenas de seu produtor e de sua família, do entorno de sua microcomunidade.

São pequenas ações, minifúndios, com poucos recursos, com alta empregabilidade de mão de obra, que sem isso seria desocupada e potencialmente migrante, ações realizadas para a sobrevivência de si "e de sua família", não para a venda "em média ou grande escala", como no cultura/agricultura comercial onde há a necessidade de maiores preocupações com a bilheteria, grande públicos e a possibilidade de, algo mágico no capitalismo, gerar lucro.

O teatro é uma arte que pode ser tão popular como o futebol, quanto o carnaval. O teatro nasce e morre como arte para a massa. Mas o fato é que, antes dessas diferentes possibilidades de produção serem acionadas, não podemos ignorar, a arte possui uma dimensão estruturante para a vida do indivíduo. A pessoa, por meio da arte – e a arte teatral por sua excelência na capacidade de mimetizar a vida –, desperta para a autopercepção de que é, na verdade, um ser livre. Isso que é verdadeiramente sair da miséria. Sair da miséria existencial. A história da arte está povoada de pessoas que, em sua humanidade, mudaram o roteiro das coisas. A arte emancipa o indivíduo e o indivíduo faz coisas. Não se pode esquecer de que, no meio da massa, está um indivíduo.

Outra saída que proponho é definitivamente acreditarmos tanto na iniciativa quanto na autonomia do indivíduo. Para tanto, é preciso de duas confianças: no despertar (fruto, não sempre, mas como possibilidade de uma fruição artística verdadeira); e na capacidade de ação desse sujeito. E, aqui, também as esquerdas têm muito o que aprender: estariam elas realmente dispostas a ver que o *povo* pode agir sem a sua tutela? Confiam elas realmente no protagonismo da espécie? Ou estariam elas, enviezadamente, também empregando táticas autoritárias e formas populistas de controle das consciências? Se a humanidade não é livre, tudo que é humano morre com ela.

A autonomia desse sujeito que imagina um futuro é o que proponho. Esse sujeito já existe e está entre nós. Ele pode e vai ser fortalecido quando o campo cultural (em sua especificidade e não instrumentalizado pela esquerda ou pela direita) atuar de acordo com seus princípios. Esse sujeito é a força progressista das nações. É preciso formar alternativas de ação fora do Estado e fora do mercadão, como, por exemplo, cooperativas de área, empresas de capital misto, processos colaborativos e empresas centradas na ação de pequenos grupos de pessoas. É preciso descer para o chão da prática e se afastar o quanto antes da retórica estéril. A política não é um *mètier*. Não há como não ser político, lembremos.

É preciso rejeitar o populismo, o fanatismo e o personalismo. O mercado também adora essas estratégias, de fortes cores fascistas. É preciso ter cuidado redobrado com os discursos *ad hominem*, aqueles que não criticam as ideias do sujeito, mas que atacam quem o sujeito é ou o que faz em sua vida privada. É preciso apoiar os nomes sérios que apareçam, com postura crítica, saudável e inteligente. Gente disposta ao diálogo. E para tanto será necessário saber dialogar.

Ganhar um debate, uma eleição, um governo não é o mais importante. Os métodos importam. A forma de competir importa. É preciso recusar absolutamente certas práticas, sobretudo as corruptas. Não há saída para a democracia com corrupção. Isso é possível. Ao contrário, andamos 13 anos para a frente e descemos 400. Do que adianta?

Ilude-se quem pensa que uma postura democrática não é o que na verdade "as pessoas do mundo" desejam. De que "a maioria do mundo" é conservadora e quer o caos. A batalha por um e por outro só está acontecendo e tem um lado que faz mais barulho e trabalha com o medo. Não cabe também às esquerdas propagar chavões que não obedecem, como, por exemplo, criticar as demandas da classe média nacional. A classe média – engrossada nos últimos governos – foi para a rua pedir saúde, segurança, transporte e educação! Ela foi para a rua não pedir coisas, mas serviços. E serviços que ampliam a esfera pública! Há um ponto de junção aí.

Mudar os costumes políticos, os hábitos, é o mesmo que dizer que é preciso mudar uma *cultura política*. As nossas heranças, as nossas práticas, nós reconhecemos? Será que continuar Brasil Colônia é ainda o melhor para todo mundo? A arte e o teatro, com capacidade de transformar um todo num diminuto, de contar histórias reduzidas para que, assim, possamos entendê-las e manipulá-las, podem vir ao socorro de uma imaginação de Brasil.

É fato que hoje temos em nosso território o cruzamento de diversas temporalidades dos experimentos possíveis de se fazer arte, de estruturas possíveis na cultura. Só que elas solicitam cuidados diferenciados. As noções de "reconhecimento" também entram em conflito. As pessoas da cultura querem "ter respeito" e reconhecimento. Certo. Mas exatamente de quem? Da família/amigos? Dos grupos coligados? Das instituições da área? Da(s) premiação(ões)? Da crítica? Do mercado? Da mídia? Da academia? Do "grande público" (aquele que não é amigo ou parente de quem está no palco)? De si? Do Estado? O que cada proposta quer? O que cada caminho realmente pode? Há muita esquizofrenia no campo cultural por causa dessas questões pouco refletidas.

Por outro lado, é difícil acompanhar todos os movimentos. A crítica jornalística se mostra inábil, afásica e incapaz, e a crítica acadêmica, míope, autocentrada e sem fôlego para visões panorâmicas. Se a reflexão é necessária, o academicismo vazio é uma arapuca. Os exemplos de criatividade, inventividade e as boas iniciativas, as pessoas realmente geniais, não raro, se dissipam num oceano de acontecimentos sem a menor relevância social, ainda que possuam importância pessoal. É preciso ter bastante fôlego para trafegar por mares tão bravios. Novos instrumentos de navegação precisam ser criados. Os do século XX, sozinhos, não servem mais.

Outro ponto para nos debruçarmos e daí construirmos, juntos, essa saída: por mais diversa que seja a arte brasileira contemporânea, um elemento ela traz em comum: a dependência de algum tipo de fomento. Não há fora do fomento, raríssimas exceções. No caso da cultura, há a do fomento e a indústria pop. Há o governo e o mercadão. Mas onde estão as pessoas? Onde está a iniciativa privada que faz jus a esse nome? No caso do teatro, mesmo os grandes sucessos, os grandes musicais de forte apelo comercial, nenhum deles aposta todas as fichas mais na bilheteria. Pedir empréstimo a um banco, ação comum até os anos 1970, 1980, para pagar com o retorno da casa? Um ato de loucura, pois não cobre os custos.

Dito isso, não acredito que seria uma pergunta menor o campo cultural se questionar coletivamente sobre quais as temáticas e quais os procedimentos que passaram por esse funil dos fomentos. Os editais pulverizadores dos governos do PT foram os grandes responsáveis pelo fortalecimento do cenário que acabei de descrever. Há, logicamente, um pano de fundo ideológico agindo com força no campo artístico. Como se residisse nesse campo cultural, afinal, a possibilidade de se escolher o tipo de sociedade que queremos: se capitalista ou socialista. O curioso é que os plantadores de tomate – da agricultura familiar ou não – não têm nem de longe a mesma angústia. E grandes e lucrativas áreas comerciais do País – da abertura de portos ao corte da carne, como vimos – não dão *um* passo sem antes contar com polpudos subsídios governamentais, com o objetivo de gerarem renda privada. A Rouanet é só a Geni das leis de subsídio. Mas as tenebrosas transações estão em áreas da infraestrutura. Para continuarmos nos termos marxistas, o que aconteceria se a superestrutura recebesse o mesmo apoio? Sobreviver, mesmo que a pão e água, só mostra a sua força intrínseca.

Queremos saídas? Nada pode ser realmente resolvido enquanto o Ministério da Cultura (MinC) contar com apenas 0,18% do orçamento total da União. Um escárnio. E, veja, o orçamento da pasta – juntamente com a do MEC –, foi um dos que mais sofreram cortes nos últimos quatro anos. Em 32 anos de existência, foram 21 os ministros atuando no Ministério da Cultura. O que se pode construir em termos de política de estado para a área com tamanha dança das cadeiras?

O que é claríssimo é que – fora ações setoriais louváveis – desde Collor, passando por FHC, Lula e Dilma, o projeto de Brasil é estruturalmente economicista. Não é um *slogan* que vai mudar esse real de país. Ainda precisamos arquitetar uma nação, no todo de sua complexidade de serviços, e sem educação e cultura já fomos longe demais. A reforma da Lei Rouanet (dentro do ProCultura) passou oito anos sendo debatida pelo governo e sociedade para, na verdade, querer voltar (e ainda não foi aprovada pelo Congresso!) a patamares de Renúncia Fiscal semelhantes aos de antes de 1997. Dito de outro modo: de 1991 a 1997, a renúncia do imposto de renda era de 70%, e poucas empresas usavam a lei. Em 1997, ou seja, há 20 anos, seguindo os passos do cinema, a renúncia pode chegar a 100% do imposto. O que permanece?

O que a ProCultura quer é, no quesito renúncia fiscal, que as empresas deduzam no máximo 80% do que investem em projetos culturais e que o restante elas coloquem "do próprio bolso". Se a renúncia fiscal, desde 1997, promoveu em grande parte as atividades culturais do País, fez isso com dinheiro público, mas gerido pela iniciativa privada. Isso já seria suficiente para repensar o próprio conceito de política pública, se os dados ainda não fossem mais alarmantes e aí mais conhecidos: 80% da verba fica nos estados do Rio de Janeiro e São Paulo, e 60% disso especificamente nas capitais. Muitas empresas sérias construíram suas imagens comerciais patrocinando artes e artistas assim, mas não dá para chamar isso de principal política nacional e pública de investimento para a área.

Para sair da crise, a América Latina precisa de uma esquerda. O Brasil precisa de um *raciocínio* de esquerda. O País precisa de uma trava de segurança ao livre mercado. Não existem respostas socialistas para o fim do capitalismo, o planeta Terra entendeu isso. Mas, se por um lado, não se acredita nem em sonho (pesadelo?) no fim do mercado, do Estado e da propriedade privada, nem por isso é consenso de que é possível privatizar todos os tipos de bens e relações, que não se deva batalhar por freios à voracidade do capital, propondo formas mais justas e democráticas para os indivíduos, nas quais não apenas capitalistas produtores e consumidores possam existir.

Em várias oportunidades de alegria e prazer, Fausto se volta para Mefistófeles: "Mas um dia irá você me satisfazer completamente?". A impossibilidade de satisfação total do protagonista, nos mostra, num negativo, que seu desejo é aproximar-se do transcendente. Poderia o materialismo nos redimir quanto a esse desejo? A pergunta atravessa o filme e o poema de Goethe. Fausto – representante da humanidade – é pessoa dividida entre a Terra e o Céu, e mexe com questões metafísicas que, gostemos ou não, só a arte e a religião podem tocar.

UMA NOVA INDEPENDÊNCIA NACIONAL

Entrevista de Manuela D'Ávila[1] concedida a Joanna Burigo

Joanna Burigo: Crise no Brasil. Estamos enfrentando uma crise? Que tipo de crise é essa? Quais são suas causas?

Manuela D'Ávila: Sim, existe uma crise. Ela é uma crise mundial, não apenas do Brasil. É uma crise econômica, estrutural, sistêmica, cíclica e ela tem um agravante. Este agravante é o fato de a esquerda, diante dessa crise sistêmica, não ser a alternativa ao capitalismo. Nós saímos da crise de 1929, um momento de muita tensão mundial, vivemos logo em seguida a II Guerra, e naquele ínterim existia sempre a ideia, no imaginário social, de uma alternativa a isso. Hoje a alternativa à crise do capital é um capitalismo ainda mais radical e ainda mais excludente. Vejam que todas as alternativas anti-establishment que surgem, e que são vencedoras, são candidaturas, do ponto de vista do sistema eleitoral, ainda mais radicais do ponto de vista do que representa o capitalismo. Falo aqui especialmente de candidatos que bradam, com orgulho, não serem políticos, mas empresários ou gestores.

JB: Crise da esquerda. Existe uma crise da/na esquerda? Que crise é essa? Quais são as deficiências da esquerda hoje? A esquerda mobiliza como deveria? Por que?

MD: A esquerda vive uma crise, ao meu ver, muito profunda. Em primeiro lugar, a prova da crise é o fato de que – num momento de crise, de uma crise grande do capitalismo, uma que já dura mais de uma década – a esquerda não consegue apresentar, do ponto de vista concreto, perante os olhos da população, como alternativa. Esta é uma evidência material e visível desta crise da esquerda. Precisamos

---

[1] Manuela D'Ávila é jornalista, e foi deputada federal pelo RS entre 2007 e 2015. Começou a carreira política no movimento estudantil, foi a vereadora mais jovem da história de Porto Alegre, eleita e concorreu à prefeitura da capital gaúcha duas vezes. Como Deputada Estadual preside a Procuradoria Especial da Mulher do RS, que vem trabalhando incansavelmente na implementação de projetos de combate ao machismo e à violência contra a mulher, bem como o resgate da história da mulher no Parlamento gaúcho.

fazer uma grande reflexão sobre a alteração daquilo que sustenta tudo em que acreditamos. Ou seja, quais são as reflexões que fazemos sobre os tipos de partidos que existem no Brasil, como organiza-los em tempos de alterações profundas do que é a classe trabalhadora.

A gente sabe que o nível de industrialização e avanços tecnológicos fazem com que haja demissões em massa, a gente sabe que grande parte da população – a maioria da população – vive da dita economia informal, quer dizer, fora da ideia de emprego formal. A gente sabe que há uma sofisticação da mão de obra empregada, inclusive com um operariado de alta qualificação e valor agregado. Então é preciso perguntar: quais trabalhadores nós representamos, diante da verdadeira crise no mundo do trabalho? Como representamos estes trabalhadores? Quais são as ferramentas para lidar com as novas formas de organização do trabalho – inclusas aí novas formas de comunicação entre seres humanos? Quais são as formas de organização destes partidos diante disso tudo?

Lenin fala de classe, do partido e fala como – "como", aqui, no sentido de como comunicar, a partir da mídia de massa. Como então nos comunicamos em tempos de uma comunicação que rompe com o paradigma da linearidade da comunicação social – ou seja, informação que antes era passada da mídia para os cidadãos, mas que hoje também acontece de cidadão para cidadão, sem necessariamente passar por filtros midiáticos – como organizar os partidos, e como dialogar com uma classe trabalhadora que deixa de estar vinculada ao ambiente formal do mundo do trabalho?

JB: Direitos. Como as reformas (ou melhor, o desmonte do País) impactam a luta pelos direitos das mulheres? Além da questão de direitos, quais são os impactos desta desestruturação para as mulheres em geral?

MD: É inimaginável debater a crise do capitalismo e o desmonte do Estado sem fazermos, no debate, o recorte de gênero. Existe uma contradição vazia em alguns setores da esquerda que tenta criar a ideia de que a pauta de gênero – e também a pauta de raça e outras pautas ditas identitárias – que elas contrapõem os debates sobre alternativas, sobre um projeto de nação, ou sobre a própria crise. O fato é que existe um crescimento avassalador do movimento de mulheres. A chamada Primavera das Mulheres, e a rebeldia das mulheres no mundo, também existe porque a crise afeta de forma mais direta às mulheres.

São as mulheres que mais sofrem com a diminuição do Estado, porque na nossa cultura são as mulheres quem responde pelos cuidados, e pela organização dos cuidados que nós delegamos ao Estado – como saúde e educação, por exemplo. Em não havendo escolas – seja por falta de vagas, ou por greves de professores – quem é penalizada com perda de emprego por exercer atividades e cuidado dessas crianças que estão sem aulas, são as mulheres. O desmonte do Estado atinge as mulheres de forma muito mais brutal. Toda crise impacta as mulheres de formas brutais, e é ainda mais impactante o desmonte das políticas públicas.

JB: Saída. Quais são as estratégias de resistência ao desmonte que estamos observando e experienciando? Tem saída? Quais seriam as tuas recomendações?

MD: São duas questões principais para levar em consideração para construir a resistência.

O primeiro é o esforço para o diálogo cada vez mais amplo com múltiplos atores que resistem. Sejam as mulheres, sejam os jovens de periferia, os jovens que enfrentam a violência policial, o movimento LGBT, as trabalhadoras e trabalhadores, os desempregados, o povo da luta pela moradia... são muitos. É preciso que nós consigamos ter olhos atentos, ouvidos abertos e que a gente pense em espaços que aglutinem todos esses movimentos para a resistência. Acho que isso é um pouco a cara da amplitude, é como garantir uma política ampla sem levar em consideração apenas o espectro político-partidário, mas os atores que resistem na sociedade.

Dois, unidade, amplitude com setores populares e um projeto nacional que leve em conta as particularidades do Brasil, a formação do nosso povo, e que consiga nos situar globalmente.

Eu acho que a saída é a construção de um projeto de País, um projeto nacional, que leve em conta esses desafios. A gente vive um momento em que o Brasil passa por uma nova colonização, então talvez o que nós tenhamos que refletir é como construir uma nova independência nacional. Porque? Porque a gente não pode perder a dimensão do que significa a nossa soberania e a construção de um projeto nacional em tempos de neoliberalismo. Em tempos de um capitalismo cada vez mais entranhado e globalizado.

A CRISE DE SENTIDO
E SAÍDA À ESQUERDA

Entrevista de Helena Vieira[1] concedida a Rosana Pinheiro-Machado

Rosana Pinheiro-Machado: Em primeiro lugar eu queria começar perguntando se tu identificas uma crise, uma crise das esquerdas, se nós estamos num momento mais delicado e quais são as possibilidades para o futuro.

Helena Vieira: Bem, eu acredito que vivemos uma crise, uma crise na esquerda, e essa crise é tanto para quem olha para a esquerda no sentido de que é uma crise em que as pessoas deixaram de confiar naquilo que chamamos de esquerda ou políticas de esquerda e é uma crise também porque não conseguimos delimitar, entender o que é ser de esquerda ou ainda, pensar o que somos enquanto esquerda. Antes, por exemplo, durante os anos 1980 e 1990, as pautas de esquerda e as lutas de esquerda orbitavam em torno de um projeto que era o projeto petista, que existia e era visível: olhávamos para a simbologia vermelha e pensávamos na esquerda; víamos proposta de reforma agrária e identificávamos como pauta de esquerda; olhávamos para a figura do Lula e pensávamos na esquerda. Tudo o que entendíamos como esquerda estava, de alguma forma, em maior ou menor escala vinculada ao projeto petista. A esquerda que se popularizou.

Excluo aqui o PCB e o trabalhismo do Brizola que, de alguma forma, estão no espectro da esquerda.

O PT chega ao poder e com ele o conjunto de esperanças que atores sociais tinham em torno do que seria o primeiro metalúrgico a governar o País, um partido trabalhista, um partido que propunha reforma agrária, outro modelo de gestão, que propunha impostos progressivos. Quando esse partido chega ao poder

---

[1] Helena Vieira aos 26 anos, é ativista de direitos humanos, transfeminista escritora e dramaturga. Atualmente é Assessora Parlamentar na Assembleia Legislativa do Estado do Ceará, no mandato do Deputado Renato Roseno - PSOL. Tem diversos artigos publicados sobre as questões de gênero e orientação sexual (*Folha de S.Paulo, Revista Cult Online, Revista Fórum, The Huffington Post Brasil*), neste ano publica seu primeiro livro *Crônicas de transição*: corpo interrompido. Palestrante, tem viajado pelo Brasil, falando sobre transfeminismo, política e outras questões de gênero e sexualidade. Neste ano prestou consultoria para a Glória Perez, no processo de elaboração da novela "A Força do Querer" da Rede Globo.

e se torna governo, começamos a enfrentar um dilema, o primeiro dilema é: como ser movimento social e governo ao mesmo tempo. Isso nós não pensamos. No movimento de travestis, por exemplo, as lideranças do movimento de travestis, da Associação Nacional das Travestis e também de alguns estados passaram a fazer parte do governo.

RPM: Quais são as implicações disso? Quais são as implicações do movimento de se tornar governo?

HV: Começa no dilema ético: como eu vou criticar a minha companheira que está ali, minha companheira sabe as demandas etc., mas como faço a crítica para quem está do meu lado e não para quem está contra mim? É muito simples fazer oposição quando você está radicalmente contra o sujeito, mas se você está num campo que é aliado com o sujeito, fica mais difícil. E isso se mostrou, me parece que não foi ao longo do governo do PT, o dilema maior foi quando o governo acabou. Vários movimentos desaprenderam a ser "rua", não tínhamos um processo de formar novas lideranças em vários movimentos.

Eu estou concluindo pelo movimento das travestis, nós tivemos uma ligação muito grande, o demandar política pública, com participação pelas vias institucionais, as conferências, os conselhos, mas o sentido de estar na rua, de ter aquela função de movimento social que a gente viu nos anos 1990 e no início dos 2000, ele se esvaiu de alguma forma.

Porque passou a existir uma demanda maior dentro da institucionalidade, e o lugar no mundo de alguém que é de movimento social é muito diferente de alguém que é governo. Porque ao governar a esquerda se mostrou, a partir de um conjunto de limitações muito grandes, o que são as limitações do próprio modelo político, as limitações do presidencialismo de coalizão. Em uma entrevista recente, Dilma falou que Fernando Henrique Cardoso teve que coligar com quatro ou seis partidos, Lula chegou a doze e ela se aproximou de trinta.

Então você pensa, "como se faz política assim?", e isso causa impacto também na credibilidade dos movimentos sociais; então, se você tem lideranças dos movimentos trans, movimentos sem-terra, do movimento de micro produtores, e essas lideranças vão para o governo e no governo elas se deparam com uma incapacidade de poder fazer alguma coisa que não tem a ver com a vontade delas, mas com limites que são da ordem do sistema político, o movimento que não foi pro governo, as lideranças, gera descredibilidade. É comum, por exemplo, no

movimento LGBT a gente dizer assim, "olha se você é ativista e for chamado para um cargo, de pauta LGBT no governo não aceita, porque você não vai poder fazer nada e só vai queimar a confiança que as pessoas tinham em você enquanto ativista". Isso não é nada novo que eu estou dizendo, o processo de cooptação que o PT operou, o PT trouxe os movimentos, aparelhou os movimentos, financiou os movimentos ao longo da sua gestão, e também é importante frisar que não foi só uma gestão do governo federal do PT. Quando o PT chegou à presidência foi um *boom* do PT nas prefeituras, nos estados, nas câmaras. As relações com os movimentos se deram de múltiplas formas. Em Guarulhos, onde eu comecei minha militância na época que era prefeitura do PT, a gente fazia parte de um movimento de cursinhos populares de periferia, a ideia era auxiliar o jovem a entrar na universidade pública e demandava uma educação de qualidade, um ensino superior público de qualidade. O líder desse movimento foi eleito vereador pelo PT. Isso modificou muito a relação que o movimento tinha com a prefeitura. Talvez tenha sido o primeiro sinal de uma crise que íamos enfrentar e se anunciou no governo petista que unimos, o que é ser esquerda, o que é ser movimento, e o que é ser governo.
    Virou tudo uma coisa só.

RPM: E aí eu quero voltar para o que tu falavas no início. Tu começaste teu raciocínio falando que a esquerda tinha uma imagem. E hoje, não se tem uma imagem? Que imagem é essa?

HV: Pois é, não tem. Antes tínhamos uma discussão muito clara e pensávamos assim: as privatizações do governo FHC e o projeto estatista e não privatizador. Existia uma oposição muito clara e era do ponto de vista da economia, e quando se debate economia é muito diferente do que o que a gente faz hoje. Porque ao debater economia você consegue ter parâmetros de efetividade, consegue saber que política vai reduzir juros, que política vai aumentar emprego, você consegue fazer esse cálculo e debater qual seria o melhor projeto pra determinado sujeito. E aí a opção por esse ou aquele sujeito fica muito clara, então a escolha por um projeto privatizante era muito clara, assim como a opção por um projeto para os trabalhadores. Quando se pensava em esquerda e direita era assim: PSDB - PT; Fernando Henrique - Lula, sabe? Hoje parece que deslocou, discutimos política pensando Jean Wyllys e Bolsonaro como esquerda e direita, Jean Wyllys e Bolsonaro não são dois projetos de País. São duas posições morais. E diferentemente de uma posição política que eu posso discutir porque é muito sutil, a posição econômica que eu posso discutir porque ela é mensurável, a posição moral não é mensurável, eu não sei dizer qual é o melhor modelo de sociedade senão em relação aos meus valores.

E aí me parece que fica muito mais confuso porque não é mais tão claro, não é mais tão binário, não é mais tão transparente olhar esquerda e direita. Vai ter gente como Ciro Gomes que diz a todo custo que é de esquerda e pessoas de esquerda dizem que ele é de esquerda, e vai ter uma parte da direita, que acusa o PSDB de ser de esquerda, como tem, porque não defende o liberalismo austríaco clássico etc. Teremos o Bolsonaro falando que a Marina é de direita, que é de esquerda. Tem parte da esquerda dizendo que Marina é de esquerda e começamos a pensar "qual é a disputa que existe com essa coisa que é ser de esquerda?". Onde é que a gente se encaixa?

E isso é essa crise. Tem uma corrente do PT que se diz "à esquerda do PT", que quer renovar o partido. Outra corrente acredita que é de esquerda também, mas que tem uma prática política e um discurso completamente diferentes. Partidos como o PSOL têm correntes que estão mais ligadas ao Lulo-petismo e que se dizem de esquerda e correntes que são radicais e sectárias do marxismo clássico que se dizem de esquerda. Há correntes negrianas e deleuzianas que vão se dizer de esquerda, observando uma quantidade tão grande de pontos que não dá pra pôr no espectro e dizer "isso aqui é esquerda, isso aqui não é esquerda". Talvez seja o começo do que podemos pensar como uma crise de esquerda.

RPM: Tu achas que é uma crise de representação da própria esquerda ou não colocarias nesses termos?

HV: Não colocaria nesses termos, é uma crise de sentido. Essa é a primeira crise da esquerda, é uma crise de sentido. Se nos anos 1990 tínhamos um norte que era eleger o Lula, estava muito claro isso, para grande parte da esquerda e para as pessoas em geral. Tanto que ele reuniu em torno de si intelectuais do Paul Singer a Paulo Freire, o projeto petista, tinha o Paulo Freire, o Paul Singer, a Chauí.

Um conjunto de intelectuais da esquerda que tornavam aquela ideia de um projeto de esquerda representativo muito forte. Hoje vemos a esquerda fragmentada, é uma esquerda de muitos que já foram do PT. No PSTU, há quem já foi do PT, no PSOL, no PCB.

Ali existe um sentido. Hoje quando pensamos que mundo a esquerda propõe para um eleitor comum. Que mundo propomos, que projeto para a sociedade? Para o mundo? Sabemos que aqui não está bom, mas o que queremos? É por isso que o petismo não morre nunca, não morreu ainda, porque ele tem respostas muito incisivas.

RPM: Há uma ideia entre certa militância de que o pragmatismo é necessário...

HV: A governabilidade, o pragmatismo, precisamos pensar no pobre, e para isso vale qualquer coisa. Vale inclusive que o rico tenha ficado mais rico ao longo desse governo Lula e o cenário de crise inclui um vácuo do PT, mesmo com essa crise tem setores do PT tentando reviver o PT, tem o PSOL tentando ocupar o vácuo que o PT deixou, mas que ele não consegue porque falta ao PSOL projeto. O PSOL é um partido que – e eu sou do PSOL – que não saiu do DCE ainda. No sentido de que ele é intelectualista porque ele não tem condições de dialogar. Como dialogar com alguém no sertão do Ceará convidando a pessoa para uma luta anticapitalista? Isso não vai fazer sentido ali. Porque a politização precisa partir dos fatores objetivos da vida do sujeito, a política precisa estar ligada à vida. Eu não vou politizar ninguém descolando isso da vida dela.

Então o PSOL não tem um projeto, talvez porque seja novo, talvez porque o PSOL tem um conjunto de outros atores que são das pautas identitárias que ainda estão procurando que lugar estar dentro da esquerda, onde é que está a luta do negro, da mulher trans, dentro da esquerda. Eu acho que esses novos sujeitos são muito importantes, mas eu já vou chegar neles, eles são a segunda crise, eu estou falando da crise de sentido. Nisso surge o Ciro que retira uma tradição de esquerda que já estava muito esquecida, o trabalhismo do Brizola. Aquela ideia de pensar o desenvolvimento, que foi mais ou menos o que a Dilma e o Lula fizeram, mas eles fizeram de um jeito não proativo, então tem parte da esquerda que diz que os governos Lula e Dilma foram desenvolvimentistas, e discordo. Acho que eles foram o que na economia eles chamam de keynesianismo vulgar, que é um conjunto de políticas de intervenção do Estado, mas que não compõem um sistema, um plano de desenvolvimento, então ele é pontual, ele é mais reativo que ativo. Não houve, penso eu, um projeto de desenvolvimento no sentido mais amplo. E eu nem sei se deve haver isso, mas é o que o Ciro tem trazido, essa ideia do projeto de desenvolvimento, de identidade nacional, de lidar com posição de uma identidade nacional. Isso, de soberania, eu acho muito interessante, é um discurso positivo no Ciro que tem a ver com esse vácuo da política que é o que paramos de falar em Brasil, não temos um programa que seja decolonial. Paramos um pouco de falar de Brasil, de pensar uma identidade. De pensar o que é ser uma esquerda brasileira, ficamos citando outras experiências: a experiência do

Podemos, a experiência do Syriza, o trabalhismo inglês, e acho que talvez nos falte construir de alguma forma a resposta à pergunta de o que é ser uma esquerda no Brasil, que é um País de tradição autoritária, que é um País colonizado. Esse é um fator importante para pensarmos a política brasileira, que escapa do que vem da política de fora.

O Ciro traz um pouco disso, eu acho que também tem a ver com o trabalhismo brizolista, que foi profundamente anti-imperialista, profundamente nacionalista, e isto de alguma forma dialoga com o sentimento das pessoas. A direita tem falado muito em Brasil. Os símbolos nacionais foram todos de alguma forma apropriados pela direita.

Se falamos em nacionalismo logo nos ligam a algo de ufanismo de direita. E eu acho que esse é um debate que a esquerda precisa fazer. E isso passa por ter um sentido, ficamos num conjunto de debates muito abstratos, muito teóricos que me parecem uma fuga do enfrentamento das questões. Eu não estou falando de pragmatismo, eu estou falando de ver o que precisamos fazer, por exemplo, que precisamos discutir segurança pública, não adianta eu me perder nas abstrações acerca da origem da violência, da desigualdade social etc., se eu não for capaz de responder para a população o que ela faz para sair do trabalho sem ter medo de ser assaltada.

De alguma forma, é quase uma coisa do romantismo da literatura, de fugirmos para um conjunto de emoções, fugir pra uma abstração que nos impede de olhar cara a cara a demanda do real. Nessa fuga para um conjunto de abstrações assumimos uma postura de superioridade. A capa da *CartaCapital* do ano passado sobre como os pobres votam mal, para mim, é um retrato dessa postura superior, messiânica, cheia de si, que temos porque lemos um conjunto de ferramentas teóricas pra pensar o mundo que a pessoa que está na periferia não leu.

E aí vem a segunda crise da esquerda. Que é a crise do petismo, não importa em que ponto da esquerda você está hoje, vão te chamar de petista ou de petralha em algum momento, não importa o quanto você tenha criticado o PT, ou a Dilma, ou qualquer coisa. As posturas da esquerda são sempre classificadas pela direita como petralha, mesmo num post criticando a Dilma...Você é petralha. E me parece que existe – e aqui eustou falando do PSOL e também do Ciro – um tentativa de não ser petista no sentido de precisar pontuar claramente que não se pertence a esse partido ou a esse conjunto de práticas. E aí jogamos fora tudo que o PT teve de positivo, que foi um profundo enraizamento social. O PT tinha desde o pastor da igreja evangélica ao padre eclesial de base ao analfabeto presidente da associação comunitária no interior do Pará. E como ele conseguiu operar isso? É algo que a gente precisa entender. Como é que o PT se enraizou tanto? Na minha hipótese é por conta do conjunto de forças que fundaram o PT. Então, você tinha o diálogo forte com a religião que é das comunidades eclesiais de base, com os movimentos agrários e com os intelectuais nas universidades. Essas três coisas permitiram o enraizamento do PT e, se a gente tem um desafio agora, é muito semelhante. Porque a gente tem na periferia, nas periferias, nos interiores do Brasil um conjunto de igrejas evangélicas, por exemplo, que proliferam e a gente não quer conversar com eles, sendo que eles estão se enraizando. Sabe, então eu acho que existe uma analogia aí da relação que o PT teve com as comunidades eclesiais de base, com o desafio que nós temos de dialogar com os evangélicos.

Ter essa condição de dialogar com os evangélicos é o que eu acho que chamo de crise de identidade da esquerda. Temos um conjunto de coisas que não queremos ser, mas falta uma identidade positiva para se afirmar. Falta uma afirmação da esquerda no sentido do que somos efetivamente. Sabemos que não queremos ser petistas porque acreditamos que o PT não é de esquerda. Não queremos ser marinistas, porque está ligada com o banco Itaú. Não queremos ser pós-modernos, aí até tem quem queira. Mas o que há de proposição efetiva? De algo que eu possa propor no mundo.

RPM: Para finalizar, eu gostaria de te perguntar se "tem saída?". Como você imagina uma saída desse momento, uma saída à esquerda? E, além disso, gostaria de te ouvir sobre tua própria atuação. Há ruídos de que talvez você seja pré-candidata. Mas, independentemente disso se confirmar ou não, você tem uma atuação que é partidária. A saída é partidária ou não?

HV: Eu acredito que haja uma saída à esquerda, essa primeira pergunta da crise, acho que há uma saída pela esquerda e a saída passa pela nossa capacidade de dialogar com os outros sujeitos que também se dizem de esquerda, porque temos neste momento um conjunto de perdas de direitos e de perda de espaço político que pode nos unir pelo mínimo, então a defesa da Constituição é uma pauta que une um conjunto de campos, a situação é de tal modo trágica que não temos espaço para o sectarismo. Mas é claro que podemos fazer alianças momentâneas para determinadas lutas sem perder a capacidade de criticar e de entender. Outro ponto é que precisamos renovar os sujeitos e renovar as linguagens. É muito cansativa a forma como a esquerda se consolidou. Enquanto o mundo caminha e as formas de opressão se especializam, se modernizam, a gente continua gritando jargões dos anos oitenta.

RPM: Mas, tu não achas que a incorporação das pautas de identidade não é uma renovação da esquerda?

HV: Sim, e aí precisamos entender também como colocar essas pautas dentro da esquerda. E isso eu tenho dito muito porque tem sempre uma discussão identitária que pode, por exemplo, ser feita pelo PSL, que é um partido liberal, e nos termos em que ela tem sido feita não está necessariamente à esquerda, ela é majoritariamente da esquerda, mas pode ser feita por qualquer outro sujeito. Então o desafio está em entender a violência, e com isso estou pensando no caso das travestis, mas também se estende para a questão das mulheres. Entender a violência também como uma questão de classe. Ao pegar a lista de travestis mortas este ano no Brasil, você observa que são ou negras ou pobres. Você não vê uma travesti de classe média alta sofrendo o mesmo tipo de violência, assim como você olha: qual juventude negra está morrendo? A pobre. Acho que temos um desafio, que é o desafio da renda. Eu acho que isso tem quer ser o ponto que vai nos unificar à esquerda. Pensar as pautas relativas à renda, e aí eu concordo com a Tatiana Roque, quando ela fala sobre a questão de discutirmos uma renda mínima, eu acredito que seja isso. Precisamos pensar um projeto em que todo mundo tenha acesso aos bens sociais, e como fazer isso? Não sei. Mas precisamos falar disso com as pessoas. Precisamos falar disso, não precisamos falar de revolução, talvez eu esteja sendo conservadora agora. Mas, eu acho, não precisamos falar de uma luta anticapitalista, eu acho que as pessoas não precisam ser militantes de nada, as pessoas precisam ter acesso aos bens sociais e aos seus direitos. Quem quiser ser militante e quiser vir para o partido para militar, aí nós "rezamos a cartilha". Não acho que tenhamos essa grande missão de sair politizando os outros, acho que as pessoas tomam conta da sua vida na medida em que elas podem ter acesso ao estudo, acesso ao mundo.

E aí a nossa principal tarefa é garantir o acesso ao mundo e falar para as pessoas isso. Falar para as pessoas que queremos que elas tenham dinheiro para comer, que o salário mínimo delas não reduza, falar como fazer isso. E eu acho que falta imaginação, ficamos nessa coisa, e aí vem o Ciro falando do desenvolvimento dele que é quase como "ah o da Dilma deu errado, o meu vai dar certo" e não inventamos. Falta inventar, a imaginação é uma força política que desconsideramos.

Se fugimos um pouco da cartilha deixa de ser de esquerda. Porque a busca por uma identidade de esquerda também é um problema.

Então, se falamos em renda mínima universal, essa é uma política liberal, uma proposição liberal, não é uma proposição à esquerda. A esquerda fundamenta a riqueza no trabalho, uma renda mínima pensa numa riqueza que independe do trabalho. Então precisamos de imaginação, imaginação implica entender também de outras fontes, de outras possibilidades, por isso que eu digo que precisamos reinventar o que é ser de esquerda no Brasil. Temos que pensar mais em economia solidária, por exemplo, que é um tema que abandonamos, tem muito caminho de economia solidária, construção de cooperativas, mutirões de moradia, as pessoas estão esperando soluções que elas possam tomar conta. As ocupações das escolas no ano passado mostraram isso, aqueles jovens não estavam nos coletivos de juventude desse ou daquele partido, não estavam na União Nacional dos Estudantes nem dos estudantes secundaristas. Estavam na escola, porque ali era a vida deles, a merenda deles, questões muito objetivas e ali eles conseguiram criar uma relação com o público vendo que eles poderiam interferir na coisa pública. Agora como é que uma agremiação da UNE mobiliza estudantes secundaristas chegando lá e falando de quantos votos precisam para disputar essa ou aquela eleição na instituição? As pessoas querem isso, querem a possibilidade de agir na sua comunidade, de agir na política que esteja na vida delas, "o que eu posso fazer?". O que eu posso fazer não é só "não, você pode fazer muito, mas você precisa entrar num partido aprender isso aqui, formatar sua linguagem desse jeito e aí então você fala", "então eu preciso aderir a uma performance específica para poder agir no mundo". Se eu não estou no partido, que possibilidade de tomar conta do mundo eu tenho, além de votar? Eu acho que é essa a ideia, precisamos inventar formas de participação, só que a esquerda também tem medo disso. Veja só, estávamos discutindo aqui no Ceará a criação de um aplicativo para que as pessoas mandem projetos de lei a serem votados etc. E aí alguém falou assim: "ah, mas eles vão mandar coisas conservadoras, eu acho que não devia". E aí a resposta é, "mas não temos o comprometimento com a democracia?"; então por que que eu tenho medo dela, só porque ela não me favorece? As pessoas têm direito a participar e propor mesmo que seja uma coisa absurda, se elas estão propondo uma coisa absurda é que existe uma disputa por ideias na sociedade que estamos perdendo. Não tem nada a ver com a participação ser um problema, tem a ver com sermos fracos. Então temos medo de povo, acho que é isso, temos medo de povo.

Eu estou filiada ao PSOL, e na assessoria do Renato Roseno, que é deputado estadual aqui. E tenho auxiliado na construção do partido, eu gostaria muito se houver esse espaço, de sair candidata. Primeiro porque é meio frustrante você ver o partido que traz as pautas identitárias com tanta força e os representantes sempre sendo do mesmo jeito. Sempre sendo homens, mais velhos, bem formados, aí você pensa, "por que então que essas lideranças são tão tradicionais assim?". E que outras vozes existem? Eu acho que eu sou um, porque eu sou uma voz, e não é porque eu sou cem por cento trans, acho que eu tenho condições disso. É, eu acho que é isso, meio arrogante dizer isso, acho que tenho condições disso.

RPM: É confiança, não é arrogância!

HV: ... essas disparidades. Eu acho que às vezes temos medo de dizer o que gostaríamos de fazer etc., para não soar arrogante, mas eu acho que isso é um tipo de moral cristã que está na gente. De reconhecer os próprios acertos, tendo uma humildade absolutamente performativa, não. Acho que tem que construir sim, mas eu acho que o PSOL..., e aí é o que eu faria numa eventual campanha, eu falaria muito pouco dessas questões identitárias, porque eu vi nas eleições municipais, não só em Fortaleza, mas no Brasil todo, o PSOL com uma incapacidade imensa de discutir política na cidade. Sabe, legalização da maconha, mas é uma pauta nacional, aborto é uma pauta nacional, o que a gente está propondo para os municípios, para os estados? De política pública efetivamente.

Eu acho que esse é um indicativo que o PSOL tem, de ter um projeto, de pensar que tipo de cidade a gente quer. "Cidade livre, anticapitalista, onde todo mundo tem acesso", mas essa não é a resposta. A resposta é o que precisamos fazer para ter essa cidade. Para ter esse estado. Eu acho que é isso, dentro do partido eu tenho tentando atuar dessa forma e estou começando agora a criar um setorial de gestão pública. Porque o tema da gestão é um tema que a direita tem tomado conta. Temos medo de falar disso, medo de falar de economia, aí quando aparece alguém falando de controle de gastos dizemos que é direita, mas eu acho que precisamos entender que o gasto precisa ser controlado também, quais os mecanismos que construímos que não sejam a lei de responsabilidade fiscal. Que mecanismos de gestão construímos para ter mais transparência, mais participação. Isso é um desafio que temos. Tirar da boca da direita aquelas coisas que eles disseram que são só deles. Sejam os símbolos nacionais, seja a ideia de gestão de eficiência.

Imaginar novas saídas[1]

Rosana Pinheiro-Machado[2]

No pós-*impeachment*, em sintonia com o resto do mundo, avançamos rápido numa guerra à coletividade. Nesse contexto, parece-me urgente construir um projeto radical de nação que resgate os sentidos do "comum". Saídas a curto e médio prazo para a crise já existem e estão em disputa, mas ainda estamos muito longe de avistar no horizonte uma mudança que reconstrua futuros possíveis – futuros agregadores, futuros autônomos, futuros soberanos.

As eleições de 2018 se aproximam e o leque disponível é trágico: o jogo das articulações da pequena grande política, algumas propostas divergentes no âmbito político-econômico, mas nada muito fora da curva do que o mundo assistiu após Bretton-Woods, Ronald Reagan e Margaret Thatcher, tampouco além das alternativas reformistas sociais propostas pelo Banco Mundial. A miséria política, à direita e à esquerda, é estar presa, de um lado, à maquina eleitoral, aos cargos, às disputas entre correntes; e, de outro, a um modelo econômico liberal hegemônico. O modelo de conciliação lulista já mostrou que os importantes avanços conquistados apontam limites estruturais quando não rompem com a lógica do capital. Como bem colocou Paulo Arantes, a tentativa de apaziguar a tese a e antítese fracassou.

Em pleno momento de ousar novos projetos, o que se anuncia para 2018 é meramente a briga pelo pleito eleitoral em uma disputa por projetos medíocres e pouco radicais. O mais do mesmo: escolheremos entre as reformas neoliberais das elites ou uma nova tentativa de conciliação com as elites, com reformas neoliberais menos aceleradas e uma aposta no desenvolvimentismo. Cada um, a sua maneira, possui uma fé inabalável no crescimento econômico. Somos convencidos que

---

1   Uma versão deste artigo foi publicada em minha coluna no site da *Revista CartaCapital* no dia 09/08/2017. Para demais textos nessa direção, ver: <https://www.cartacapital.com.br/colunistas/rosana-pinheiro-machado>.

2   Rosana Pinheiro-Machado é professora, colunista e pesquisadora. Atualmente está baseada na Universidade Federal de Santa Maria. Já lecionou na Universidade de Oxford e na Universidade de São Paulo, tendo feito seu pós-doutorado na Universidade de Harvard. Autora de tese premiada e diversos livros, incluindo *Counterfeit Itineraries in the Global South* (London e New York: Routledge 2017). Escreve para a *CartaCapital* e milita por uma Universidade mais humana e colaborativa.

não há nada muito além dessa falsa polarização. Afinal, crescimento econômico se tornou um regime de verdade no século XXI e as discussões contemporâneas sobre decrescimento ou pós-crescimento, por exemplo, passam muito longe da pequena grande política brasileira – esta tão afeiçoada a empreiteiras. O mito do progresso do século XIX, reinventado por Henry Trumam em 1949 com o nome de "desenvolvimento", é constantemente atualizado por aqui.

A pobreza política é a sua incapacidade transcender o nó górdio da pequena grande política, sua falta de ambição, mas principalmente sua falta de uma *política de imaginação* cosmopolita no sentido mais amplo da palavra; qual seja, aquele que atenta para alternativas ao modelo hegemônico que estão pulsando por todos os lados do País e do planeta, seja no âmbito prático ou teórico. E, com todas essas peças, é preciso criativamente recompor uma modernidade brasileira que possa ir além das recomendações técnicas do Banco Mundial, bem como superar o modelo engessado e tortuoso de políticas públicas milionárias, as quais muitas vezes (quando não na maioria) são corruptas e ineficazes, construídas por tecnocratas desconectados da base social.

Um projeto de esquerda baseado em uma política da imaginação se pergunta, primeiramente, quem somos enquanto nação/comunidade imaginada. Os problemas começam quando simplesmente presumimos como dado adquirido que sabemos a resposta e, portanto, não rompemos os clichés dos programas eleitorais cheios imagens da diversidade, que mostram a penúria ou o sorriso largo nas cidades modernas, nas favelas, no sertão. Um projeto de nação descolonizada não é uma bricolagem de imagens estereotipadas, mas uma reflexão e, sobretudo, uma aposta profunda na da potência revolucionária das raízes populares.

Arturo Escobar (2011), Aihwa Ong (1999), Paul Gilroy (1993), entre outros, são alguns dos intelectuais que, há algum tempo, têm se debruçado sobre os processos de reconstruções de modernidades (plurais e híbridas) no lugar da teleologia da modernidade (singular) ocidental. Pensar uma modernidade brasileira não é o resgate de estereótipos nacionalistas saturados, mas a capacidade de antever uma era pós-neoliberal que possa recuperar a criatividade popular e o saber tradicional para solucionar problemas históricos. Afinal, é notório que todas as comunidades têm a solução para seus problemas, bastaria perguntá-las (e efetivamente escutar suas respostas).

Imaginação, teoria e ideias importam, mas em conexão com a prática. A modernidade híbrida para a América Latina numa era do pós-desenvolvimento, por exemplo, é imaginada por Arturo Escobar a partir de seu ativismo junto a comunidades nativas, bem como de sua interlocução com Alberto Acosta, um dos idealizadores do Bom Viver – uma ontologia, garantida na constituição equatoriana, baseada na perspectiva de vida das comunidades indígenas sul-americanas. O Bom Viver é um dos exemplos mais bem-acabados sobre o que Brasil não tem: um projeto que coloque o marginal-coletivo no centro da perspectiva. Ainda que existam críticas relevantes à efetividade da experiência equatoriana, eu não a descartaria o que ela pode nos inspirar e ensinar.

Imaginar um projeto de nação comum não é reinventar a roda, tampouco ignorar todas as alternativas que já estão em curso. Uma política da imaginação não significa postergar nossos sonhos, mas trazer para o centro de nosso campo de visão e projeção as múltiplas formas através das quais grupos diversos reinventam os sentidos do bem comum, os sentidos do coletivo. Como coloca Richard Day (2004), trata-se justamente de romper com a distância que nos separa de nosso desejo por equidade social, de cruzar a linha da fantasia que nunca se realiza, da emancipação que nunca chega. O que distingue a perspectiva anarquista Day da deste artigo é o escopo, pois entendo que há a necessidade de um projeto de esquerda abrangente que possa reinventar um país em frangalhos, conferindo-lhe novos sentidos e laços de pertencimento.

Existem *pelo menos* três setores através dos quais o coletivo tem resistido historicamente. São esses setores que precisam estar no centro de qualquer projeto de esquerda que descriminalize, assegure e multiplique as formas de vida e as ocupações do espaço que atuam pelo principio do comum.

O primeiro setor são as comunidades indígenas e quilombolas, que, com legitimação do Estado, são constantemente assediados pelas forças predatórias do capital em sua insaciável e violenta necessidade de expropriação. Não há como imaginar um projeto de esquerda sem levar em conta esses grupos que, mesmo usurpados, projetem seus conhecimentos tradicionais, repassando-os para enfatizar a cosmologia do bem-comum (esse tema será desenvolvido no ensaio seguinte, escrito por Avelin Buniacá Kambiwá).

O segundo setor são as ocupações secundaristas e de moradia, que, igualmente em sua diversidade, são exemplos concretos da resistência à racionalidade neoliberal e da reconstrução das formas de vida coletivas. São movimentos que atuam no limite da vulnerabilidade dos corpos. São esses corpos em condições precárias que resistem para manter o coletivo vivo, lutando permanentemente por afeto e cuidado e contra a ganância individual, o machismo, o racismo e o autoritarismo. É brilhante que existam ocupações de moradia e de escolas por todos os lados, bem como que os próprios sujeitos encontrem a solução para os seus problemas e fazem isso de forma não individualista, mas engajados com o bem comum. É absurdo um país que criminaliza esses sujeitos que estão remediando os problemas que o Estado adoecido criou.

Terceiro, a informalidade urbana – quase metade da população brasileira: uma massa muito mais difusa, menos organizada e que mantém uma relação ambígua com o capital e com o coletivo. O Brasil é um país cujos governos à direita e à esquerda (com raras exceções municipais) marginalizaram, criminalizaram e desumanizaram sua própria força de trabalho. Por outro lado, intelectuais liberais norte-americanos já entenderam que, na economia informal urbana dos países em desenvolvimento, reside a vanguarda da inovação e da criatividade. Como disse Tatiana Roque recentemente em uma entrevista ao El País (07/08/2017)[3], enquanto a esquerda se recusa a discutir certos temas, a direita vai lá e faz a seu modo. A esquerda vai deixar o mercado capitalizar a informalidade? Ou seremos capazes de pensar alternativas que incentivem e deem dignidade às economias das trocas coletivas que não totalmente se alinham à lógica do capital?

Nos trilhos deixados por Gibson-Graham (1996), esses três setores são esferas em que a economia do capitalismo hegemônico tem sido desconstruída, alargando o imaginário econômico e cultivando a produção de novos sujeitos. A esquerda precisa impregnar-se desses que já elaboram novas formas de vida. A nossa carência é efetivamente ter o comum na dianteira da política, da cosmovisão, da imagem que projetamos de nós mesmos. Um projeto de nação não é visitar aldeias, ocupações e camelódromos, roubar ideias, fazer promessas e oferecer soluções parciais para manter o apoio da base. Isso é a pequena política que, aliás, atua de forma parecida com o mercado. Reinventar a modernidade brasileira e romper com a pobreza da política é mais profundo, mas ao mesmo tempo mais simples que isso: é lutar para garantir os direitos das comunidades para que elas possam ser um lugar onde os sujeitos queiram permanecer. É fazer com que o povo – e suas soluções coletivas e criativas – seja a própria imagem que o Brasil faz de si mesmo enquanto nação descolonizada e soberana.

---

3 Disponível em: <https://brasil.elpais.com/brasil/2017/08/04/politica/1501799787_669833.html>.

Referências

DAY, Richard J. F. "From hegemony to affinity: The political logic of the newest social movements." *Cultural Studies* 18.5 (2004): 716-748.

ESCOBAR, Arturo. *Encountering development: The making and unmaking of the Third World*. Princeton e Oxford: Princeton University Press, 2011.

GIBSON-GRAHAM, Julie Katherine. "The end of capitalism (as we knew it): A feminist critique of political economy." *Oxford: Blackwell*

GILROY, Paul. *The black Atlantic: Modernity and double consciousness*. Cambridge: Harvard University Press, 1993.

ONG, Aihwa. *Flexible citizenship: The cultural logics of transnationality*. Durham: Duke University Press, 1999.

CRISE, DEMOCRACIA E A ESQUERDA NO SÉCULO XXI: UM OLHAR DA MULHER INDÍGENA

Avelin Buniacá Kambiwá[1]

Este texto pretende apresentar, pelo olhar de uma mulher indígena, o gigantesco desafio que nos tem sido colocado pela recente situação de crise e golpe na democracia nacional, no contexto de reinvindicações e lutas das mulheres, contra a miséria, a exclusão e a exploração, e a favor de suas autonomias e emancipação. O tema do qual falaremos – crise, democracia e esquerda no século XXI – não poderia ser abordado por mim, mulher indígena morando em periferia, em um contexto urbano por necessidade de melhores oportunidades – situação que hoje atinge 36% dos indígenas de todo o País – sem antes elencar a situação específica dos povos indígenas nesse cenário nebuloso. Sobretudo a situação das mulheres indígenas, as quais as atuais políticas de destruição de nossos povos, e retiradas de direitos, atingem mais cruelmente.

Nós, mulheres de todas as etnias e povos, das mais variadas culturas, crescemos sabendo, de forma declarada ou não, como lideranças ou de forma apenas intuitiva, que o bem-estar emocional e espiritual e a segurança alimentar de nossa aldeia, de nossa comunidade e de nossa sociedade, seja ela tradicional ou não, dependem de nós. Ao falar do olhar da mulher e de nossas avaliações sobre a política e a atual conjuntura, é impossível não falar também do local de onde olhamos, do chão de onde brotamos; para isso é preciso fazer um recorte étnico-racial e falar um pouco sobre o contexto social das mulheres indígenas, etnia a qual pertenço.

É necessário reconhecer a presença e participação das mulheres indígenas em nível local, regional e até nacional, organizadas por elas em movimentos que permitiram avançar, e muito, na relação disputada e muito conflituosa com

---

1 Avelin Buniacá Kambiwá é indígena da etnia Kambiwá, socióloga, professora especialista em gênero, raça e estudos religiosos, palestrante e também fundadora do Comitê Mineiro de Apoio as Causas Indígenas e colaboradora frequente do núcleo étnico-racial do Instituto Imersão Latina. Avelin luta pelos Direitos Indígenas em situação urbana, pelos direitos da Mãe Terra, e propõe o que chama de "Indianização da cidade" através da criação do I Centro de Referência Indígena do Brasil. Primeira mulher indígena a ocupar um cargo de assessoria na câmara municipal de Belo Horizonte, ela faz parte do "Coletivo Muitas: a cidade que queremos", bem como do grupo de "Nós da Poesia".

o Estado (e também com agentes do mercado: latifundiários, madeireiros, garimpeiros, engenheiros de grandes obras etc.). Estamos diante do pior cenário político vivido pelos povos indígenas desde a ditadura militar, o qual inclui: o aumento da violência contra os nossos povos; uma política declaradamente anti-indígena; o fomento ao agronegócio e a grandes obras devastadoras do ponto de vista ambiental e econômico em territórios indígenas; o desmonte sistemático da Funai e Sesai, órgãos responsáveis respectivamente pelas políticas públicas e pela promoção da saúde dos povos indígenas; e políticas como a PEC 215, a Proposta de Emenda à Constituição (PEC) 215/2000, que transfere do Executivo para o Legislativo a palavra final sobre a demarcação de terras indígenas. Além disso, o substitutivo do ruralista Osmar Serraglio (PMDB-PR), aprovado em 27 de novembro de 2015, também proíbe as ampliações de terras indígenas já demarcadas.

Outras políticas etnocidas ainda tramitam nesse contexto de crise democrática, em que a Constituição não tem nenhum valor. São vários os estratagemas de grupos interessados em reduzir os direitos indígenas, dos quais os mais usados são as emendas à Constituição para retirar direitos adquiridos. Um dos mais recentes é o chamado "marco temporal" – uma tese político-jurídica inconstitucional, segundo a qual os povos indígenas só teriam direito às terras que estavam sob sua posse em 5 de outubro de 1988, data da promulgação da Constituição. A data valeria até mesmo para os povos que foram expulsos sob mira de armas. Dessa forma, fazer uma análise de conjuntura política brasileira sem entrar no universo da mulher indígena e de todas as lutas decorrentes desse pertencimento é silenciar um olhar único, já por séculos invisibilizado; vejo então nesta oportunidade dar voz e significado a nossas lutas, perspectivas e esperanças de mudança.

Lutamos por questões específicas de nossos povos ou demais pautas da sociedade civil, inclusive no campo político-partidário. Nós, mulheres indígenas, partimos da necessidade de um diálogo com a sociedade não indígena, e acreditamos que temos muito a ensinar e aprender com o não indígena. E sobre iniciar esse diálogo, vale notar que o número de mulheres indígenas que saem de suas aldeias para fazer um curso superior nas cidades é o triplo do número de homens, apesar de todas as dificuldades relacionadas ao "gênero".

É importante também destacar que certos termos utilizados nas discussões feministas não indígenas, como "empoderamento" e "gênero", entre outros, sempre foram vividos por nós, mesmo não tendo esses conceitos em palavras. Vivemos todos os dias o empoderamento, questionando os papéis tradicionais desde muito jovens, e mudando o mundo ao nosso redor nas aldeias e fora delas. Assim, transpomos de um campo estritamente ocidental, masculino, branco e elitista para outra realidade, que é a da mulher não indígena. Os conceitos acadêmicos e políticos têm sido ressignificados por nós em diferentes formas de ação, e passam a ter um caráter que comunica entre as sociedades indígenas e não indígenas. Entre muitas outras possibilidades de recorte, nossas lutas se destacam também pela dinâmica de novas práticas concretas e discursivas (inclusive de propostas conceituais inovadoras), produzidas por múltiplos sujeitos coletivos, mulheres dos movimentos indígenas e comunitários.

As mulheres indígenas organizadas também congregam inúmeros esforços de articulação com órgãos de várias outras organizações civis de base, com mediadores políticos oriundos de organizações articuladoras locais, nacionais, regionais e mesmo internacionais, com outros movimentos sociais populares (como os movimentos negros, rurais e ambientalistas, por exemplo), além da participação e contribuição igualmente de diferentes lideranças políticas e intelectuais que têm se empenhado no difícil trabalho de tradução entre os diversos saberes e ideários comuns para a região. Dessa forma, podemos participar cada vez mais ativamente das decisões políticas ao nosso redor, de forma mais geral, até porque não temos uma agenda feminista específica dentro da sociedade ocidental. Assim transformamos o academicismo e a política para que deem conta das necessidades específicas das mulheres indígenas. A violência contra a mulher e o reconhecimento dos direitos reprodutivos, por exemplo, são demandas compartilhadas pelos diversos movimentos, mas a experiência cotidiana vivida nas comunidades indígenas (e mesmo no espaço urbano) difere e muito da realidade das mulheres não indígenas. E por essas razões é necessário nosso maior engajamento político; precisamos ainda mostrar que nossas lutas e vidas são valiosas e podem trazer a política institucional, a nossa garra, força, cultura e ancestralidade.

Das pautas exclusivamente das mulheres indígenas, as que mais se destacaram desse grande encontro foram: (a) enfrentamento a todas as formas de violação dos direitos das mulheres indígenas – incluindo, mas não se limitando, ao enfrentamento à violência contra a mulher; (b) empoderamento político e participação política das mulheres indígenas; (c) direito à saúde, educação e segurança; (d) empoderamento econômico; (e) direito à terra e processos de retomada dos direitos a ela; (f) fortalecimento dos conhecimentos tradicionais e do diálogo intergeracional.

Partindo do fato de que a cidadania é concretamente feminina e masculina, entendendo que ela precisa deixar de ser apenas abstrata e deve alcançar as demandas de cidadãs historicamente oprimidas e silenciadas nesses continentes, e entendendo que essas atoras foram historicamente relegadas pelo conhecimento acadêmico institucional, político e até feminista, vamos aqui destacar nossa luta por mais inclusão cidadã e por mais reconhecimento epistêmico.

Após essa contextualização do que é ser mulher indígena no Brasil e das demandas específicas dessa realidade, surge a dificuldade de descrever uma apresentação que possa explicar uma atuação fecunda das mulheres indígenas no meio da sociedade. Pois o próprio trabalho das mulheres já é muito complexo e árduo para ser tratado como objeto de estudo. Imaginem pensar que isso é apenas um meio de conquistar seu lugar entre os seres pensantes na Terra. E ainda, que os desafios e a importância, para nós, do resgate da sacralidade feminina, vão além do seu grande valor religioso e histórico, mas perpassam todas as áreas da existência humana, material e imaterial, para que, de alguma forma, o masculino e o feminino possam ser religados, acabando com a dualidade que escraviza, tortura e mata milhares de mulheres por dia no mundo todo. E ainda que, por uma ótica ambientalista, que não enxerga a Terra como coisa a ser explorada, mas sagrada – Mãe, como ela é vista pelos povos tradicionais. Assim sendo, percebemos que nem a esquerda, em sua crise e afastamento dos movimentos sociais, nem a direita, que trabalha sob uma ótica de lucro extremo, jamais compreenderam a cosmovisão indígena. Mais especificamente da mulher indígena.

Com relação às jornadas de 2103, iniciadas em junho, e suas consequências, não é fácil compreender como um protesto localizado contra o reajuste das tarifas de ônibus em São Paulo desembocou num pedido de *impeachment* de Dilma Rousseff, uma presidente democraticamente eleita. Do lugar de onde falo e de onde minha cosmovisão de mundo foi tecida – desse lugar de um sagrado feminino, de Deusa Mãe – percebemos um sentimento de descontentamento ancestral de uma nação. Nação, como disse acima, que possui imensa dificuldade em se enxergar e se descrever enquanto País colonizado e explorado, órfão de uma mãe indígena. Esses sentimentos reprimidos abriram as portas das ruas para os grupos reacionários e antipopulares que mais tarde se apropriariam delas e impulsionariam as manifestações que resultaram no que vivemos hoje, e que foram descritos nos enfrentamentos sofridos pelos povos indígenas, mas também que culminaram na retirada de direitos de todos os cidadãos brasileiros.

As "reformas" elitistas têm a clara função de beneficiar alguns setores, como grandes empreiteiras e indústrias, a máquina ruralista e os setores reacionários da igreja, sobretudo a evangélica. Os patrões ganharam com as manifestações nas ruas, os "parasitas" interessados em manipular os jovens mobilizados para abraçar as mais variadas bandeiras; da redução de impostos ao *impeachment* da presidenta Dilma Rousseff, e em especial a influência da mídia, foram elementos de grande valia para a crise da democracia.

Enquanto mulher indígena, como contextualizado acima, não é possível fazer uma avaliação positiva desse governo que construiu "Belo Monte" e não trabalhou na demarcação das terras indígenas, muito menos da disputa fundiária entre indígenas e fazendeiros em desocupações violentas e assassinas de terras ordenadas pelo Judiciário. Em vez de condenar as mortes, o ministro da Justiça limitou-se a defender o cumprimento da ordem judicial. A postura das autoridades do governo incentivou a discussão sobre uma possível CPI da Funai e a possibilidade de tentar mudar a Constituição para assumir a decisão sobre onde e quando criar reservas indígenas. São ruralistas 27% dos parlamentares, entre eles Kátia Abreu, presidente da Confederação da Agricultura e Pecuária do Brasil e mais recente aliada do Planalto. As boas relações do governo com os fazendeiros, explicadas pela necessidade de produzir alimentos para conter a inflação e gerar dólares de exportação, afastam Dilma dos movimentos sociais. Mas entendemos que o ataque à democracia de forma tão violenta na figura de uma presidente mulher carrega muitos significados. Desde a óbvia misoginia, há também a descaracterização e objetificação que se iniciam na mercantilização da "Mãe terra" e incidem sobre as mulheres de todo o mundo. O que nós temos a dizer sobre a atual crise e conjuntura não se separa em nenhum momento da nossa sacralidade.

Nossas juventudes que foram às ruas desorientadas e que se diziam apartidárias se silenciam agora diante de um flagrante golpe de Estado, silenciamento tal que nos incomoda inclusive como indígenas, já que as lutas estão desarticuladas e os movimentos sociais estão submersos (ou não) em suas próprias demandas. Parafraseando o ex-presidente Lula, "A democracia não é um pacto de silêncio". Temas tidos como tabus, como aborto, casamento gay, descriminalização da maconha, não foram pautados fora de seus nichos, o que prejudica a recuperação da democracia brasileira. A omissão do governo em questões sociais facilitou o avanço do conservadorismo.

Após a derrocada do governo Dilma, o enfraquecimento da esquerda e o contínuo desrespeito à carta magna da democracia, precisamos urgentemente reoxigenar a esquerda, já que corremos um grande risco de que, com a rejeição a "tudo isso que está aí", o povo brasileiro caia na cilada de marqueteiros que usam desse descrédito da política institucional para eleger megamilionários, cartolas, entre outros que se auto intitulam não políticos.

Para um Brasil democrático e plural no século XXI, é preciso mostrar à população mais pobre com quem ela pode contar para lutar por uma sociedade realmente igualitária e dotada de serviços públicos dignos e respeitosos em relação aos cidadãos. O descrédito na política institucional deve ser revertido com um intenso trabalho de resgate da democracia, o qual deve retornar para as salas de aula e até ao chão da fábrica, situação quase impossível em tempos de "escola sem partido". Devemos aproveitar as incertezas e o caos para apresentar uma nova forma de fazer política, de enxergar o mundo. Hoje, mais do que nunca, a crítica da sociedade existente não pode ser feita sem a crítica da economia política. Para tanto, é preciso buscar fontes alternativas de organização social em uma radicalização total da democracia como na filosofia ameríndia Sumak Kawsay ou Bem Viver. Esta é uma outra maneira de conceber as realidades, visto que todas as formas anteriores de organização antropocêntrica se mostraram falhas, e é uma proposta que surge a partir da perspectiva dos marginalizados nos últimos 500 anos. Surge como uma oportunidade para construir uma outra sociedade, a partir do reconhecimento dos diferentes valores culturais existentes no mundo e do respeito pela natureza. Uma forma biocentrada que preza os direitos da Natureza, ou Mãe Terra, como já mencionada acima.

Um Estado brasileiro que respeite todas as nações que aqui vivem deve superar o capitalismo. Dentro do sistema capitalista não há nenhuma alternativa. Os valores fundamentais do capitalismo prosperam sobre a desigualdade, a exploração do trabalho e a da natureza. E também superar o velho socialismo, para uma perspectiva mais próxima ao que chamam de ecossocialismo. Assim, enquanto esse sistema não for excedido, é impossível resolver os problemas subjacentes. O desafio é agora, e não amanhã, é começar a efetuar a mudança a partir de dentro do próprio capitalismo. A tarefa é fazer as mudanças necessárias e possíveis, incluindo a criação de condições para que essas alterações se tornem cada vez mais radicais, mas cientes de que mudanças importantes serão alcançadas quando o sistema capitalista estiver ultrapassado. O caminho será longo. Mas temos de passar por isso. E para conseguir, devemos desencadear um verdadeiro processo de redemocratização em todas as esferas da vida humana. Sempre mais democracia, e não menos.

É fundamental entender que, se o processo de construção não é democrático, tampouco o serão seus resultados. Estamos diante de uma encruzilhada que tanto pode nos levar de volta a governos ditatoriais quanto a um modelo de horizontalidade. O próximo presidente, seja quem for, e os que forem compor os cargos das eleições de 2018 não poderão se omitir diante da clara insatisfação do povo brasileiro. E nós, povo brasileiro, nos reorganizarmos em nossas bases, para incidir nos altos escalões de forma enfática.

A militância de esquerda está paralisada e precisa acordar com força total. Ela está cada vez mais distante do clamor popular, e corre o risco de ser engolida pela direita reacionária e golpista. No segundo semestre de 2017, quando a Câmara realizava a sessão que barrou o envio da denúncia para que o Supremo julgasse o presidente Michel Temer pelo crime de corrupção passiva, um silêncio ensurdecedor tomou conta da nação. Isso que nem de perto é algo positivo, já que a democracia é barulhenta, arrasta engrenagens enferrujadas, muda as coisas de lugar e tira do comodismo. Voltar a fortalecer a oposição contra a direita reacionária, olhar com mais respeito constituições como a do Equador e da Bolívia, repensar a forma de produzir e consumir – e trabalhar e lutar para conseguir isso – e exigir outros níveis de organização, como o de sociedades plurais de onde você pode trazer soluções globais mais clareza e profundidade. É nesse campo que o Bem Viver floresce como uma alternativa e também uma proposta para a democracia brasileira e para toda a humanidade.

esta obra foi composta em
Adobe Caslon Pro 11/14
pela Editora Zouk e impressa
em papel Pólen 70g/m² pela
gráfica Rotermund na
primavera de 2017